洪水保险理论与中国实践

周维伟　陶存文　李春龙　编著

中国财经出版传媒集团
中国财政经济出版社

图书在版编目（CIP）数据

洪水保险理论与中国实践 / 周维伟，陶存文，李春龙编著. --北京：中国财政经济出版社，2020.5

ISBN 978-7-5095-9518-3

Ⅰ.①洪… Ⅱ.①周… ②陶… ③李… Ⅲ.①洪水-灾害保险-研究-中国 Ⅳ.①F842.64

中国版本图书馆 CIP 数据核字（2020）第 001751 号

责任编辑：张 莹　　　　责任校对：李 丽

封面设计：中通世奥

中国财政经济出版社出版

URL：http：//www.cfeph.cn

E-mail：cfeph@cfeph.cn

社址：北京市海淀区阜成路甲 28 号 邮政编码：100142

营销中心电话：010-88191537

北京财经印刷厂印刷 各地新华书店经销

787×1092 毫米 16 开 20 印张 270 000 字

2020 年 5 月第 1 版 2020 年 5 月北京第 1 次印刷

定价：58.00 元

ISBN 978-7-5095-9518-3

（图书出现印装问题，本社负责调换）

本社质量投诉电话：010-88190744

前　言

党的十九大报告指出人与自然是生命共同体，人类必须尊重自然、顺应自然、保护自然。习近平总书记在2014年中央财经领导小组第五次会上提出要从改变自然、征服自然转向调整人的行为、纠正人的错误行为，要做到人与自然和谐，天人合一，不要试图征服老天爷。人是自然界的组成部分，山川江河湖泊是也自然界的组成部分，人与自然和谐就要求人与山川、江河湖泊和谐相处，即人类对河流的治理，必须维护并保持山川、江河湖泊固有的特性和基本功能，而不能导致江河湖泊消亡和破坏自然界生态系统。山川、江河湖泊等发生的风暴、降雨、洪水、泥石流等是自然界固有客观现象，也是自然界的风景，与山川、江河湖泊共存也就是与风暴、降雨、洪水、泥石流共存，与山川、江河湖泊和谐相处也就是与暴雨、洪水等和谐相处。虽然新中国成立以来，我国开展了以修建水库和堤防等工程措施为主的洪水灾害防范治理，有效控制了主要江河湖泊的洪水泛滥，但防洪工程的建设只能将洪水风险控制在可承受的限度之内，而不可能彻底消除洪水。防范自然灾害、洪水风险必须依法规范人类的经济社会活动，使之适应灾害的发生发展规律，减少灾害损失，趋利避害。

针对洪水风险，需要做两个方面的工作，一是靠标准适度和功能合理的防洪工程，把洪水风险减轻到经济社会可承受的程度：二是使用非工程措施特别是保险措施，公平对待洪水风险，承受风险，转移风险，还应根据相关因素在不同区域合理分担风险。

上善若水，利万物而不争。延古至今，全国各地针对洪水风险进行了多种保险形式的探索，也取得了一些成绩和经验 。我们坚信，理论制度的落地源自于先行者的勇于探索，而勇于探索则源自于先行者的责任担当和为民情怀。这一段时光笃行致远，这些有益的探索不应该也不能被遗忘、忽视，无论在我国的治水史还是保险史均应记录下先行者的足迹。为了促进我国洪水保险制度的建立和发展，充分发挥洪水保险所拥有的预防风险、抵御风险、分散风险、稳定社会等功能，我们对洪水风险以及洪水保险理论进行了研究，对国内外洪水保险的实践进行了梳理，对我国建立和开展洪水保险提出了意见和建议，希望能够对各地的试点和国家洪水保险制度建立提供借鉴，以启发后人，造福社会。

由于水平能力所限以及时间仓促等方面的原因，书中错误和不足之处在所难免，也请广大读者给予批评指正。

编著者

2019 年 12 月 18 日于北京

目　录

第 1 章　绪论 …… 1

1.1　开展洪水保险研究的背景及意义 …… 3

1.2　研究现状和研究进展 …… 9

1.3　研究思路和主要内容 …… 17

1.4　创新及不足 …… 18

第 2 章　洪水灾害及洪水灾害风险 …… 19

2.1　洪水灾害的定义及特征 …… 21

2.2　洪水灾害的基本情况 …… 32

2.3　洪水灾害的成因及影响 …… 36

2.4　洪水风险的定义及特征 …… 46

2.5　洪水灾害风险的可保性分析 …… 55

第 3 章　洪水灾害风险管理 …… 59

3.1　洪水灾害风险管理概述 …… 61

3.2　洪水灾害风险管理理论 …… 75

3.3　中国的洪水灾害风险管理 …… 82

3.4　中国洪水灾害风险管理存在的问题分析 …… 91

第 4 章　洪水保险与公共政策选择 …… 95

4.1　洪水保险的定义及特征 …… 98

4.2　洪水保险的作用 …… 105

4.3 洪水保险供需分析 …… 112
4.4 洪水保险的公共政策选择 …… 122
第5章 洪水保险的辅助措施 …… 131
5.1 洪水再保险 …… 133
5.2 洪水巨灾债券 …… 139
5.3 洪水风险保障基金 …… 151
5.4 财政补贴 …… 158
5.5 巨灾彩票 …… 163
5.6 社会捐助 …… 165
第6章 国外洪水保险的实践经验和启示 …… 169
6.1 美国的洪水保险 …… 171
6.2 英国的洪水保险 …… 181
6.3 法国的洪水保险 …… 186
6.4 发展中国家的洪水保险 …… 189
6.5 国外洪水保险对比分析 …… 192
6.6 国际经验启示与借鉴 …… 197
第7章 中国的洪水保险实践及不足 …… 201
7.1 开展洪水保险的实践概述 …… 203
7.2 洪水保险实践经验分析 …… 212
7.3 现有的洪水保险产品分析 …… 217
7.4 洪水保险发展存在的问题 …… 220
第8章 区域性洪水风险管理与保险 …… 227
8.1 区域性洪水风险概述 …… 229
8.2 区域性洪水风险管理 …… 235
8.3 区域性洪水保险 …… 243
8.4 区域性洪水保险制度 …… 249

第 9 章　中国洪水保险制度建设 …… 257

9.1　洪水保险制度建设目标 …… 259

9.2　洪水保险制度建设原则 …… 262

9.3　洪水保险制度运作模式 …… 265

9.4　洪水保险制度机制设计 …… 267

9.5　洪水保险产品 …… 280

9.6　洪水保险费率 …… 286

9.7　洪水保险制度保障体系 …… 287

参考文献 …… 292

后　记 …… 310

第 1 章 绪 论

1.1 开展洪水保险研究的背景及意义

1.1.1 开展洪水保险是进行洪水风险管理的需要

洪水灾害是由于降雨、冰雪融化、冰凌、堤坝溃决、风暴潮、热带气旋等引起的江河洪水、渍涝、山洪、滑坡和泥石流等原生灾害以及由其引发的次生灾害。[①] 我国是世界上洪水灾害最为严重的国家之一，2/3 以上的国土面积受到不同程度、不同类型的洪水灾害威胁。自古以来，洪水灾害就是我国发生频率高、危害范围广、对国民经济影响最为严重的自然灾害之一。中华民族的成长史也是一部不断与洪涝灾害做斗争的历史。

面对严重的洪水灾害风险，我国政府一直高度重视洪水灾害风险管理工作。新中国成立以来，我国开展了以修建水库和堤防等工程措施为主要手段的洪水灾害综合治理工作，成效卓著，有效控制了主要江河一般性洪水泛滥。但近年来，随着全球气候变暖，极端天气频发，加之我国经济快速发展，社会财富不断增加和聚集，洪水灾害的发生频率总体呈现上升趋势，造成的损失也越来越大。我国 40% 的人口和 70% 的农业生产总值都直接面临洪水灾害威胁。根据水利部发布的《2017 中国水旱灾害公报》数据显示，1990—2017 年，我国洪涝灾害的年均损失额高达 1 505.22 亿元，年均死亡人数高达 2 165 人，年均受灾面积 12 058.11 千公顷，年均成灾面积 6 813.36 千公顷，年均倒塌房屋 162.90 万间。其中 2017 年洪涝灾害造成的直接经济损失高达 2 142.53 亿元。据民政部发布的《2017 年社会服务发

① 《2017 中国水旱灾害公报》，http://www.mwr.gov.cn/sj/tjgb/zgshzhgb/201808/t20180806_1044770.html.

展统计公报》显示，2017 年国家减灾委、民政部共向各受灾省份累计下拨中央财政自然灾害生活补助资金 80.7 亿元（含中央冬春救灾资金 57.3 亿元）。财政救灾资金仅占当年洪涝灾害直接经济损失的 3.8%。可见，面对频繁发生的洪水灾害，仅依赖国家财政安排的救灾资金难以弥补洪水灾害造成的损失。

保险作为一种互助补偿的经济制度，在自然灾害、意外事故发生造成财产损失及人身伤亡时，能给予被保险人合理的经济补偿和保障，从而减少损失。开展洪水保险可以减少受洪灾区域居民和企业的损失，安定广大人民生活，稳定社会生产秩序，减轻国家负担。

1.1.2 开展洪水保险是借鉴国外先进风险管理经验的举措

洪水灾害是人类社会所面临的主要自然灾害之一，全世界每年都有不少国家和地区遭受洪灾之苦。据统计，全世界洪水灾害造成的损失占各类自然灾害总损失的比例高达 40%。因此，防洪救灾成为各国政府主要财政负担之一。从国外洪水风险管理和洪水保险实践情况看，一些发达国家不仅非常重视工程措施，而且也非常重视非工程措施，如建立和完善防洪相关法律、建立洪水监测预警机制、应急管理预案和风险区划、建立洪水风险转移和补偿机制等。其中，建立洪水保险制度就是一项重要的非工程措施。如美国为加强防洪减灾，减轻政府财政负担，在 19 世纪末和 20 世纪初开始对洪泛区内的居民和企业财产保险进行研究，逐步形成在洪泛区实施洪水保险的理论。1956 年，美国国会通过《联邦洪水保险法》，创立联邦洪水保险制度；1968 年，通过《国家洪水保险法》；1969 年，依法制定《国家洪水保险计划》（NFIP），建立洪水保险基金，洪水保险在全国范围内有效推行。1973 年，颁布了《洪水灾害防御法》，确立洪水风险必须通过制度和非制度的措施（主要是工程措施）来转移风险的制度体系，洪水保险必须强制参保的规定。1994 年，通过了《1994 国家洪水保险改革法案》（National Flood Insurance Reform Act of 1994），将信贷与洪水强制保险绑定，并强化了贷款机构的法律责任。2004年，通过《2004洪水保险改革法》（Flood Insurance Reform Act of 2004），试图通过对相关投保人提供资助，帮助其减轻财产损失。2007年后由于巨灾支出的增加，为了增加国家洪水保险计划的财政稳定性，国会先后通过了2007年《洪水保险改革和现代化法案》和2012年《洪水保险改革法》，通过提高保险费率、减少对高风险房产的财政补贴等措施来保障国家洪水保险计划的长期稳定实施。但由于减少高风险房屋优惠的措施在桑迪飓风发生后致使社会压力增大，遭到民众反对，2014年《房屋洪水保险负担能力法》又对上述法案中的部分规定做出了修定。总体而言，目前，美国已经建立起一套行之有效的洪水保险运作模式，对于提高洪泛区管理水平、减轻洪灾损失、推进灾后救济及重建都起着无可替代的重要作用。经过60多年的实践，美国已建立了比较成熟的制度体系，洪水保险已成为美国洪水灾害风险管理中的一个重要手段。[①] 洪水保险在英国、法国和日本等发达国家也得到了推广和应用，并为越来越多的国家所认同。目前，一些发展中国家，如印度和菲律宾等也在积极研究和实施，并取得了一定的成绩。洪水保险已经成为世界各国防洪减灾中一项重要的非工程措施，并为越来越多的国家所认同。

1.1.3　开展洪水保险是贯彻落实党和政府关于防灾减灾的要求

进入21世纪以来，尤其是最近十年，党中央和国务院越来越重视非工程措施（如洪水保险、巨灾保险等）在防灾减损中的作用，出台了相关法律和规定，鼓励和支持发展洪水保险，建立完善的巨灾（含洪水）保险制度。

《中华人民共和国防洪法》就提出了“国家鼓励、扶持开展洪水保

---

① 李俊奇，杨擎柱，Fang Xing等．美国洪水保险计划发展及其经验分析［J］．中国给水排水，2019.03.

险”。[①]2011 年中央 1 号文件明确提出“加强对水利建设的金融支持，鼓励和支持发展洪水保险”。[②] 2012 年，由中国人民银行、发改委、财政部、水利部、原银监会、证监会和原保监会联合下发的《关于进一步做好水利改革发展金融服务的意见》提出“积极探索建立风险补偿专项基金，完善融资担保风险补偿机制……鼓励保险公司开展水利保险，积极发挥保险的风险保障功能。”[③]2013 年，党的十八届三中全会通过《中共中央关于全面深化改革若干重大问题的决定》，明确提出“完善保险经济补偿机制，建立巨灾保险制度”。2014 年，《国务院关于加快发展现代保险服务业的若干意见》正式发布，提出“完善保险经济补偿机制，提高灾害救助参与度，将保险纳入灾害事故防范救助体系”，确立了“建立巨灾保险制度，研究建立巨灾保险基金，巨灾再保险等制度，逐步形成财政支持下的多层次巨灾风险分散机制。鼓励各地根据风险特点，探索对台风、地震、滑坡、泥石流、洪水、森林火灾等灾害的有效保障模式”[④] 的指导意见。随后，深圳、宁波等 7 个省市相继开展了巨灾保险的试点工作。2016 年，《中共中央、国务院关于推进防灾减灾救灾体制机制改革的意见》提出：“充分发挥市场机制作用。坚持政府推动、市场运作的原则，强化保险等市场机制在风险防范、损失补偿、恢复重建等方面的积极作用，不断扩大保险覆盖面，完善应对灾害的金融支持体系。加快巨灾保险制度建设，逐步形成财政支持下的多层次巨灾风险分散机制。……鼓励各地结合灾害风险特点，探索巨灾风险有效保障模式。”[⑤] 2019 年 11 月 29 日，习近平总书记在中央政治

---

① 参见《中华人民共和国防洪法》（1997 年 8 月 29 日第八届全国人民代表大会常务委员会第二十七次会议通过根据 2009 年 8 月 27 日第十一届全国人民代表大会常务委员会第十次会议《关于修改部分法律的决定》第一次修正根据 2015 年 4 月 24 日第十二届全国人民代表大会常务委员会第十四次会议《关于修改〈中华人民共和国港口法〉等七部法律的决定》第二次修正根据 2016 年 7 月 2 日第十二届全国人民代表大会常务委员会第二十一次会议《关于修改〈中华人民共和国节约能源法〉等六部法律的决定》第三次修正）第五章第四十七条。

② 参见《中共中央、国务院关于加快水利改革发展的决定》（2010 年 12 月 31 日）。

③ 参见《关于进一步做好水利改革发展金融服务的意见》（银发〔2012〕51 号）。

④ 参见《国务院关于加快发展现代保险服务业的若干意见》（国发〔2014〕29 号）。

⑤ 参见《中共中央、国务院关于推进防灾减灾救灾体制机制改革的意见》（2006 年 12 月 19 日）。

局第十九次集体学习时强调，我国是世界上自然灾害最为严重的国家之一，灾害种类多，分布地域广，发生频率高，造成损失重，这是一个基本国情。同时，我国各类事故隐患和安全风险交织叠加、易发多发，影响公共安全的因素日益增多。加强应急管理体系和能力建设，既是一项紧迫任务，又是一项长期任务。①

保险是实现风险转移的一种市场机制，是个体或者组织常用的风险管理重要手段。2007 年开始，我国在农业生产领域推行政策性保险试点，农业保险在抗灾救灾、恢复生产等环节发挥了重要的经济救助补偿作用。

1.1.4 开展洪水保险是完善防灾减灾救灾体系的需要

保险是当代社会一种具有普适意义的风险管理与经济损失救助补偿方式，因其具有强大的损失补偿功能与专业化的风险管理技术，在许多国家的防灾减灾体系中占据了非常重要的地位。保险业不仅扮演着补偿灾害损失的重要角色，也是整个社会防灾减损的生力军。开展洪水保险不仅能充分调动市场、灾民和政府的积极性，而且有利于全社会风险管理水平的提高。

虽然国家层面已经提出建立洪水保险制度，但实际上，目前我国洪水保险尚未真正开展，仅有部分省市正在试点推进包含洪水责任的巨灾保险。现行的财产保险、农业保险、机动车辆保险等主要财产险险种也涵盖了一定的洪水灾害风险责任，但与洪水导致的财产损失风险相比，洪水责任承保极不充分。分析以往洪水灾害中保险赔付数据，我们可以发现我国洪水灾害损失保障程度极低。如 1998 年长江特大洪水灾害造成直接经济损失总计 2 000 多亿元，商业保险公司赔付保险赔款共计 30 亿元左右，保险公司

---

① 习近平总书记在中央政治局第十九次集体学习时强调：充分发挥我国应急管理体系特色和优势积极推进我国应急管理体系和能力现代化，https：//www. xuexi. cn/lgpage/detail/index. html? id = 8721818786589431240，2019. 11. 30.

承担损失比例不足2%；2012年，保险公司承担北京市的暴雨洪涝灾害损失的比例约为8%。而西方发达国家保险公司在洪水灾害损失中的承担比例为30%—40%，我国保险公司的承担比例与西方发达国家保险公司的承担比例相差甚远。因此，建立全国性洪水保险制度，充分发挥保险业在防灾、减灾、救灾体系的作用是我国当前非常重要且紧迫的工作。

1.1.5 开展洪水保险已经具备了一定的有利条件

理论储备方面，水利部门和大专院校、科研机构开展了大量洪水保险研究工作，具有相当规模的基础理论和科研成果。实践层面上，近年来，在水利部领导下，地方水利部门和科研单位开展了几期洪水风险图的编制工作。个别财力充足、技术先进的地区，如宁波、深圳等地结合智慧水利建设，已经绘制完成了动态洪水风险图，能够精准预测并实时反映地面积水以及洪涝情况。广东省、黑龙江省气象局可以根据气象指标提供一些实时信息。洪水风险图建设使得天上气象信息和地面洪水管理双管齐下，不仅有助于做好防洪救灾抢险等预防性工作，也能为保险合理定价提供有力的技术支撑。对比已经开展的地震巨灾保险，洪水灾害无论是可预测性还是技术资料积累、技术手段方面都具有明显的可试点、可推广的优势，开展洪水保险的条件更为成熟。

自2016年以来，深圳、宁波等10余个省市陆续开展了巨灾保险试点工作。由于巨灾保险试点地区均有洪水风险，有大量的洪水保险需求，在试点地区的巨灾保险制度中，洪水风险管理和洪水保险责任均占据了重要地位，防范洪水风险也成为巨灾风险的重要组成部分。各试点省市的水利部门也积极参与了巨灾（含洪水）保险的试点工作。经过多年的试点，各地政府、商业保险公司结合当地实际，在完善洪水风险管理和巨灾（含洪水）保险制度建设方面进行了多种尝试探索，积累了一定的经验。目前，在我国开展洪水保险的条件已经基本成熟。

1.2　研究现状和研究进展

保险是风险管理的重要手段，没有风险显然也就无须保险。保险具有分散风险和经济补偿的基本职能。也就是说保险是把不确定性的、罕见的和巨额的灾害损失转化为确定性的、稳定的和小额的保费开支，灾害事故发生时能够给予被保险人的经济补偿。洪水保险不仅可以为投保人灾后恢复重建提供必要的帮助、减轻政府灾后的救灾负担，还可以在防灾减灾方面发挥特殊的作用。国内外经验表明把洪水保险和洪泛区管理结合在一起，利用洪水保险作为经济杠杆来调整和控制洪泛区的经济发展，能够有效地降低洪灾损失。

在理论方面，学者在国内外洪水风险管理和洪水保险方面已经做了大量研究工作。在实践层面，洪水保险已经为越来越多的国家所接受，并在美、英、日、法等发达国家得到了充分的重视和广泛的实施。目前，美国联邦洪水保险计划的规模和重要性已经仅次于联邦保险计划的老年保险①，且已经覆盖了美国每一个州共约2万个洪泛区。美国的洪水保险充分发挥了其巨大的社会效益，为减少洪水灾害造成的经济损失起到了重要作用。英国实行“捆绑+强制”参保模式。民众虽然自愿购买保险，但保险公司将包含洪水在内的所有自然灾害风险捆绑到一个保单中，不能单独剔除。这种“强制”性的洪水保险制度使洪水风险得以在所有财产投保人中进行分散，从而使单个家庭购买财产保险的保费大大降低，避免了完全按风险精算出的高风险地区保险费率奇高无法承受的情况②。据统计，英国民众在购买家庭财产保险中捆绑购买洪水保险的比例接近90%，在居民建筑物

---

① 付湘，王丽萍，边玮编著．洪水风险管理与保险［M］．北京：科学出版社，2008.

② 胡辉君．国外有关洪水保险的实践及对我国的启示［J］．中国水利，2005.

保险中购买洪水保险的比例接近70%，在农作物保险中捆绑购买洪水保险的比例达到100%，企业在财产保险中购买洪水保险的比例也达到85%以上。英国居民家庭平均支付洪水保险保费为200—2 500英镑不等，捆绑式销售极大地降低了洪水保险保费①。法国实行的是政府与市场合作的重大自然灾害保险模式，承保洪水、地震、地层滑动、泥石流、海啸、雪灾、旱灾以及飓风、冰雹等自然灾害风险，范围相对较广，是一项综合性的巨灾保险计划，采取强制投保的方式。自然灾害的保险损失由商业保险公司和中央再保险公司共担风险。法国政府本身不直接参与洪水保险业务，而是利用政策支持和引导，并利用再保险方式规避商业保险公司的巨灾风险。同时，政府通过一系列洪水防御措施，在土地利用、建筑标准、应急管理方面提供防洪保障，降低洪水风险等级②。日本具有完善的巨灾保险制度或巨灾保险计划，其洪水保险制度具有半强制性，属于共济式保险模式，政府承担一半责任，共济组织承担另一半责任，带有强烈的政府救助性质，商业化程度不高③。同时，日本也十分重视洪水风险管理的研究，注重加强对洪水、地震等巨灾的实时预测、灾情评估、灾害防御和综合管理等方面的研究④。

1.2.1 洪水风险管理研究

洪水风险管理包括洪水灾害预警、预防、抗灾、救灾、恢复、重建、洪水灾害教学、洪水保险及综合管理等所有减少洪水灾害损失的人类活动及其过程。

Michael等分析了洪水风险图在洪水风险管理方面的作用，通过问卷调查，发现居民的风险意识与专家的风险评估结果相一致，洪水风险大的地

---

① 周维伟，李春龙，陈飞，郇延诚. 洪水保险的国际比较与借鉴［J］. 中国水利，2019.04.

② 王和，王平著. 中国洪水保险研究［M］. 北京：中国金融出版社，2013.09.

③ 张雅丽. 美国、日本和英国水灾风险管理的经验借鉴［J］. 世界农业，2017.08.

④ 翟国方. 日本洪水风险管理研究新进展及对中国的启示［J］. 地理科学进展，2010.01.

区，居民的风险意识强；洪水风险小的地区，居民的风险意识弱[①]。Shanker等利用GIS技术编制洪水风险图，并结合水利模型计算结果开展洪水风险管理[②]。Webster等提出了利用雷达（Lidar）、全球定位系统（GPS）和地理信息系统（GIS）技术绘制沿海地区的洪水风险图的理论，在海平面上0—4米的高度范围内能实现每隔10厘米自动生成洪水风险图，利用不同淹没水深的洪水风险图对社会经济和生态系统的影响进行评估，并为沿海地区的社会经济发展规划提供技术支持[③]。

Jim等提出了一个综合的洪水风险管理方法，主要包括收集资料、风险评估与评价、决策、实施以及回顾等环节，且随着社会经济、环境的变化及时进行调整、完善[④]。Hooijett等分析了洪水风险产生的原因，提出了给洪水以空间的长效洪水风险管理机制[⑤]。Evans等介绍了“PSIR”和“SPR”洪水风险分析模型，在对洪水风险定量和定性分析方法研究的基础上，提出了“给洪水以蓄滞空间”的洪水风险管理理论[⑥]。Peter等认为洪水风险管理与土地管理和洪水蓄滞空间管理有关，并提出了将规划、技术、运行管理和制度等方面相结合的洪水风险管理方法[⑦]。Harvey等提出了利

---

① Michael Siegrist, Heinz Gutscher. Natural Hazards and Motivation for Mitigation Behavior: People Cannot Predict the Affect Evoked by a Severe Flood [J]. Risk Analysis An Official Publication of the Society for Risk Analysis, 2008, 28 (3): 771 - 778.

② Shanker Kumar, Sinnakaudan, Sahol&Hamid Abu Bakar. Tight Coupling of S Flood and ArcView GIS 3.2 for Flood Risk Analysis [M]. Geo - information for Disaster Management. Springer Berlin Heidelberg, 2005.

③ Webster T L, Forbes D L, Dickie S, et al. Using Topographic lidar to Map Flood Risk from Storm - surge Events for Charlottetown, Prince Edward Island, Canada [J]. Canadian Journal of Remote Sensing, 2004, 30 (1): 64 - 76.

④ Jim W. Hall, Edmund C. Penning - Rowsell. Setting the Scene for Flood Risk Management [M]. Flood Risk Science and Management. 2010.

⑤ Hooijer A, Klijn F, Pedroli G B M, et al. Towards Sustainable Flood Risk Management in the Rhine and Meuse River Basins: Synopsis of the Findings of IRMA - SPONGE [J]. River Research & Applications, 2004, 20 (3): 343 - 357.

⑥ Evans E, Hall J, Thorne C, et al. Future Flood Risk Management in the UK [J]. Proceedings of the ICE - Water Management, 2006, 159 (1): 53 - 61.

⑦ Peter L. K. Knuepfer, Burrell E. Montz. Flooding and Watershed Management [J]. Journal of Contemporary Water Research & Education, 2008, 138 (1): 45 - 51.

用 GIS 技术进行洪水风险管理，通过建立不同级别洪水的淹没图，计算出不同地区的淹没水深[①]。Birgit 等提出了建立地区间的和跨国的洪水风险管理组织，实现共同管理洪水风险，从而提供洪水合理的蓄滞空间[②]。Guofangzhai 等分析了洪水风险区内居民移民安置率低的原因，提出了移民安置费用的评估方法，并探讨了移民安置率与洪水风险承受度之间的关系，为洪水风险管理提供理论依据[③]。

程晓陶阐述了洪水风险管理的本质特征，从我国国情出发，分析了我国选择洪水风险管理的必要性与必然性，为探讨中国特色的洪水风险管理体制建立理论基础[④]；分析了传统水利中人与自然的关系，探讨了“与河流共存、与洪水共存”的可持续发展治水理念的深刻内涵，提出了适合我国国情的、体现人与自然良性互动关系的治水模式[⑤]。程晓陶还分析了洪水灾害的自然属性与社会属性、可控制性与不可避免性、可管理性等特征，提出了洪水风险管理要形成风险分担、利益共享的运作模式，并建立起双向调控、把握适度的推进机制[⑥]。Klein 等分析了冲积平原和三角洲地区随着经济发展和堤防不断加高而洪水风险变得越来越大的原因，提出了适应洪水而不是控制洪水的洪水风险管理战略，给洪水以蓄滞空间可以大大减少洪灾损失[⑦]。

---

① Francis Harvey, et al. A Primer of GIS: Fundamental Geographic and Cartographic Concepts [M]. The Guilford Press. 2008.

② Bhm H R, Birgit Haupter, Heiland P, et al. Implementation of Flood Risk Management Measures into Spatial Plans and Policies [J]. River Research and Applications, 2004, 20 (3): 255-267.

③ Zhai, Guofang and Ikeda, Saburo, Flood Risk Acceptability and Economic Value of Evacuation [J]. Risk Analysis, June 2006 (7): Vol. 26, No. 3, pp. 683-694.

④ 程晓陶. 2002 年 8 月欧洲特大洪水概述——兼议我国水灾应急管理体制的完善 [J]. 中国水利水电科学研究院学报, 2003. 12.

⑤ 程晓陶, 吴玉成等著. 洪水管理新理念与防洪安全保障体系的研究 [M]. 北京: 中国水利水电出版社, 2004.

⑥ 程晓陶, 尚全民主编. 中国防洪与管理 [M]. 北京: 中国水利水电出版社, 2005.

⑦ Klein, Richard, J. T, et al. Technological Options for Adaptation to Climate Change in Coastal Zones. [J]. Journal of Coastal Research, 2001.

1.2.2　洪水保险研究

现有文献资料表明，国外最早开展洪水保险研究与实践的是美国。20 世纪 40 年代，美国著名的地理学者吉尔伯特·怀特（Gilbert. F. White）在他的著作《调整人与洪水的关系》（Human Adjustment to Floods）中首先提出了协调人与洪水关系的思想[①]，以防洪工程、洪泛区管理、洪水保险、土地利用规范等措施有机结合的综合减灾思想是洪水风险综合研究的早期萌芽。国外对洪水保险的研究是从理论和实证两个角度来进行的。从理论上，美国著名的环境经济学家克鲁蒂拉（John V. Krutilla，1966，1992）研究了洪水灾害保险替代工程措施的可行性[②]，认为美国在投入了上千万美元修建防洪工程后，洪灾损失仍在不断增长的根本原因在于工程措施诱导了虚假的安全感，并且当洪灾发生时，为帮助受灾群众，社区捐款捐物的救济活动虽是一种慈善行为，但同时也是传播洪水风险的一种方式，这种风险的传播是不公平的，它让未受灾的群众也承担风险成本，而洪水灾害保险修正了这种不公平性，是洪泛区居民承担自己的风险成本。美国水文学家沙克（John C. Schaake）等利用决策框架来推导最优保险策略，建立了搜索全国洪水灾害保险计划最优策略的模拟模型，推导出最优保险费率、贴现系数和初始化资本金额[③]。美国地质调查局水文专家卡林格（M. R. Karlinger）建立了一个用来评估洪水灾害保险计划的计算机模拟模型，以购买洪水灾害保险的意愿来监测投保人对洪水灾害保险的反应[④]。澳大利亚水资源规划工程师泰（Kon Chin Tai）用期望概率分析法检测了传

---

① White, Gilbert F. Human Adjustment to Floods [J]. University of Chicago, 1945.

② John V. Krutilla. an Economic Approach to Coping with Flood Damage [J]. Water Resources Res, 1966, 2 (2).

③ Schaake J C, Fiering M B. Simulation of a National Flood Insurance Fund [J]. Water Resources Research, 1967, 3 (4): 913-929.

④ M. R. Karlinger, E. D. Attanasi. Flood Risks and the Willingness to Purchase Flood Insurance [J]. Water Resources Research, 1980, 16 (4): 617-622.

统的洪水频率分析方法得出的洪水灾害保险偏差程度，认为这种统计偏差歪曲了洪水灾害保险费率的评估并建立了一个多状态保险费模型，通过最大化个人财产的期望效用函数来获得最优保险费[①]。

实证研究方面，主要侧重对美国的国家洪水保险计划研究。国外文献关于洪水保险的实证研究主要是分析影响洪水保险购买的因素以及洪水保险的模式。美国华盛顿大学经济学家林德（Robert C. Lind，1967）对洪灾防范的经济学进行研究，结果认为洪水保险费与期望洪水保险损失的比较决定了灾民的保险行为，此外，人们对洪水保险不熟悉、保险代理人销售意愿低、地方政府与社区的参保意愿低、洪水风险意识低等因素也是影响投保人购买洪水保险的重要因素[②]。考虑到洪水风险的巨灾特性，Lind（1967）、美国布朗大学经济学家布朗（John P. Brown，1972）、Krutilla（1966）和美国布兰查德·伯姆教授（R. Denise Blanchard - Boehm，2001）提出了强制性的全国洪水保险的观点[③]。Anderson（1974）和 Pritchett 以及 Rubin（1975）分析了国家洪水保险计划面临的问题，特别是保险费率、代理人和产品开发等问题[④⑤]。MacDonald 等（1990）研究洪水保险定价和保险费差异问题[⑥]。美国伯比教授（Raymond J. Burby，2001）认为美国的洪水保险政策在减轻洪水损失方面取得很大的成功[⑦]，而英国经济学家克里奇顿（Crichton，2007）比较英美两国洪水保险制度后，认为英国的洪水保

---

① Kon Chin Tai. Analysis and Synthesis of Flood Control Measures [J] . 1975.

② Lind, Robert C. Flood Control Alternatives and the Economics of Flood Protection [J] . Water Resources Research, 1967, 3 (2): 345 - 357.

③ Blanchard - Boehm R D, Berry K A, Showalter P S. Should Flood Insurance be Mandatory? Insights in the Wake of the 1997 New Year's Day Flood in Reno - Sparks, Nevada [J] . Applied Geography, 2001, 21 (3): 199 - 221.

④ Dan R. Anderson. The National Flood Insurance Program. Problems and Potential [J] . The Journal of Risk and Insurance. 1974 (12), Vol. 41, No. 4, pp. 579 - 599.

⑤ Pritchett S T, Rubin H W. A Case Study of Flood Losses: Implications for Flood Insurance Product Development [J] . Journal of Risk & Insurance, 1975, 42 (1): 105.

⑥ Don N. MacDonald, et al. Flood Hazard Pricing and Insurance Premium Differentials: Evidence from the Housing Market [J] . *The Journal of Risk and Insurance.* 1990 (12), Vol. 57, No. 4, pp. 654 - 663.

⑦ Burby, Raymond J. Flood Insurance and Floodplain Management: the US experience [J] . Environmental Hazards, 2001, 3 (3): 111 - 122.

险比较成功，因为它把洪水保险作为一个捆绑系统，而美国只将其作为一个可选择的“订单”[①]。Green 等（2004）研究了洪水保险和政府之间寄生和共生的关系问题[②]。Bin 等（2008）运用特征价格方法来检验洪水灾害对沿岸财产价值的影响，证明在房地产市场中指定的洪水区域和反映风险的保费水平能够对潜在的房地产购买者产生影响[③]。Raschky 等（2013）讨论了政府对于消除灾害影响的不确定性和对洪水保险的挤出效应[④]。除美国之外，Schwarze 和 Wagner（2004）以及 Huber（2004）分别研究了德国和英国洪水保险制度监管改革问题以及可保性问题[⑤⑥]。

我国从20世纪80年代开始研究洪水保险，理论研究进展很快，在洪水保险政策、洪水保险模式、洪水灾害的基金管理、保险费率厘定与数据库管理等方面进行了广泛的研究。刘朝辉等（2008）、王九大（2009）介绍了各国开展洪水保险计划的现实经验并进行了国际比较[⑦⑧]。赵苑达（2005）、卓强（2007）与黄英君等（2009）讨论了如何设计我国的洪水保险机制以及如何进行机构创新[⑨⑩⑪]。

---

① David, Crichton. Role of Insurance in Reducing Flood Risk ［J］. Geneva Papers on Risk & Insurance Issues & Practice, 2007.

② Green C, Penning – Rowsell E. Flood Insurance and Government: “Parasitic” and “Symbiotic” Relations ［J］. Geneva Papers on Risk & Insurance Issues & Practice, 2004, 29 (3): 518 – 539.

③ Bin O, Kruse J B, Landry C E. Flood Hazards, Insurance Rates, And Amenities: Evidence From The Coastal Housing Market ［J］. The journal of risk and insurance, 2008, 75 (1): 63 – 82.

④ Raschky P A, Schwarze R, Schwindt M, et al. Uncertainty of Governmental Relief and the Crowding out of Flood Insurance ［J］. Environmental & Resource Economics, 2013, 54 (2): 179 – 200.

⑤ Schwarze R, Wagner G G. The Political Economy of Natural Disaster Insurance: Lessons from the Failure of a Proposed Compulsory Insurance Scheme in Germany ［J］. European Environment, 2007, 17 (6): 403 – 415.

⑥ Michael Huber. Reforming the UK Flood Insurance Regime. The Breakdown of a Gentlemen's Agreement ［J］. lse research Online Documents on Economics, 2004, 18.

⑦ 刘朝辉，胡新辉，王慧敏．国际洪水保险比较及对我国的启示［J］．水利经济，2008.05.

⑧ 王九大．中美洪水保险的比较分析［J］．财贸研究，2009.

⑨ 赵苑达．洪水灾害损失的风险分析与国家洪水保险制度的探讨［J］．管理世界，2005.04.

⑩ 卓强．中国建国以来洪水损失分析和中美洪水保险比较研究［J］．金融经济，2007.

⑪ 黄英君，江先学．我国洪水保险制度的框架设计与制度创新——兼论国内外洪水保险的发展与启示［J］．江西财经大学学报，2009.02.

目前已经在研究、试点或实行的洪水保险方式大体上有四种类型：通用型洪水保险、定向型洪水保险、基金型洪水保险和强制型洪水保险①。

1.2.3 国内研究的不足

我国学者的理论研究存在着人云亦云的问题，单纯借鉴和模仿外国洪水保险制度的模式与基金管理方式，并未结合我国的国情进行具体分析，没有对中国开展洪水保险的原因追根溯源，只研究了怎样在中国开展洪水保险，而未说明为什么要在中国开展洪水保险，实施洪水保险制度是不是中国洪灾损失补偿的灵丹妙药，是不是需要其他配套措施，将国外的洪水保险制度借鉴到中国来解决洪灾损失问题是不是可行。与此同时，我国洪水保险的实践虽然始于20世纪80年代初保险业务恢复时期，但30多年来仍是走走停停、名不符实，至今没有单独设置洪水保险条款。现行的洪水保险是作为各种自然灾害保险中的一项，保险条款是适用于各种自然灾害和意外事故的综合性条款，并未按洪灾本身特点同其他自然灾害区别对待。

纵观国内外近几十年来关于洪水灾害的研究，在许多方面已取得令人瞩目的成就，但是由于洪水灾害问题本身的复杂性，仍存在以下的局限性。一是对于洪水灾害研究的基础性研究工作，对洪水、洪水风险、洪水风险管理等缺乏系统性的、深入的剖析和探讨；二是对洪水灾害风险管理制度缺乏全面的、多层次的研究，尤其是缺乏对洪水风险管理制度绩效的研究；三是对洪水保险研究的文献不在少数，但是现有的洪水保险文章是就保险论保险，鲜有专家学者将洪水保险的研究纳入整个洪水灾害风险管理制度，探讨其角色定位。

① 付湘，王丽萍，边玮编著．洪水风险管理与保险［M］．北京：科学出版社，2008.

1.3　研究思路和主要内容

围绕“洪水保险理论与中国实践”这一主题，本书分为 9 章展开。

第 1 章明确选题的意义，梳理国内外研究现状。

第 2 章对洪水、洪水灾害、洪水灾害风险与损失、洪水灾害风险的管理等概念、内涵及相关内容进行了系统地梳理，理顺了洪水风险与洪水灾害风险管理的关系，并探讨了洪水灾害风险的可保性。

第 3 章明确了洪水灾害风险管理的概念、内涵及原则，重点总结了我国的风险管理理论，并对其现状进行总结，将现代洪水灾害风险管理划分为工程措施和非工程措施并分析了我国洪水风险管理中存在的问题和亟待改进之处。

第 4 章从明确洪水保险的定义和特征出发，分析洪水保险的作用，从供需两个方面分析了洪水保险的需求，并分析应采取何种公共政策来支持和鼓励洪水保险的实施。

第 5 章详细介绍了洪水再保险、洪水巨灾债券、洪水保障基金、财政补贴、巨灾彩票和社会捐助等洪水保险的辅助措施，为洪水保险保费不足时资金的来源做了进一步的补充。

第 6 章回顾了国际社会洪水保险的经验和启示，主要考察了美国、日本和欧盟等典型国家和地区的洪水灾害管理制度，重点探讨了以上国家和地区在洪水风险管理体制、法律法规体系以及各种洪水管理机制建设方面的做法。以上经验，为中国洪水灾害风险管理制度的进一步完善提供了一定的借鉴。

第 7 章从中国早期和近期开展的洪水保险实践入手，总结了我国洪水保险实践的基本情况、总结了实践的经验和存在的问题，分析了我国现有的洪水保险产品，为完善我国洪水保险制度和开展洪水保险产品开发有一定的指导和借鉴价值。

第 8 章对我国区域性洪水风险、洪水风险管理、洪水保险和洪水保险制度进行了分析，为因地制宜开展适合国情的洪水保险制度提供参考。

第 9 章提出了我国洪水保险制度建设的目标、建设原则、运作模式、机制设计、费率厘定及保障体系，为有关部门开展洪水保险提供一定的借鉴和参考。

1.4 创新及不足

1.4.1 创新点

本书系统梳理了中国的洪水保险理论和实践，对洪水灾害风险、洪水灾害风险管理、洪水灾害风险理论、中国洪水保险制度与实践等相关内容进行了系统地梳理，理顺了洪水管理与洪水灾害风险管理的关系，明确了洪水灾害风险管理的各种非工程措施及洪水保险的重要性。

本书对中国洪水保险试点的历史与现状进行了详尽、全面、系统地回顾与总结，分析了试点的经验和不足，提出了我国洪水保险制度建设的规划和内容，为我国开展洪水保险提供了有价值的借鉴。

1.4.2 不足之处

由于时间和资源的限制，本书仅是对洪水风险管理和保险理论做了系统梳理，多数采用理论分析介绍，未能使用各种数据进行实证和模拟，所提出的各种观点尚待实践检验，这一不足有待今后改进。

第 2 章

洪水灾害及洪水灾害风险

2.1 洪水灾害的定义及特征

2.1.1 洪水及洪水分类

洪水是一种高度复杂的自然现象，它与天文圈、大气圈、水圈、岩石圈、生物圈和人类圈都有着密切的联系，是这六个圈的相互非线性作用和反馈作用的产物。[①] 一般我们认为洪水是由暴雨、急骤融冰化雪、风暴潮等自然因素引起的江河湖海所含水体水量迅猛增加、水位急剧上涨超过常规位的自然现象。[②] 洪水的发生与发展决定于气象因素和地理因素。洪水是一个十分复杂的灾害系统，它的诱发因素极为广泛，水系泛滥、风暴、地震、火山爆发、海啸等都可以引发洪水，甚至人为的因素也可以造成洪水泛滥。

洪水按照地理位置不同，可分为河流洪水、湖泊洪水、海岸（如风暴潮、海啸等）洪水和城市洪水等。依照洪水成因的不同和分析的方便，大致可分为暴雨洪水、山洪、融雪洪水、冰凌洪水、溃坝洪水五种类型[③]。

2.1.1.1 暴雨洪水

暴雨洪水是最常见的威胁最大的洪水。它是由较大强度的降雨形成的，简称雨洪。我国受暴雨洪水威胁的主要地区有 73.8 万 km^2，分布在长江、黄河、淮河、海河、珠江、松花江、辽河 7 大江河下游和东南沿海地区。暴雨导致的河流洪水峰高量大，持续时间长，灾害波及范围广。近些年的

---

① 魏一鸣等著．洪水灾害风险管理理论［M］．北京：科学出版社，2002.

② 王和，王平著．中国洪水保险研究［M］．北京：中国金融出版社，2013.09.

③ 中国气象局．洪水灾害的种类．http：//www.cma.gov.cn/2011xzt/2012zhuant/20120420/2012042009/201204/t20120423_ 170342.html，2012.04.23.

几次大水灾，如珠江 1915 年大水，海河 1963 年大水，淮河 1975 年大水，长江 1931 年、1954 年和 1998 年大水，松花江 2013 年大水等，都是这种类型的洪水。

2.1.1.2 山洪

山洪是山区溪沟中发生的暴涨暴落的洪水。由于山区地面和河床坡降都较陡，降雨后产流和汇流都较快，形成急剧涨落的洪峰。所以山洪具有突发性强、水量集中、破坏力强等特点，但一般灾害波及范围较小。这种洪水如形成固体径流，则称作泥石流。如 2010 年甘肃舟曲因降雨导致的特大泥石流事故、2019 年贵州水城因降雨导致的山体滑坡事故等。

2.1.1.3 融雪洪水

融雪洪水主要发生在高纬度积雪地区或高山积雪地区。

2.1.1.4 冰凌洪水

冰凌洪水主要发生在黄河、松花江等北方江河上。由于某些河段由低纬度流向高纬度，在气温上升、河流开冻时，低纬度的上游河段先行开冻，而高纬度的下游河段仍封冻，上游河水和冰块堆积在下游河床，形成冰坝，也容易造成灾害。在河流封冻时也有可能产生冰凌洪水。

2.1.1.5 溃坝洪水

溃坝洪水是指大坝或其他挡水建筑物发生瞬时溃决，水体突然涌出，给下游地区造成灾害。这种溃坝洪水虽然范围不太大，但破坏力很大。此外，在山区河流上，在地震发生时，有时山体崩滑，阻塞河流，形成堰塞湖。一旦堰塞湖溃决，也会形成类似的洪水。这种堰塞湖溃决形成的地震次生水灾的损失，往往比地震本身所造成的损失还要大。如 1975 年 8 月河南驻马店发生的特大水库溃坝洪水等。

在水文学中，关于洪水特征的一般用“洪水三要素”来描述，即可以用洪峰流量、洪水总量及洪水历时等指标（有部分学者认为是洪峰流量、洪水总量以及洪水过程线，也有部分学者认为是洪峰流量、洪水总量及峰现时间）来刻画。洪水强度大小与洪峰水位、洪峰流量、洪水流速、洪水历时和洪水总量等要素息息相关。洪水三要素的值越大，洪水强度就越大。在水利科学中，洪水强度通常用洪峰流量或者洪水总量出现的概率（大于或者等于某个值出现的频率）来表示。如百年一遇的洪水就是指出现大于或等于该洪水的洪峰流量或者洪水总量的概率为 1%。在实践中，洪水强度还会用洪水水深、洪水淹没范围、洪水淹没历时、洪水重现期等指标来描述，有的时候还会用洪水等级来描述。如自 2009 年 1 月 1 日开始实施的国家标准《水文情报预报规范》[GB/T 22482 - 2008] 就规定，向社会公众发布的洪水定性信息按照下列等级划分：

(1) 洪水要素重现期小于 5a（编者注：年，下同）的洪水，为小洪水；

(2) 洪水要素重现期为 5a—20a 的洪水，为中洪水；

(3) 洪水要素重现期为 20a—50a 的洪水，为大洪水；

(4) 洪水要素重现期大于 50a 的洪水，为特大洪水。

估计重现期的洪水要素项目包括洪峰水位（流量）或时段最大洪量等，可依据河流（河段）的水文特性来选择①。

就洪水发生的范围、强度、频次和对人类的威胁程度而言，中国大部分地区以暴雨洪水为主。当洪水对生命和财产造成损失时，就形成了洪水灾害。

2.1.2　洪水的特征

一般说来，洪水主要有区域性、过程性、规律性与突变性、可预测性与不确定性的特征。

2.1.2.1　区域性

洪水总是发生在一定区域，或发生在特定区域，具有较强的区域性。

① 水文情报预报规范 [EB/OL]. http://c.gb688.cn/bzgk/gb/showGb?type=online&hcno=9A1A51DA9FAD3B785C239A1FC2C5CAF3, 2008.11.04.

例如，我国的长江流域，由于有长江干流的流过，该区域内就较易发生洪水，甚至是发生大洪水。而在我国的西部干旱地区，水资源本身就比较匮乏，该区域发生洪水的可能性就不高。

2.1.2.2　过程性

洪水是一个过程，一次洪水过程一般有涨水段、洪峰段和退水段三个时段。在不同的地形下，洪水的过程也会有不同特点。

（1）山区性河流道坡度陡、流速大，洪水涨落迅猛；（2）平原河流坡度缓流速小，涨落相对缓慢；（3）大江大河由于流域面积大、接纳支流众多，洪水往往出现多峰，孤独降雨多出现单峰；（4）冰雪融化补给的河流，由于热溶解过程缓慢，形成的洪水也缓涨缓落，有时一次洪水延续整个汛期；（5）冰凌洪水，由于冰冻溶解或冰坝溃决，水流相应呈现缓慢或突然泄放；（6）溃坝洪水和山洪具有猝发性，大量水体有时伴以沙石，以很高的水头奔腾而下，破坏力极大。

由于洪水的发生具有过程性，因此洪水范围内的人群具有一定的时间响应。这是洪水与地震的重大差别。

2.1.2.3　规律性与突变性

作为自然现象的洪水，其出现实际上是气候变化并施加影响的结果，并不以人的意志为转移。因此，洪水的出现，有一定的规律性与突变性。

洪水的规律性主要体现在两个方面：一是在汛期内发生；二是年内与年际交替变化。

（1）在汛期内发生。汛期即发生洪水的季节，有春汛、伏汛、秋汛之分。我国幅员辽阔，气候的地区差异很大，因此各地汛期不同，但有明显规律。

（2）年内与年际变化。每年发生的最大洪水流量与年平均流量的比值，可作为表示洪水年内变化情况的一个指标。该比值在我国各地有很大的差异。从大范围来看，最大比值出现在江淮地区，一般达20—100，有的可达300—400，这是由于该地区正处于南北暴雨天气变化的过渡地带。

其次是黄河、辽河部分地区，比值一般在 40—150。最小的比值发生在青藏融雪补给区，仅为 7—9。

洪水的年际变化也很大，对比河流多年最大流量的最大与最小的比值，可以看出洪水年际变化状况。以海滦河流域为例，滦河潘家口流域面积为 33 700km^2，比值为 63；潮白河密云流域面积为 15 780km^2，比值为 146；清漳河匡门口流域面积为 1 220km^2，比值高达 856。通过以上数据对比可以发现，小流域的年际变化更大，南方河流一般小于北方河流。

洪水的发生，也具有相当的突发性。因此，洪水灾害也在一定程度上，在一定的时间尺度内，表现了突变性。

2.1.2.4　可预测性与不确定性

洪水灾害的不确定性主要是水文的不确定性，而水文的不确定性也包括两方面：河道水流洪峰流量的不确定性和洪水过程的不确定性。后者主要表现在洪峰位置和洪量的不确定性。

20 世纪以来，中国大陆广大地区都发生过特大的洪水，如 1932 年、1998 年松花江、嫩江大洪水，1951 年、1960 年、1995 年辽河大水，1939 年、1963 年海河大水，1931 年、1935 年、1954 年、1981 年、1998 年长江大水，1933 年、1958 年黄河大水，1931 年、1954 年、1975 年淮河大水，1915 年、1949 年、1968 年、1994 年、1998 年西江和北江大水。一般量级的洪水在各地区的差异悬殊，然而特大量级的洪水，其地区差异却相对较小。根据水文资料统计，可以给出中国主要暴雨地区出现的最大洪水流量的量级（见表 2－1 所示）。

表 2－1　中国主要暴雨地区出现的最大洪水流量的量级　（单位：m^3/s）

流域面积（km^2）	世界记录	东北	黄河	华北	淮河	长江	珠江	浙、闽
100	4 800	4 500	3 000	4 500	4 500	2 400	2 800	2 500
10 000	40 000	30 000	25 000	30 000	35 000	32 000	35 000	35 000

数据来源：中国水利百科全书编委会．中国水利百科全书［M］．北京：水利水电出版社，1991.

2.1.3 洪水灾害及分类

洪水灾害经常又被称为洪涝灾害，是水利科学界通常所说的水灾和涝灾的总称。其中水灾一般指由于江、河、湖、库水位猛涨，堤坝漫溢或溃决，使客水入境而造成的灾害；涝灾则是由于本地降水过多，地面径流不能及时排除，农田积水超过作物耐淹能力，造成农业减产的灾害（人们经常把地面积水称为明涝，把地面积水不明显但耕作层土壤过湿的现象称之为渍涝）。水灾和涝灾往往同时发生，难以区分，故而我们将水涝灾害统称为洪水灾害。

考虑洪水的发生与成因，洪水灾害则是指由于降雨、冰雪融化、冰凌、堤坝溃决、风暴潮、热带气旋等引起的江河洪水、渍涝、山洪、滑坡和泥石流等原生灾害以及由其引发的次生灾害[①]。洪水灾害与洪水总是相伴而生，它的形成受气候、下垫面等自然因素与人类活动因素的影响，其发生和危害主要与以下三个因素有关：一是诱发洪水的自然或人为因素，如暴雨、融雪、冰凌、地震、溃坝、台风、海啸等；二是受危害的对象（或称为承灾体），主要包括遭受洪水淹没而受到损害的生命和财产；三是防御和抵抗能力，同样大小的洪水会因为防洪标准不同、产业分布不同、人口密度和社会财产分布集中程度的不同而造成不同程度的灾害损失[②]。

洪水灾害的分类方法很多，按洪水灾害的形成机理和成灾环境特点，将常见的洪水灾害概括为以下几种类型：

2.1.3.1 溃决型洪水灾害

溃决型洪水灾害，泛指江河、湖海、堤防、塘坝等因自然或者人为因素溃决而形成的洪水灾害。此类灾害具有突发性强、来势凶猛、破坏力大

---

① 2017 中国水旱灾害公报［EB/OL］. http：//www.mwr.gov.cn/sj/tjgb/zgshzhgb/201808/t20180806_ 1044770.html，2018.08.06.

② 王和，王平著．中国洪水保险研究［M］．北京：中国金融出版社，2013.9.

等显著特点。

2.1.3.2　漫溢型洪水灾害

漫溢型洪水灾害，是指洪水位高于堤防或者大坝，水流漫溢扩散、淹没地势低平之地而形成的洪水灾害。漫溢型洪水受地势和地形影响较大，灾害损失与土地利用状况息息相关。在平原地区，此类型洪水灾害波及范围广、持续时间长、造成的损失巨大。

2.1.3.3　内滞型洪水灾害

内滞型洪水灾害，是指地势低洼、紧依江河、仰承江河沿线的、湖群水网地区内发生的洪水，由于区域排水不畅使得大面积积水造成明涝或者由于长期积水，使得区域地下水位升高造成区域渍涝。

2.1.3.4　行蓄洪型洪水灾害

行蓄洪型洪水灾害，是指山谷或平原水库以及河道干流两侧的行洪、蓄洪区（天然的洼地或人工湖泊）由于河道来水量过大难以及时排出而被迫启用，从而导致人为的空间转移性的洪水灾害。为确保重点地区安全，牺牲局部地区，以小的行洪、蓄洪区的淹没损失换取江河堤防的安全也是一种重要的防洪减灾手段。此类洪灾是一种可控制性洪水灾害，通过对洪水的优化调度和管理，牺牲局部，确保全局，达到最优的减灾效益。

2.1.3.5　山地型洪水灾害

山地型洪水灾害，泛指山区河流中因暴雨山洪及其诱发的崩塌、滑坡和泥石流等突发性的洪水灾害。由于山地型洪水灾害发生地区大多沟壑纵横，河流源短流急，洪水易暴涨暴落，因而此类洪水灾害突发性强，洪流速度快，挟带泥石多，历时短暂，来势凶猛、破坏力强，且常常伴生泥石流等次生灾害，防御困难。而且山洪通常在夜间暴发，因而更具威胁性。

2.1.3.6　沿海风暴潮型洪水灾害

沿海风暴潮型洪水灾害，指海洋灾害、气象灾害（如台风等）或海啸引发的海陆交接的海岸地带的洪水灾害现象。其表现是台风或热带气旋伴随着大风暴雨登临海岸上空并引发海岸洪水，造成堤塘漫溢、溃决、海潮入侵或受高潮影响、海水倒灌导致江河漫溢、泛滥成灾。此类灾害突发性强、风力大、波浪高、增水强烈、高潮位持续时间长、引发的暴雨强度大，是中国近海地区经常遭受到的区域性、季节性的风暴潮灾害。

2.1.3.7 冰凌型洪水灾害

冰凌型洪水灾害，是指有些河流或者河段由低纬度地区流向高纬度地区的过程中，在冬春季节，由于上下游封冻和解冻时序的差异，容易形成冰塞或者冰坝，使得江河水位陡涨，造成河水泛滥而形成的洪水灾害。此类洪水虽然流量不大但水位较高。在我国，黄河宁蒙河段、山东河段，松花江依兰河段是发生冰凌最严重的河段。

2.1.3.8 城市型洪水灾害

城市型洪水灾害，泛指发生在城市区域的洪水灾害。城市具有的独特地表形态和性质（如地面硬化导致不透水地面面积较大，有天然的和人工的地下管网两套排水系统等），容易造成“都市洪水效应”①，导致雨洪下渗率降低，雨水汇集加快，加上河湖坑塘被填，蓄水面积减少，地面径流增加，很容易引发洪灾。随着城市化发展进程加速，我国城市洪水灾害问题越来越突出。城市型洪水灾害呈现出易受淹、易积水、易受损失等特点。城市洪水灾害不仅会导致道路、输电线路等公共设施被损毁，影响居民生活，还会造成大量生产物资因浸泡受损，导致企业停工停产，甚至造成人员伤亡。据统计，我国现有 100 多座大中城市处于洪水水位之下，其安全受到严重威胁。②

2.1.4 洪水灾害的特征

2.1.4.1 洪水灾害极具有自然属性又具有社会属性

一切灾害发生的根源在于天、地、人这三大系统内部各要素的紊乱失

① 王静爱，王珏，叶涛．中国城市水灾危险性与可持续发展［J］．北京师范大学学报：社会科学版，2004.3.

② 黄绚．洪水灾害评估中遥感和地理资讯系统的应用［J］．中科院地理所资源与环境信息系统国家重点实验室年报．1993－1994.

衡，以及三者之间相互作用的不协调[①]。洪水灾害亦是如此，洪水灾害是自然界的洪水作用于人类社会的产物，是人与自然关系的一种体现。在现代社会条件下，自然灾害中的人为因素越来越突出，即表现出越来越明显的社会属性。一般来说，自然灾害发生的直接原因是自然因素造成的，但随着人类社会生产、生活活动的大量增加，许多自然灾害发生背后的人为因素越来越明显，成为许多自然灾害频发的诱因，即“天灾”背后亦有“人祸”的因素。洪水灾害既具有复杂的自然属性，又具有明显的社会属性。具体表现在三个方面。

（1）不断增加的人类社会生产、生活活动提高了洪水等灾害发生频率。为了满足日益增长的人口生存所需，人类不断地向大自然索取土地、淡水、空气、矿产等资源，并将废料遗弃地球表层，结果使土壤土地沙化、草原退化、森林枯竭、物种消亡和环境污染日益严重，全球变暖导致热带风暴加剧，引起洪涝灾害、风沙灾害、侵蚀灾害和滑坡、山崩、泥石流等灾害发生的频率不断提高。

（2）人类对自然规律的忽视，增加了洪水灾害发生的可能性或频数。人类常常聚集在河谷平原或者沿海平原地区，兴建城市，但有时候容易忽视对海啸、洪水等灾害的防御，往往会导致大量财产损失和人员伤亡。

（3）人类在趋利行为的诱惑下，实施了违背自然规律的行为，直接诱发了洪水等自然灾害的发生。山区的农民由于缺少经济来源，只能靠山吃山，靠水吃水，在短期经济利益的驱动下，大量砍伐森林、开挖河沙，结果导致了频繁的山岩崩塌、泥石流、洪水等自然灾害。兴建城市时，在利益的驱动下，一些人只关注表面建设而忽视了下水道等内在建设，导致部分城市逢雨必淹，逢雨必涝。

2.1.4.2 洪水灾害具有不可避免性和规律性

洪水是一种复杂的自然现象，它的发生与发展决定于气象因素以及地

---

① 马德富，刘秀清．论自然灾害的社会属性及防灾减灾对策——兼论发展防灾减灾农业［J］．农业现代化研究，2007.

理因素，是一个相当复杂的动态过程。从根本上讲，洪水灾害的产生缘于天文圈、大气圈、水圈、岩石圈、生物圈和人类圈这六个圈的相互非线性作用和反馈作用，其发生不可避免。在人类利益存在的地方，洪水就有可能造成巨大的灾难。因此，洪水就构成了洪水风险。洪水风险一旦实际发生，造成巨大损失，就构成了洪水灾害。洪水灾害在社会经济发展过程中不可完全避免，洪水风险无法根本消除。这有主客观两方面的原因。首先，从客观方面来讲，自然演替规律无法改变；其次，从主观方面讲，人的认识是有局限性的，目前难以做到有效改造自然，使之有序变化。

但是在我国洪水灾害的发生却有一定规律性。如季节性明显、时空分布虽然不均衡，但是也呈现出东南多，西北少、洪水年际变化大、大洪水呈现一定的阶段性和重复性等[①]。如果沿着400毫米降雨等值线从东北向西南划一条斜线，将国土分为东西两部分，那么东部地区是我国防洪的重点地区。认识这些规律是我们进行洪水风险管理和洪水资源利用的重要前提。

2.1.4.3 洪水灾害具有可预测性和可管理性

随着科学技术的发展，人类对天文、地理、气象等规律的认识越来越深刻，人们可以逐步通过卫星遥感、水文观测等技术科学预测可能出现的洪水灾害，从而提前做出响应，减轻或者避免洪水灾害造成的损失。另外，虽然自然因素我们无法避免，但导致洪水灾害的社会和人为因素却可以管理的。我们可以在科学掌握自然规律的基础上，综合利用法律、行政等手段，合理调整客观存在于人与自然之间、人与人之间基于洪水灾害风险的利害关系，利用社会力量有效防灾减灾，尽量避免洪水灾害给社会带来的负面影响。

2.1.4.4 洪水灾害具有利害两重性

洪水灾害发生时，往往会给人类带来巨大的生命财产损失，但它也会

---

① 李隆玲，任金政．我国洪水灾害现状及区划特征［J］．中国水利，2014.7.

给人类带来某些积极的影响[①]。利在提供人类可持续发展所必需的水土资源、生态环境和生物多样性，害在造成财产损失和人员伤亡。具体而言，一方面，洪水对人类社会的负面作用主要是，淹没农田，冲毁家园，破坏基础设施、造成人员伤亡，扰乱正常的社会经济秩序等。其中，有些损失可以用货币来衡量，有些损失却无法用货币来衡量；另一方面，洪水泛滥时携带的大量泥沙、养分，形成了广袤、肥沃、物种繁多的流域、平原以及大面积沿河湿地，为农业生产提供了丰富的水土资源。

自古以来，生活在黄河流域的中国人民就在与频繁的洪水灾害斗争，学会了利用和改造自然，增长了智慧、经验和技能，逐步认识了自然灾害，提高了抵御自然灾害的能力，鞭策着黄河流域的劳动人民奋发图强，创造了光辉灿烂的中原文化，并使中原地区成为中华民族数千年来持续发展的政治、经济和文化的中心地带。随着现代社会科学技术发展和人类对自然规律的认识，人们可以将洪水资源化，在不成灾的情况下，尽量利用水库、拦河闸坝、自然洼地、人工湖泊、地下水库等蓄水工程拦蓄洪水，以及延长洪水在河道、蓄滞洪区等的滞留时间，恢复河流及湖泊、洼地的生态环境，以及最大可能补充地下水，甚至可以利用洪水清洗河道污染、生产清洁能源等。

2.1.4.5 洪水灾害大小与经济发达的程度呈正向关系

从一个角度来看，洪水灾害越大，对当地的经济破坏得越严重；从另外一个角度来看，如果当地经济越发达，发生洪水灾害后，对当地所造成的损失也就越大。因此，洪水灾害的大小，与当地的经济发达程度是呈正向关系的。换句话说，经济越发达的洪水影响地区，对洪水风险分散措施的需求也就越强烈。

2.1.4.6 必须软硬结合的保护措施

从目前的情况来看，防御洪水的措施，主要是“软”“硬”两大方式。其中“硬”的方式，主要是工程防洪措施；“软”的方式，主要是非工程

---

① 裘四娥．灾害带来的正面效应［J］．生命与灾害，2007.3.

防洪措施。工程防洪措施，是人们按照洪水的规律，以工程手段，改变洪水特性和局部自然环境以防御洪灾，包括建堤防、修水库、整治河道等。而非工程防洪措施，是以不改变洪水特性为前提，通过政策、法令、经济等手段，以防灾减灾为目标的措施。

综合来看，洪水风险具有利害两重性，而且从根本上无法完全消除。并且洪水风险与当地的经济发达程度呈正向关系。因此，在面对洪水风险时，比较妥当的方式是采取软硬结合的保护措施。

2.2 洪水灾害的基本情况

人类发展的历史就是一部不断同自然灾害做斗争并改造自然的历史。尼罗河的第一次洪水灾害记录可以追溯到公元前 3500 年—公元前 3000 年，黄河的第一次洪水灾害记录大约是在公元前 2297 年。有关洪水等自然灾害的传说和记载至今仍沉淀在各国的历史文献之中。无论是中国还是西方神话中，人类起源和发展都与洪水息息相关，如妇孺皆知的“女娲补天”和“诺亚方舟”的故事。洪水灾害的发生使人类面临生存和发展的挑战，也产生了这些人类与洪水等自然灾害抗争并顽强生存的神话故事。

洪水灾害是人类社会所面临的最为严重的自然灾害之一，也是 20 世纪造成经济损失最大的自然灾害，全世界每年都有不少国家和地区遭受洪灾之苦。相关数据显示，20 世纪因洪灾所致经济损失占到全球因灾经济总损失的 1/3①。因此，防洪救灾成为各国政府主要财政负担之一。尽管人类兴建起规模空前的防洪工程体系，具备了控制常遇洪水的能力，但是水灾损失依然呈现上升的趋势。人口爆炸，城市化进程加速，洪泛区中人口、资产密度急速加大，被认为是全球水灾损失普遍增长的内在因素。

---

① 王润，姜彤．20 世纪重大自然灾害评析［J］．自然灾害学报，2000. 4.

通过使用全球 EM - DAT 国际灾害数据库来分析全球重大洪水灾害的分布、发生次数、受灾人口及受灾损失情况，我们发现重大洪水灾害发生范围广泛，几乎遍布全球各个国家及地区，给人们的生命及财产造成重大损失和严重威胁。[①] 从发生频率来看，印度、中国、美国、印度尼西亚等国家重大洪水灾害发生次数居于前 10 位，说明这些国家重大洪水灾害发生频繁。从受灾人口来看，世界上受灾人口累积最多的前 10 个国家是中国、印度、孟加拉国、巴基斯坦、越南、泰国、阿根廷、巴西、菲律宾、朝鲜。主要是因为这些国家多靠近海洋，易受到洋流及季风的影响，而且这些国家都是发展中国家，人口众多且密度大，一旦发生重大洪水灾害，受灾人口就会较多。从受灾损失来看，世界上受灾损失累积最多的前 10 个国家是中国、美国、俄罗斯、朝鲜、意大利、孟加拉国、德国、日本、印度、阿根廷，其中有多个发达国家。究其原因可能是由于易受灾地区经济发达，单位经济产值高，所以发生重大洪水时的灾害损失也比较大。

通过分析，我们发现不论洪水灾害发生次数、受灾人口、还是受灾损失，中国都是世界上最严重的国家之一，这将严重制约中国经济的可持续发展。可以说，我国除沙漠、戈壁和极端干旱区及高寒山区外，大约 2/3 以上的国土面积受到不同程度、不同类型的洪水灾害威胁。自古以来，洪水灾害就是我国发生频率高、危害范围广、对国民经济影响最为严重的自然灾害之一。中华民族的成长史也是一部不断与洪涝灾害做斗争的历史。

在中国，洪水一词最早出现于古书《尚书·尧典》，该书对 4 000 多年前黄河发生洪水的情景做了历史记载。当时洪水泛滥成灾，尧帝万分担忧，正在向众诸侯询问是否有治水能人。《尚书·禹贡》中就大量使用洪水一词，用于描述大禹的治水经过。《淮南子·览冥篇》中记载“往古之时，四极废，九州裂，天不兼复，地不周载，火滥炎而不灭，水浩洋而不息。”

---

① 蒋卫国，李京，王琳．全球 1950—2004 年重大洪水灾害综合分析［J］．北京师范大学学报：自然科学版，2006.

《孟子·滕文公下》中说“昔者禹抑洪水而天下平”。千百年来，从大禹治水“疏而不堵”、春秋时期管仲“善为国者，必先除其五害。五害之属，水为最大”的治水思想、秦代李冰父子修建都江堰工程、汉武帝时的黄河瓠子堵口、明代潘季驯“束水攻沙”、清代康熙皇帝把“河务、漕运”刻在宫廷柱子之上，再到现代的葛洲坝大型水利工程、黄河小浪底水利枢纽工程、三峡水利枢纽工程、黄河、淮河、长江、珠江等流域治理工程以及湖海治理工程等，中华儿女在生存、繁衍和发展过程中一刻也没有停止过与洪水做斗争。

研究表明，中国的洪水灾害主要发生于“胡焕庸线”以东地区①。据史料记载，自公元前206年至公元1949年，我国共发生洪水灾害1 092次，几乎每两年就发生一次洪水灾害②。进入20世纪以来，我国发生的特大洪水灾害就有1931年江淮大水、1933年的黄河大水、1951年珠江大水、1954年的江淮大水、1957年松花江大水、1963年海河大水、1975年江淮大水、1991年江淮大水、1994年珠江大水、1995年辽河、浑河和第二松花江大水、1996年西江和洞庭湖大水、1998年长江、珠江和松花江大水、2017年长江1号洪峰等。自21世纪以来，城市暴雨内涝又十分突出，2007年济南市发生了特大暴雨灾害，2010年广州市、2012年北京市、2016年武汉市等都发生了暴雨内涝灾害，近年来一些中小城市也频频因暴雨成灾，对我国经济社会发展造成了严重影响③。

通过分析发现，十九世纪末、二十世纪五六十年代和二十世纪末这三个时间段是多个世纪以来中国洪水灾害最剧烈的时期，而且二十世纪五十年代以来洪灾加剧的原因一方面由于降水强度的增强，另一方面则是由于

---

① 王铮，彭涛，魏光辉等．近40年来中国自然灾害的时空统计特征［J］．自然灾害学报，1994.3.

② 华红安．我国水灾知多少［J］．水利天地，1996.03.

③ 吕娟，凌永玉与姚力玮．新中国成立70年防洪抗旱减灾成效分析［J］．中国水利水电科学研究院学报，2019.8.

人类活动的影响加剧①。

虽然洪水灾害发生具有地区差异性，但不管是发达国家还是发展中国家，大国还是小国，都连续发生重大洪水灾害，表明洪水灾害具有普遍性和全球性，是全球大部分国家所面临的公共问题。

面对严重的洪水灾害风险，我国政府一直高度重视洪水灾害风险管理工作。新中国成立以来，我国开展了以修建水库和堤防等工程措施为主要手段的洪水灾害综合治理工作，成效卓著，有效控制了主要江河的一般性洪水泛滥。但近年来，随着全球气候变暖，极端天气频发，加之我国经济快速发展，社会财富不断增加和聚集，洪水灾害的发生频率总体呈现上升趋势，造成的损失也越来越大。我国 40% 的人口和 70% 的农业生产总值都直接面临洪水灾害威胁。根据水利部发布的《2017 中国水旱灾害公报》数据显示，1990—2017 年，我国洪涝灾害的年均损失额高达 1 505. 22 亿元。其中 2017 年洪涝灾害造成的直接经济损失高达 2 142. 53 亿元②。据民政部发布的《2017 年社会服务发展统计公报》显示，2017 年国家减灾委、民政部共向各受灾省份累计下拨中央财政自然灾害生活补助资金 80. 7 亿元（含中央冬春救灾资金 57. 3 亿元）。财政救灾资金仅占当年洪涝灾害直接经济损失的 3. 8%。可见面对频繁发生的洪水灾害，仅仅依赖国家财政安排的救灾资金难以弥补洪水灾害造成的损失。

目前，联合国、各相关国际组织、各国政府与非政府组织机构已经积极行动起来，在推动水旱灾害管理的研究与治水战略的转移、防灾意识的普及、减灾体系的完善、新技术在防灾减灾领域中的应用与推广，以及促进国际社会的交流与合作等方面发挥了积极的作用，促使世界各国从治水理念、方略、管理体制、运作机制到技术手段及对策措施等方面不断完善与深化。近几年，作为洪水灾害风险管理的一项重要内容，洪水灾害风险

---

① 万新宇，王光谦. 近 60 年中国典型洪水灾害与防洪减灾对策［J］. 人民黄河，2011. 08.

② 《2017 中国水旱灾害公报》，http：//www. mwr. gov. cn/sj/tjgb/zgshzhgb/201808/t20180806_1044770. html.

管理制度受重视的程度日渐增加，以美国为代表的发达国家和欧盟地区正在稳步推进洪水灾害风险管理制度的完善工作。而保险作为一种互助补偿的经济制度，在自然灾害、意外事故发生而造成财产损失及人身伤亡时，能给予被保险人合理的经济补偿和保障，从而减少损失。开展洪水保险可以减少受洪灾区域居民和企业的损失，安定广大人民生活，稳定社会生产秩序，减轻国家负担。

2.3 洪水灾害的成因及影响

2.3.1 洪水灾害的成因

从灾害学角度来说，洪水灾害是致灾因子——洪水在一定的孕灾环境下，作用于承灾体所形成的灾情。洪水灾害的产生取决于孕灾环境、致灾因子和承灾体这三种因素综合作用。洪水灾害是自然界的洪水作用于人类社会的产物，是人与自然关系的一种表现。一般而言，形成洪涝灾害必须有三方面的条件：(1) 存在诱发洪水的因素（致灾因子）；(2) 存在形成洪水灾害的环境（孕灾环境）；(3) 洪水影响区有人类居住或分布有社会财产（承灾体）。洪水灾情的形成是由于致灾因子在一定的孕灾环境下作用于承灾体后形成的。此外，社会承灾能力也会影响洪水灾害的易损性。

从系统论的观点来看，孕灾环境、致灾因子、承灾体和灾情之间相互作用，相互影响，相互联系形成了一个具有一定结构、功能、特征的复杂体系，我们称之为洪水灾害系统，如图 2 - 1 所示：

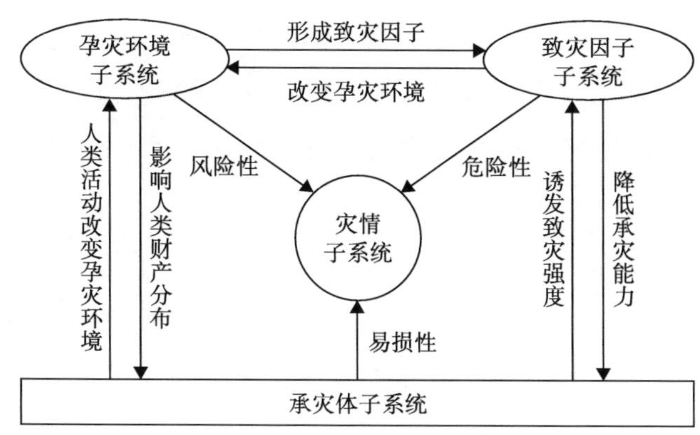

图2-1 洪水灾害系统①

2.3.1.1 孕灾环境

孕灾环境是由天文圈、大气圈、水圈、岩石圈、生物圈和人类圈所组成的综合地表环境，是体现在地球表层过程中一系列具有耗散特性的物质循环和能量流动以及信息与价值流动的过程②。孕灾环境可分为自然环境和社会环境两种。其中自然环境包括大气环境（如气候等）、水文环境及下垫面环境（包括地形地貌、植被、土壤、动植物等）；社会环境包括工矿商贸、各种管线、交通系统、公共场所、人和经济市场等。

2.3.1.2 致灾因子

致灾因子是由孕灾环境产生的各种移动因子，其是由各种自然异动（暴雨、台风、雷电、地震、海啸等）、人为异动（操作不当、管理失误、人为破坏等）、技术异动（机械故障、技术失误等）、政治经济异动（能源危机、金融危机等）产生的。洪水灾害的致灾因子主要包括：

（1）暴雨。通常情况下，降雨强度、历时和范围直接影响所形成洪水的严重程度。降雨强度越大、历时越长、范围越广，越容易形成特大洪水。

（2）其他。除暴雨外，台风、海啸、融雪融冰、冰川阻湖、冰凌、城市洪水、水库洪水及其他洪水也是常见的洪灾致灾因子。此外，洪水的含

① 魏一鸣等著．洪水灾害风险管理理论［M］．北京：科学出版社，2002.

② 王和，王平著．中国洪水保险研究［M］．北京：中国金融出版社，2013.9.

沙量、污染物的含量对洪灾危险性也有很大的影响。当洪水含沙量高，特别是截留有大块石头、木头等物品时，洪水对下游的危险性就大大提高。由于污染物对人、动植物都有严重的不良作用，洪水中污染物势必会增加洪水的危险性，从而增加承灾体的易损性。

2.3.1.3 承灾体

承灾体即承受灾害的对象。洪水灾害具有自然属性和社会属性，它所造成的损失不仅与洪水强度有关，还与承灾体密切相关。在以前，人们更多地关注洪水灾害的自然属性，而往往忽视了洪水灾害的社会属性。20世纪90年代之后，人们开始更多地关注洪水灾害的承灾体属性。承灾体可以划分为社会系统（如人、建筑物等）、经济系统（如工业及矿业、农业、森林、牧业、渔业、交通系统等）及生态环境系统等。

（1）社会系统。洪水灾害对人类社会的影响首先表现为对人口的影响，包括死亡、受伤、失踪及紧急转移等；其次是对建筑物的影响，包括建筑物倒塌、损坏等。

（2）经济系统。洪水灾害对经济系统的影响主要有以下几个方面：一是对交通运输的影响。我国不少铁路干线处在洪水的严重威胁之下，在七大江河下游地区，有京广、京沪、京九、陇海和沪杭甬等重要铁路干线，受洪水威胁的铁路线路长达一万多公里，西南、西北地区铁路如西成、青藏铁路等容易受到山洪泥石流的侵袭。我国的公路网络四通八达，水灾造成公路运输中断的影响遍及全国城乡各个角落。尤其是近年来随着高速公路和通村公路建设迅速发展，水毁公路里程也成倍增加。我国所有山区公路都很容易不同程度受到山洪泥石流、滑坡灾害的影响。如川藏公路沿线大型泥石流沟就有157条，每年全线通车时间不足半年。二是对城市和工业的影响。城市人口密集，是国家政治经济文化中心，工业产值中约有80%集中在城市。中国大中城市基本上沿江河分布，容易受到江河洪水威胁。特别是有些依山傍水的城市，还容易受到山洪泥石流等灾害的威胁。中国600多座城市中90%有防洪任务，20世纪90年代以来，中国城市化进程加速，大量人口从内地涌向沿海沿江城市。城市面积迅速扩张，而新扩张的区域往往是洪水风险较高而防洪能力较低的区域。由于城市资产密度高，对供水、供电、供气、交通、通信等系统的依赖大，一旦遭遇洪水袭击损失更为严重。统计数据表明，一些经济发达的沿海省份，城市与工业的水灾损失已经占到灾害总损失的 60% 以上。三是对农村地区的影响。农、林、牧、渔、副业是农村洪灾的主要承灾体，其损失在洪灾损失中占有相当高的比例。严重的暴雨洪水会造成大面积农田被淹、作物被毁，致使农作物减产甚至绝收。据统计，1990—2017 年的 28 年中，全国平均农田受灾面积达到 9 540. 44 千公顷。

（3）生态环境系统。洪水灾害不仅会带来巨大的经济损失，而且也会对人类的生存环境造成极大破坏，主要表现在以下几个方面：一是对生态环境的破坏。水土流失问题是中国最严重的生态环境问题之一，而暴雨山洪则是造成水土流失最主要的自然因素。据悉，2018 年全国水土流失面积 273. 69 万 km^2，占全国国土面积（不含港澳台）的 28. 6%①。每年的水土流失量约为 51 亿吨以上，水土流失会带走大量的氮、磷、钾等养分，同时大量泥沙淤积在河、湖、水库中，不仅严重制约着山丘等地农业的生产发展，而且给国土整治、江河治理及生态环境的保持带来的影响。二是对耕地的破坏，洪水灾害对耕地的破坏主要是水冲沙压、破坏农田。黄河决口泛滥对土地破坏更为严重，每次黄河决口泛滥都会使得大量泥沙覆盖沿河两岸富饶的土地，导致大片农田被毁。三是对河流水系的破坏。中国河流普遍多沙，洪水决口泛滥致使泥沙淤塞，对河道功能的破坏极其严重。四是对水环境造成污染。洪水泛滥也会对水环境造成污染，例如造成病菌蔓延和有毒物质扩散，直接危害人的身体健康。

2. 3. 1. 4　社会承灾能力

社会承灾能力是指在洪水灾害发生前后，采取措施减轻洪水灾害可能

---

① 数据来源：水利部网站 http://www.mwr.gov.cn/xw/mtzs/jjrb/201907/t20190703_1344450.html.

造成损失的能力。社会承灾能力是影响洪水灾害易损性的一个重要因素。社会承灾能力强，可能导致的洪水灾害损失就低，反之则高。具体来说社会承灾能力包括抗灾能力、救灾能力和灾后恢复重建的能力。

抗灾能力主要包括洪水灾害发生前的防洪减灾工程修建、洪水预报、洪水预警以及洪水灾害发生时的防汛抗险、洪水调度等能力。

救灾能力是指遭受洪水灾害后抢救受灾人员、财产，力争使损失降到最低限度的能力。区域救灾能力主要与灾害的强度，灾区的经济水平、灾区人民自救组织能力有关。

恢复能力主要指灾后迅速恢复了正常生产、生活的能力，灾区恢复能力主要与灾损率、灾区经济水平、邻区的救援能力等有关。

2.3.2 洪水灾害的影响

2.3.2.1 洪水灾害损失

洪水灾害是导致经济损失，尤其是农业经济损失最为严重的一种自然灾害。洪水灾害损失包括洪水对社会造成的经济损失和非经济损失两部分，经济损失又可分为直接经济损失与间接经济损失。其中，经济损失又包括农作物受灾（成灾）面积、倒塌房屋、交通基础设施损毁、水利基础设施损毁、企业财产损失与家庭财产损失等，非经济损失包括受灾（死亡）人口、社会政治影响、环境生态影响等[①]，具体分类如图 2－2 所示。

2.3.2.2 洪水灾害损失情况

(1) 世界洪水灾害损失情况

慕尼黑再保险公司 1950—2018 年的统计数据显示，洪水是全球范围内发生次数最多，导致经济损失最大的重大气象类灾害（见表 2－2、表 2－3 所示）。

---

① 洪文婷．洪水灾害风险管理制度研究［D］．武汉大学，2012.

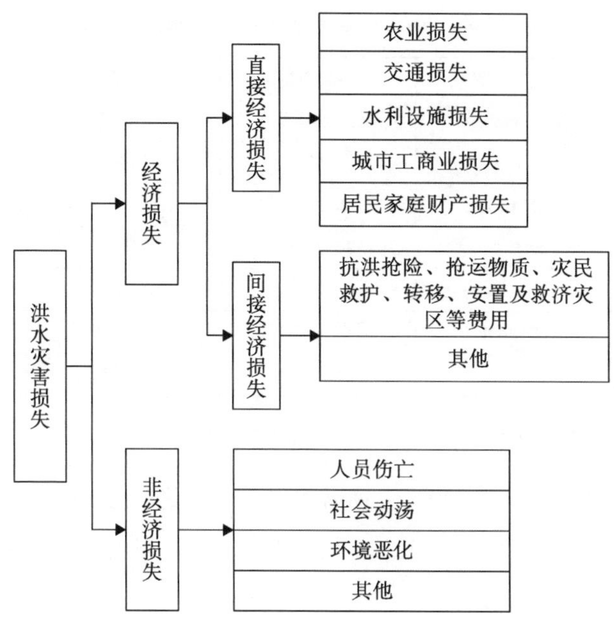

图 2－2　洪水灾害损失分类

表 2－2　1950—2007 年全球重大气象类灾害的各项比例分布①

指标 / 灾害	发生次数（203 次）	死亡人数（80 万人）	经济损失（1.23 万亿美元）	保险损失（330 亿美元）
温带风暴	8%	1%	6%	12%
热带风暴	26%	4%	25%	39%
雷暴、龙卷风、冰雹	6%	0	2%	5%
多雨的风暴	18%	75%	26%	35%
洪水	35%	15%	33%	5%
极端温度	7%	5%	8%	4%

注：经济损失和保险损失都被调整为 2007 年美元价格。

数据来源：Munich Re（2008）。

世界各国有 1%—2% 的土地面积定期遭受洪水灾害。美国是洪水灾害较频繁的国家之一，全国平均每 6 年发生一次大洪水，造成生命和财产很

① 洪文婷．洪水灾害风险管理制度研究［D］．武汉大学，2012.

表 2-3　　2008—2018 年全球重大灾害比例分布

灾害指标	发生次数（7 255 次）	死亡人数（604 564 人）	经济损失（2 万亿美元）	保险损失（6 800 亿美元）
地震、海啸	6.15%	47.95%	23.90%	12.35%
对流风暴	41.12%	2.68%	17.45%	31.32%
热带气旋	5.48%	27.13%	29.10%	31.47%
冬季风暴	6.12%	1.33%	6.35%	8.24%
洪水	35.96%	9.53%	19.70%	9.85%
酷暑、野火	5.18%	11.37%	3.50%	6.76%

数据来源：慕尼黑再保险研究院，natcatservice. munichre. com。

大损失①。洪水灾害以密西西比河流域最为严重，损失约占全国的一半，其次是东北部大西洋彼岸各州。亚太地区一些国家由于受热带气旋和台风的影响，洪水灾害也很频繁。

从全球范围来看，1950—2004 年共发生 2 606 次有记录的重大洪水灾害事件，172 个国家与地区、27.5 亿人口遭受洪水灾害的侵袭，导致了 3 472.35亿美元（本段下同）的经济损失。以每 10 年为一个时间段进行分析，从发生次数、受灾人口、经济损失等指标来看（见表 2-4 所示），洪水灾害发生得越来越频繁，导致的损失越来越严重，影响的人口越来越广泛，以平均经济损失为例，20 世纪 50 年代至 90 年代损失金额分别为 1.779 亿元、4.995 亿元、8.423 亿元、46.014 与 207.521 亿元，20 世纪 90 年代洪水损失是 50 年代的 200 多倍。2000—2004 年虽然只有 5 年，但洪水灾害发生次数与 1990—1999 年 10 年的发生次数基本相近，可见目前重大洪水灾害之频繁。进入 21 世纪之后，洪水灾害发生日益频繁，造成的经济损失也越来越大（见表 2-5 所示）。

① Krimm, R. W. 1992. The Federal Role in Natural Disasters. International Symposium on Torrential Rain and Flood [J]. Huangshan, China.

表 2－4　　全球 1950—2004 年重大洪水灾害统计分析

时间段（年）	发生次数（次）	受灾人口（百万）	经济损失（亿美元）	占总次数的比例（%）	占总受灾人口比例（%）	占总经济损失比例（%）
1950—1959	81	13.00	17.79	3.11	0.47	0.51
1960—1969	157	41.17	49.95	6.02	1.50	1.44
1970—1979	265	207.89	84.23	10.17	7.56	2.43
1980—1989	537	497.59	460.14	20.61	18.08	13.25
1990—1999	795	1 438.61	2 075.21	30.50	52.30	59.76
2000—2004	771	552.52	785.03	29.59	20.09	22.61
合计	2 606	2 750.78	3 472.35	100	100	100

资料来源：蒋卫国，李京，王琳．全球 1950—2004 年重大洪水灾害综合分析［J］．北京师范大学学报（自然科学版），2006.10.

表 2－5　　全球 2005～2018 年重大洪水灾害统计分析

时间（年）	发生次数（次）	经济损失（百亿）	占总次数比例（%）	占总经济损失比例（%）
2005	134	24	4.33	5.16
2006	186	16	6.01	3.44
2007	186	29	6.01	6.24
2008	174	24	5.62	5.16
2009	173	11	5.59	2.37
2010	237	58	7.65	12.47
2011	212	70	6.85	15.05
2012	221	21	7.14	4.52
2013	208	46	6.72	9.89
2014	239	28	7.72	6.02
2015	259	29	8.36	6.24
2016	337	58	10.88	12.47
2017	264	27	8.52	5.81
2018	267	24	8.62	5.16
总计	3097	465	100	100

数据来源：慕尼黑再保险研究院，natcatservice.munichre.com。

（2）中国洪水灾害损失情况

中国是全球遭受洪水灾害损失最严重的国家之一。不论是洪水风险事件发生的次数，还是洪水灾害导致的人员伤亡和财产损失数量，都排在世界前列。同时，在中国遭受的雪灾、暴雨雪、冰雹、暴风、洪水、旱灾、地震、洪涝、台风和龙卷风等十余种自然灾害中，洪水灾害是导致经济损失最大的一种自然灾害，占自然灾害所致经济损失的60%左右。据不完全统计，自公元前206—1949年的2 155年间，比较大的洪水灾害发生过1 092次。从长期统计数据上看，中国发生的洪水风险事件几乎年年都有，只是由此导致的经济损失每年大小不同而已。另据来自国家三部委[①]的研究资料显示，1900—1949年，平均每年全国有168个县受灾；不同年份灾害轻重差异很大，轻度灾年的受灾县域近100个（最轻的一个年份是1927年的43个县域），重度灾年的受灾县域在250个以上（最重的一个年份是1931年的592个县域）。1950—1998年，每年都有不同程度的洪水灾害发生，累计造成25.9万人死亡，年均死亡人数达到5 300人；累计倒塌房屋1.1亿间，年均损失220万间。受灾农作物年均达到913万公顷，成灾农作物年均达到510万公顷，分别占耕地面积的10%和5%左右；年均直接经济损失高达数百亿元。更有甚者，重灾之年，死亡人数则超过万人，倒塌房屋达到500万间以上，受灾农作物达到1 300万公顷以上，成灾农作物达到650万公顷以上，直接经济损失少则1 000亿元，多则3 000亿。据“十五”全国防洪规划统计，中国受洪水威胁的土地面积为106万km^2，仅占国土总面积的11.2%，但这些地区生活着8.4亿居民，占人口总数的66%；有城市407座，占城市总面积的61%；提供的国内生产总值则占到全国的80%。

随着全球气候变化加剧，极端天气事件日益增多，人口与社会财富向洪水风险区不断集中，使洪水灾害及其防范的问题变得越来越突出、越来越紧迫。根据近20年的资料统计，中国的洪涝灾害导致的经济损失年均超

---

① 国家三部委是指科技部、国家计委与国家经贸委。

过 1 500 亿元，约占全国 GDP 的 1%—3%，参见表 2-6 所示。

表 2-6　　1990—2017 年洪水风险灾害损失统计表

年份	洪涝面积（千公顷）		因灾死亡人口	倒塌房屋	直接经济总损失
	受灾	成灾	（人）	（万间）	（亿元）
1990	11 804.00	5 605.00	3 589	96.60	239.00
1991	24 596.00	14 614.00	5 113	497.90	779.08
1992	9 423.30	4 464.00	3 012	98.95	412.77
1993	16 387.30	8 610.40	3 499	148.91	641.74
1994	18 858.90	11 489.50	5 340	349.37	1 796.60
1995	14 366.70	8 000.80	3 852	245.58	1 653.30
1996	20 388.10	11 823.30	5 840	547.70	2 208.36
1997	13 134.80	6 514.60	2 799	101.06	930.11
1998	22 291.80	13 785.00	4 150	685.03	2 550.90
1999	9 605.20	5 389.12	1 896	160.50	930.23
2000	9 045.01	5 396.03	1 942	112.61	711.63
2001	7 137.78	4 253.39	1 605	63.49	623.03
2002	12 384.21	7 439.01	1 819	146.23	838.00
2003	20 365.70	12 999.80	1 551	245.42	1 300.51
2004	7 781.90	4 017.10	1 282	93.31	713.51
2005	14 967.48	8 216.68	1 660	153.29	1 662.20
2006	10 521.86	5 592.42	2 276	105.82	1 332.62
2007	12 548.90	5 969.00	1 230	103.0	1 123.3
2008	8 867.82	4 537.58	633	44.70	955.44
2009	8 748.16	3 795.79	538	55.59	845.96
2010	17 866.69	8 727.89	3 222	227.10	3 745.43
2011	7 191.5	3 393.02	519	69.3	1 301.27
2012	11 218.09	5 871.41	673	58.6	2 675.32
2013	11 777.53	6 540.81	775	53.36	3 155.74
2014	5 919.43	2 829.99	486	25.99	1 573.55
2015	6 132.08	3 053.84	319	15.23	1 660.75
2016	9 443.26	5 063.49	686	42.77	3 643.26
2017	5 196.47	2 781.19	316	13.78	2 142.53
均值	9 540.44	5 329.02	4 187.58	180.94	1 505.22

数据来源：数据摘自《2017 水旱灾害公报》。

2.4 洪水风险的定义及特征

2.4.1 风险及其特征

“天有不测风云，人有旦夕祸福”，在现实生活中，无论是不测风云还是旦夕福祸都是由客观风险引起的。风险是人类社会普遍存在的客观现象。关于风险的研究由来已久，但关于风险的概念，国内外学术界还未达成一致意见。有人认为风险是一种不确定性，包括不幸事件发生与否的不确定性，或损失发生的不确定性，或可测定的不确定性等。有人认为风险是一种疑虑，包括对客观存在的遭受损害可能性的疑虑，或在一定情况下关于未来结果的疑虑等。

Haynes. J最早提出了风险的概念，他认为“风险意味着损害的可能性”，这一观点为保险型风险管理奠定了理论基础。小威廉和汉斯将人的主观因素引入风险分析，认为“虽然风险是客观的，对任何人都是同样程度的存在，但不确定性则是风险分析者的主观判断，不同的人对同一风险可能存在不同的看法”。Cooper 和 Chapman 认为“风险是由于从事某项特定活动过程中存在的不确定性而产生的经济或财务的损失、自然破坏或损伤的可能性。”[①] Scott E. Harrington 和 Gregory R. Niehaus 认为“风险是一种客观存在的、损失的发生具有不确定性的状态”。[②] George E. Rejda 和 Mi-

---

① D. Cooper and C. Chapman. Risk analysis for large, wiley, 1986.

② Scott E. Harrington, Gregory R. Niehaus 著，陈秉正，王珺，周伏平译. 风险管理与保险［M］. 北京：清华大学出版社，2005.

chael J. McNamara 认为“风险是损失发生的不确定性。”① 段开龄认为“风险可以引申定义为预期损失的不利偏差，这里的所谓不利是指对保险公司或被保险企业而言的。”② 魏华林，林宝清认为“风险是指引致损失的事件发生的一种可能性。风险具有客观性、损害性、不确定性、可测定性和发展性。”③ 孙祁祥认为“风险是一种损失的发生具有不确定性的状态。风险具有客观性、损失性和不确定性。”④ 朱淑珍在总结各种风险描述的基础上，把风险定义为“在一定条件下和一定时期内，由于各种结果发生的不确定性而导致行为主体遭受损失的大小以及这种损失发生可能性的大小，风险是一个二位概念，风险以损失发生的大小与损失发生的概率两个指标进行衡量。”⑤

根据上述分析，我们可以认为从一般意义上讲，风险是在特定的客观情况下，在特定的期间内导致损失事件发生的可能性及其带来的损失大小。通常情况下，我们可将风险分为狭义和广义两种。狭义的风险仅仅定义为损失发生的概率，其可以衡量风险事件出现的概率，但不能反映该事件造成损失的程度。广义的风险则被定义为导致损失事件发生的后果与导致损失事件发生的概率。该定义可以较为全面地衡量风险事件的两大要素，即风险事件发生的概率和风险事件导致后果的综合作用，表明风险是风险事件发生的概率和风险事件导致后果的函数。我们可以用如下函数式可表达：$P = f(R,C)$ 。

上式中：P 为风险值，代表风险的大小；R 为风险事件发生的概率；C 为风险事件导致的后果。

通过上述分析，我们可以明确风险具有如下特征：

---

① George E. Rejda，Michael J. McNamara 著，刘春江译．风险管理与保险原理（第十二版）［M］．北京：中国人民大学出版社．2015. 08.

② 段开龄著．风险管理论文集［M］．贵阳：贵州出版社，1992.

③ 魏华林，林宝清著．保险学（第三版）［M］．北京：高等教育出版社．2011. 06.

④ 孙祁祥著．保险学（第五版）［M］．北京：北京大学出版社，2013. 03.

⑤ 朱淑珍著．金融风险管理（第三版）［M］．北京：北京大学出版社，2017. 09.

2.4.1.1 客观性

风险是一种客观存在。随着科学技术的进步和经营管理的改进，认识、管理和控制风险能力的增强，人们在社会经济活动中所面临的自然灾害、意外事故、决策失误等风险，虽然可以部分地受到有效控制，但是总体上说风险是不可能完全消除的。在一定条件下，风险发生还带有一定的规律性，这种规律性给人们提供了认识风险、估计风险、管理风险及把风险减少到最低程度的可能性。正是风险的客观存在，决定了保险经济的必要性。

2.4.1.2 损害性

风险与人们的利益密切相关。损失是风险发生的后果，所以凡是风险都会给人们的利益造成损害。经济上的损失是可以用货币进行衡量的，人身损害虽然不能用货币衡量，但是一般都表现为所得的减少，或支出的增加，或二者兼而有之，其终究都还是经济上的损失（当然也有精神上的损害）。保险不是保证风险不发生而是保证消除风险发生的后果，即对损失进行经济补偿。

2.4.1.3 不确定性

风险的不确定性表现在三个方面：空间上的不确定性、时间上的不确定性和损失程度的不确定性。风险的偶然性形成经济单位与个人对保险的需求，风险的不确定性使之成为可保风险。

2.4.1.4 可测定性

风险的不确定说明就个别单位而言，风险基本上是一种随机现象，是不可预知的。但就风险总体而言，根据数理统计原理，随机现象一定要服从某种概率分布，也就是说一定时期内特定风险发生的频率和损失率，是可以根据概率论原理加以正确测定的，即把不确定性化为确定性。所以，我们说风险客观存在的确定性和发生的不确定性构成了保险的风险，两者缺一不可，而且可测定性奠定了保费厘定的基础。

2.4.1.5 发展性

人类创造和发展物质资料生产的同时，也创造和发展了风险。尤其是当代高新技术的开发与应用，使得风险的发展性更为突出。风险的发展为保险的发展创造了空间。

2.4.2　风险的本质和组成要素

风险的本质是指构成风险特征及影响风险产生、存在和发展的内在因素，主要包括风险因素、风险事故和损失等。

2.4.2.1　风险因素

风险因素是指引起或增加风险发生的可能性，或引起风险事故发生的机会或产生损失机会的条件。风险因素是风险事故发生的潜在原因。风险因素越多，风险事故发生的机会就越大，造成损失的可能性以及损失的幅度也越大。根据其性质，可将风险因素分为物质风险因素、道德风险因素和心理风险因素。物质风险因素是指影响事物物理功能的有形因素，如路面结冰、浓雾等；道德风险因素是指与人的品德修养有关的无形因素，如欺诈等；心理风险因素是指与人的心理状态等有关的原因而引起或增加损失机会的条件，如疏忽、侥幸等。

2.4.2.2　风险事故

风险事故是指造成损失发生的偶发事件，是引起损失的直接原因。对于某一事件，在一定条件下是造成损失的直接原因，则它为风险事故；而在其他条件下，可能是造成损失的间接原因，则它为风险因素。如暴风雨损害庄稼，则暴风雨是风险事件；若暴风雨造成公路路面积水、能见度差、道路泥泞，引起连环车祸，这时暴风雨是风险因素。

2.4.2.3　损失

损失是指由于风险事故的发生或风险因素的存在所导致的经济价值的意外丧失或减少。它必须同时满足两个条件：一是损失是意外发生的，排除故意的、有计划的、预期的情况；二是损失是经济价值的丧失或减少，可以用货币单位表示。

2.4.3 洪水风险

洪水风险的概念既不是指洪水现象本身，也不等同于洪水灾害或洪水损失。所谓“洪水风险”，通常是指发生由洪水造成的损失与伤害的可能性。与风险类同，我们常可将洪水风险按狭义和广义两种分类。狭义的洪水风险仅仅是指洪水灾害发生的概率；广义的洪水风险则指在各种可能的条件和一定的防洪措施情况下，发生洪水造成社会、经济、环境和人员损失等的可能性。这一概念既包括洪水灾害发生的概率，又包括洪水灾害所产生的不利后果。根据前面风险的定义，我们通常采用“积”的概念表示这一风险，即洪水风险值 P 是由风险概率 R ，以及洪水造成的损失 L 结合而成。

$$P = R \times L$$

构成洪灾风险值的两大因素通常是相互联系的。不同量级洪水对应的发生频率不同，相应造成的洪灾损失一般也不会相等。为了定量地评估洪水风险，必须分别计算不同大小的洪灾损失及其相应发生的概率。在此基础上全面综合确定的风险值，才能成为防洪安全决策的依据。

因此，洪水风险往往涉及客观存在于人与自然之间、人与人之间基于洪水风险的利害关系。洪水风险研究的意义，实质上是探讨如何更为合理地处理人与自然的关系以及在与洪水相处过程中的人与人的关系。

从洪水灾害形成机制的角度看，洪水风险结构可以进一步分解为：洪水灾害的危险性（洪水强度的概率分布函数）、洪水灾害易损性和洪水灾害灾情。洪水风险与危险性、易损性和灾情密切相关，其关系可以用洪水风险三角形表示（如图 2－3 所示）。

洪水灾害的易损性可以用洪水强度与洪水灾害损失之间的函数关系表示，洪水灾害易损性既可以反映承灾体容易受到洪水灾害破坏、伤害或损伤的特性，又可以反映各类承灾体对洪水灾害的承受能力。洪水灾害灾情

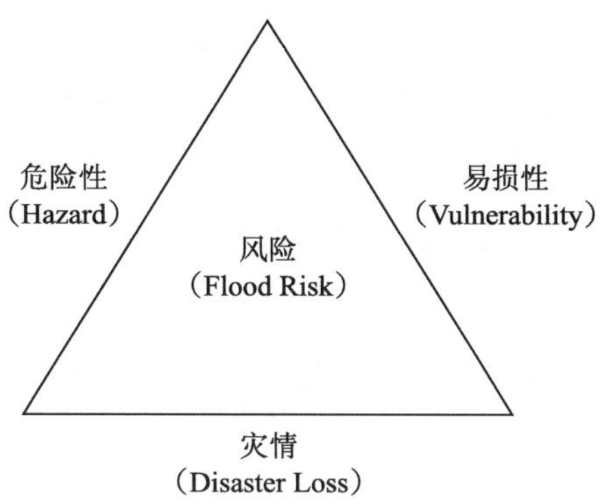

图 2－3　洪水风险三角形

是灾害损失的概率分布函数，它是洪水灾害危险性与洪水灾害易损性的复合函数，反映了特定强度洪水可能导致的损失[①]。

2.4.4　洪水风险的分类

不同类型的洪水有着不同的发生原因，存在着不同的发展规律，需要不同的风险管理工具进行管理[②]。对洪水风险进行分类，可以帮助人们了解各种洪水风险之间的联系与区别，改进洪水风险的管理方式，提高洪水风险的管理水平。

洪水可以用不同的标准进行分类，分类的标准不同，洪水的名称也不同。常用的洪水风险分类标准有洪水的基本水体和洪水的起源地两种。

按照洪水基本水体的不同，洪水风险可以被区分为河流型洪水风险、湖泊型洪水风险、风暴潮型洪水风险三大类。其中，河流型洪水风险按其成因又可分为暴雨型洪水风险、融冰型洪水风险、冰凌型洪水风险、溃坝型洪水风险等。

按照洪水的起源地的不同，洪水风险可以分为河流洪水风险与海岸洪

① 魏一鸣等著．洪水灾害风险管理理论［M］．北京：科学出版社，2002.

② 洪文婷．洪水灾害风险管理制度研究［D］．武汉大学，2012.

续表

水风险两大类。其中，河流洪水风险又可以分为雨洪水风险、山洪风险、泥石流风险、融雪洪水风险、冰凌洪水风险、溃坝洪水风险、湖泊洪水风险七小类；海岸洪水风险又可以分为天文潮风险、风潮风险、海啸风险三小类。

除此之外，如果在同一地区遭遇上述两种以上洪水风险，那么，由此产生的洪水风险则被称为混合型洪水风险，如雨雪的混合洪水风险，雨雪冰的混合洪水风险等。

2.4.5 洪水风险的特征

2.4.5.1 洪水风险的自然属性

洪水作为自然界水资源流动现象的一种客观存在，作为地球上水资源循环运动的一种表现形式，具有如下属性：

第一，洪水风险的发生是一种随机现象。尽管人们常用重现期作为评价洪水等级的指标，比如发生了100年一遇的洪水，或10年一遇的洪水等，然而，即使是同一场洪水，采用洪峰水位、洪峰流量或洪量作为评价指标时，也会得出完全不同的结果。尤其是超常洪水，往往在一段时期里发生得相对频繁，在另一段时期里，又发生得相对稀少。在较长的历史时段里，人们可以识别出水旱交替或相伴共生的不同阶段。

第二，洪水风险的大小存在着江河流域的差异性。由于地理气候环境的不同，世界各地不同江河以及同一江河的不同河段，洪水发生时间的早晚、持续时间的长短、水位涨落的幅度与快慢、洪水总量的多少、洪峰流量的大小、洪水传播速度的快慢、洪水携带泥沙含量的多少、超常洪水发生的概率及泛滥区域的大小等，均存在着较大的差异，表现出不同的统计属性。

第三，洪水事件对河流调节能力具有一定的影响。天然河流的行洪能力通常是由常遇洪水决定的。在常遇洪水发生的情况下，由于受到人类行为的控制，洪水的流量降低，河道的行洪能力变得相应地萎缩。在超常洪水发生的情况下，洪水可能漫溢出槽，形成天然洪泛区；过量的洪水经过调蓄之后归槽入海。此时，河道的自身行洪能力通过冲淤游荡得以调整，河道的行洪能力得到相应地增强。

第四，洪水的洪泛区对自然生态具有特定功效。在自然界里，洪泛区通常被视为河流必不可少的组成部分。由河道洪水泛滥而形成的洪泛区，在承纳与调蓄超出河流行洪能力的洪水的过程中，发挥着独特的作用，产生着独到的功效。比如，在降低洪水流速、削减洪峰流量、补给土壤肥力、回补地下水、增加河道枯水期的基流、保持湿地、提供生物多样性的生息环境，以及提供娱乐休闲场所等方面，都可以显示出自身的功能和价值。

2.4.5.2　洪水风险的社会属性

洪水既具有自然属性，也具有社会属性。在经济学看来，洪水对社会经济发展具有利害两重性。从较长时间跨度来看，河流依靠自然的力量，可以将较大集水范围的水土资源输送到中、下游平原地区，这对于大江大河中下游平原地区，尤其是干旱、半干旱地区来说，洪水在缓解水资源短缺矛盾、补充地下水源、改善土壤条件等方面发挥着不可替代的作用。洪水创造出了有利于人类生存与发展的环境。洪水包括其泛滥的过程是完成这一使命的主要方式。从这种意义上说，洪水是造福人类的使者。但在较短的时间跨度里，偶发的洪水泛滥又会给洪泛区的人员和财产造成极大的破坏，扰乱正常的生产秩序和生活秩序。这时，洪水又成为带给人类灾难的魔鬼。

由此，治水或洪水的风险管理将是人类认识洪水风险属性的永恒话题；顺应自然、因势利导、趋利避害、化害为利将是人类管理洪水风险的基本原则。

2.4.5.3　洪水风险的可管理性

首先，就自然属性而言，洪涝的发生过程具有可预见性与可调控性。对任一特定的区域，通过历史洪水的调查与分析，人们可以掌握洪涝现象的各种统计特征与变化规律；利用现代化的计算机仿真模拟手段，可以预测在流域孕灾环境与防洪工程能力变化的条件下，不同量级洪水可能形成的淹没范围、水深、流速以及淹没持续时间等，评估洪涝灾害的损失；利用现代化的监测手段和计算方法，人们可以对即将发生的洪涝进行实时预报；根据洪涝的预测、预报结果，可以科学地制定防洪工程规划与调度方案，约束洪水的泛滥范围、控制洪峰流量与水位、降低淹没的水深以及缩短淹没的历时等，达到减轻洪涝危害性的目的。在此过程中，历史洪涝灾害信息的管理、灾害监测系统的管理、灾害预测预报系统的管理、防洪除涝工程系统的管理、防洪调度决策支持系统的管理等，都将关系到决策及实施效果的成败。

其次，就社会属性而言，同等规模洪涝灾害可能造成的实际损失及其影响，还与社会的综合防灾能力与承灾体的特性有关。社会的综合防灾能力体现为：洪水风险区中社会经济发展合理布局的规划与控制能力；大规模开发活动与大工程建设的洪涝灾害影响的预见与评价能力；实际洪涝发生情况下的灾情收集与评估能力；洪涝灾害的应急反应能力；重灾地区的损失分担与快速恢复重建能力；增强水患意识与推广防灾自救措施的宣传教育能力等。承灾体的特性体现为社会的法治水平、经济实力、防灾意识、自救能力，以及受淹资产的耐淹性及其与外部系统的关联性等。因此，灾害警报系统的管理、避难救援系统的管理、灾后恢复重建系统的管理、灾情评估与灾害影响评价系统的管理、防灾教育系统的管理、防灾科研与技术开发应用体系的管理、与防洪减灾有关的法规体系与执法监督体系的管理等，都关系到我们是否能够切实有效地减轻洪涝灾害的损失及其不利影响，为社会经济的持续稳定发展提供更高水平的安全保障。

洪水灾害风险的可管理性表明，虽然洪涝灾害的风险不可消除，但是洪涝灾害的损失极其不利的影响，完全可以通过人类提高自身的管理水平来限制和减轻。洪水管理就是在这一系列的不确定性中，通过建立健全、合理有效地运作防洪减灾的各相关系统，去争取最有利的可能性。

2.5 洪水灾害风险的可保性分析

2.5.1 可保风险

可保风险是保险人可以接受的风险或者可以向保险人转嫁的风险，必须是纯粹风险，即仅有损失可能而无获利机会的风险。从保险人的角度看，可保风险应满足以下几个条件：经济上具有可行性，独立、同分布的大量风险标的，损失的概率分布是可以被确定的，损失是可以确定和计量的，损失的发生具有偶发性和突然性，特大灾难一般不会发生①。

有学者根据瑞士再保险公司列出的可保风险标准，总结和扩展了可保风险的必要特征（详见表 2－7 所示）。

表 2－7　风险可保性标准②

类别	标准	特征
保险统计精算	1. 风险/不可确定性	可测量
	2. 损失事件	独立
	3. 最大损失	可负担
	4. 平均损失	适中
	5. 损失频率	高
	6. 道德风险、逆向选择	不过分
市场决定	7. 保费	充足，可负担
	8. 保险范围限制	可接受
	9. 行业承保能力	充分

① 孙祁祥著．保险学（第五版）［M］．北京：北京大学出版社，2013.03.

② 胡新辉，王慧敏．我国洪水风险可保性研究［J］．人民黄河，2008.06.

续表

类别	标准	特征
社会因素	10. 公共政策	与保险一致
	11. 法律体系	许可保险
需求因素	12. 投保意愿	充分

一般而言，保险涉及的是发生频率低但损失程度大的风险。如人的意外伤害、死亡、汽车碰撞、飞机失事等。当保险人承保了一组风险时，它预测，总体上来讲，保险标的必然遭受损失，但遭受损失的保险标的所占的比例非常小。正是基于这种预测前提，保险才可能以每个投保人所缴纳的相对很少的保险费来弥补这个损失。但若发生特大灾难（所有或者大部分保险标的都面临同样的风险因素和发生同样的风险事故或者是保险标的本身价值巨大，损失一旦发生，其后果很严重），这类风险只能借助于再保险来承保。由于科学技术的发展和资本市场的成熟，一些原先被认为是不可保的风险也为或者将成为可保风险。

2.5.2 洪水灾害的可保性分析

从上述可保风险的定义和条件可以看出，在可保风险应满足的六大条件中，洪水风险不容易满足可保风险的要求。因此相对于一般的人身、财产风险，洪水风险的可保性较差，只有较弱的可保性。如果洪水保险实行纯粹的商业保险，又没有政府的政策性支持或补贴，较弱的可保性将使洪水保险的商业化经营困难重重。这也是为什么洪水保险的纯商业化经营在世界各国普遍不成功的重要原因[①]。

用传统规则确定可保风险时，通常假定危险单位个体风险损失遵从独立正态分布，即认为真实损失与损失期望值的偏差不会超过 3σ 的概率为 99.7%，纯保费的制定也以此为基础进行测算。用传统的可保风险条件衡

① 张琳，孔小玲．关于洪水风险的可保性分析［J］．统计与决策，2009.

量洪水风险时，洪水风险灾害事故一旦发生，大量的保险标的将因同一风险事件而同时遭受损失，导致保险人的责任积累，严重影响到其经营的稳定性。承保洪水风险等巨灾风险对保险人而言意味着极高的赔付支出，但如果保险人根据损失可能合理收取保费的话，投保人将会难以承受。有的时候，洪水风险造成的损失按照现有的技术条件难以被准确测定和计量且在洪水保险的经营中，保险公司与投保人之间存在着信息不对称，既存在逆选择和道德风险。因此，按照传统理论洪水风险是不具有完全的可保性的①。

在具体实践中，洪水等巨灾风险也是导致保险公司经营不稳定的重要原因之一。由于洪水风险等发生概率小但损失巨大，保险公司是否可以和愿意承保洪水风险，在于是否能够预测洪水的发生概率、损失强度，以及再保险成本和不确定性附加的大小。一方面，风险的发生概率很小，缺乏相关历史资料，对洪水风险的预测技术也相对滞后，影响了洪水保险和再保险的定价。另一方面，洪水风险事件发生会造成巨额损失，可能导致保险人由于大量现金流出而突然丧失其偿付能力，影响经营的稳定性。此时政府就十分有必要作为主要责任主体参与其中。洪水灾害风险的高危险性及其承灾体的强脆弱性要求将洪水灾害风险进行分散以降低公众因洪水灾害而造成损失的程度②。

若能解决上述问题，那么洪水风险的可保性边界将会进一步增强，从而将洪水风险变为可保风险。

一方面，洪水风险具有偶然性、意外性、非投机性、严重性等，使洪水风险部分满足可保风险应具备的一些条件③。如洪水灾害发生具有很强的偶然性，我国幅员辽阔，洪水风险发生频率高且损失巨大。又因为洪水风险一般事前无法人为控制，表现出极大的意外性。再者，洪水风险即使

① 陆秀娟．巨灾风险可保性与我国巨灾保险发展研究［D］．南京信息工程大学，2014.

② 张鑫，王嘉鑫，王全蓉．洪水灾害的风险特征及保险制度设计［J］．水利经济，2018. 05.

③ 卓志，丁元昊．巨灾风险：可保性与可负担性［J］．统计研究，2011. 09.

对投保人而言，往往只有损失的可能，而无获益的可能。洪水风险是纯粹风险而不是投机风险，具有非投机性。

另一方面，社会的需要、竞争的压力以及技术的进步使现实中保险人承保洪水风险等巨灾风险成为现实可能。现代保险经营中，尤其在保险业激烈竞争的环境下，如果保险人刻意追求可保条件满足，就会丧失较多的市场份额。随着承保技术及保险经营管理技术的进步，目前大多数保险人已经能够在承保能力基本允许的范围内以非理想可保风险为承保对象，可保风险与非可保风险的界限越来越模糊，使现实中保险人承保洪水等巨灾风险的意愿越来越强。而再保险、巨灾证券化、巨灾债券等风险转嫁方式的发展也大大扩展了洪水风险的可保性。

另外，政府通过立法和对投保人及保险经营机构承保洪水等巨灾风险给予政策性扶持或补贴，有助于提升投保人的投保和承保机构承保的积极性。由于洪水保险费率较高，其可保性较弱，导致投保人不愿投保，保险公司不愿经营。但如果政府能在保费及经营费用上给予一定的补贴和支持，则洪水保险的费率可以大大降低，洪水风险承保就会具备经济上的可行性。从逆向选择因素考虑，洪水风险的保险存在严重的逆向选择①。可以预料，处于高风险地区的人们更倾向于购买保险，而低风险地区的人们不愿意购买，使保费按照高风险地区的风险制定，又进一步将低风险地区的人们赶出洪水保险市场。此时就需要政府采取立法形式，采取强制保险形式承保洪水等巨灾风险，以在更广阔的时空范围内分散风险。保险具有一定程度的准公共性和正的外部性②，通过补贴和政府立法，采用强制和商业保险相结合的形式，可以部分弥补其市场失灵。

① 张卓，尹航．基于风险可保性理论的巨灾风险有条件可保性探究［J］．对外经贸，2018.04.

② 张琳，孔小玲．关于洪水风险的可保性分析［J］．统计与决策，2009.

第3章

洪水灾害风险管理

3.1　洪水灾害风险管理概述

3.1.1　风险管理

风险管理是对风险进行识别、分析、估计和处理的过程。风险管理的基本程序是风险识别、风险估测、风险评价、选择风险管理技术和风险管理效果评价等环节①。

3.1.1.1　风险识别

风险识别是风险管理的起点，是指对面临的和潜在的以及客观存在的、影响风险的各种因素进行系统地、连续地辨别、归纳、推断和预测，并分析产生不利时间原因的过程，其主要目的是鉴别风险的来源、范围、特征及与行为或现象相关的不确定性。

3.1.1.2　风险估测

风险估测是在风险识别的基础上，通过对所收集的大量不利事件导致损失的历史资料分析的基础上，运用概率论和数理统计等方法，估计和预测风险发生的概率以及风险事件所导致的损失程度的过程。风险估测不仅使风险管理建立在科学的基础之上，而且使风险分析定量化。损失分布的建立、损失概率和损失期望的预测值，为风险管理者进行风险决策、选择最佳管理技术提供了可靠的科学依据。

3.1.1.3　风险评价

风险评价是在风险识别和风险估测的基础上，把风险发生的概率、损失的严重程度，结合其他因素综合考虑，得出系统发生风险的可能性及其

① 魏华林，林宝清著．保险学（第三版）［M］．北京：高等教育出版社．2011.6.

危害程度，并与可接受的风险标准相比较，确定系统的危险等级，然后决定是否采取控制措施以及控制措施采取到什么程度的过程。风险评价通过定性、定量分析风险的性质以及比较处理风险所支出的费用，来决定是否需要处理以及处理的程度。

可接受的风险标准是通过对大量的灾害损失资料的分析，在承认风险损失是不可完全避免的前提下，从当前的科学水平、社会经济状况以及人们的心理等因素出发，确定某个系统内部都能接受的最低风险界限。风险评价是一个动态的不断更新的过程。

3.1.1.4 风险处理

风险处理是根据风险管理的目标和宗旨，在科学的风险分析和风险评价的基础上，依据风险评价结果，选择最佳的风险管理技术并实施的过程，它是风险管理的核心内容。风险处理的方式可分为控制型和财务型两大类。前者目的是降低损失频率和减少损失程度，重点在于改变引起意外事故和扩大损失的各种条件。后者的目的是以提留基金和订立保险合同等方式，消化发生损失的成本，即对无法控制的风险做出财务安排。最常用的处理风险方式有避免、自留、预防、抑制和转嫁。

3.1.1.5 效果评价

风险管理效果评价是指对风险处理和风险管理技术适用性及其收益性情况的分析、检查、修正和评估。风险管理效益的大小取决于是否能以最小风险成本取得最大安全保障；同时还需要考虑与管理目标是否一致，具体实施的可行性、可操作性和有效性。

3.1.2 洪水管理

3.1.2.1 洪水管理的内涵

2003 年初，水利部与原国家防汛抗旱总指挥部办公室就已经明确提出，我国的“防洪要从控制洪水向洪水管理转变”。所谓的洪水管理是就人类按可持续发展的原则，以协调人与洪水的关系为目的，理性规范洪水调控行为，增强自身适应能力等一系列活动的总称[①]。在自然外力与人类活动的双重影响下，同样的天气条件，可以形成不同的降雨时空分布，同样的降雨可以形成不同的洪水过程，同样的洪水可以形成不同的淹没状况，同样的淹没可以导致不同的损失，同样的损失可以形成不同的灾难性影响。所有各环节上的不同，都与人类理性与非理性活动的综合效果有关。洪水管理就是在这一系列的不确定性中，通过建立健全、合理有效地运作防洪减灾的各相关系统，去争取最有利的可能性[②]。换言之，洪水管理就是以公平的方式，采取综合的措施，管理、利用洪水和土地，规范人的开发和防洪行为以减轻洪水灾害的影响，从而最大化经济与社会福利的过程[③]。由于自然界和人类社会总是不断地发展变化，人类对与洪水和洪水风险的认知在不断深入，受自然、社会经济等因素的制约，洪水管理所采取的措施都只能是向经济与社会福利最大趋近。因此，洪水管理是也一个因势调整的长期过程。

3.1.2.2　洪水管理的措施

（1）洪水管理的工程措施

洪水管理的工程措施是指利用水利工程拦蓄调节洪水，削减洪峰或分洪、滞洪等手段，改变洪水的天然运动状况，以此达到控制洪水泛滥，减少经济损失的目的。洪水管理常用的水利工程措施主要包括：修建河道堤防、修建水库、修建涵闸、规划蓄滞洪区、修建排水工程等，一般概括为拦、蓄、分、泄四种类型[④]。

①拦。又称水土保持措施，适用较小流域。通过在流域内的水土保持工作，使土地在中、小暴雨期间能多蓄渗一部分降水或拦截部分径流，并

---

① 程晓陶. 新时期大规模的治水活动迫切需要科学理论的指导——论有中国特色的洪水风险管理［J］. 水利发展研究，2001.04.

② 程晓陶. 关于洪水管理基本理念的探讨［J］. 中国水利水电科学研究院学报，2004.03.

③ 向立云. 洪水管理的基本概念［J］. 中国水利，2008.

④ 洪文婷. 洪水灾害风险管理制度研究［D］. 武汉大学，2012.

延缓集流时间，消减河道洪峰。其措施包括坡面治理，如整修梯田、农田轮作、植树造林等，以及沟壑处理，如修筑淤地坝、谷坊、堰塘等。上述措施单独使用对减少大洪水的洪灾损失效果不大，但若与其他防洪措施相配合或互相补充，则有助于减轻洪水灾害。

②蓄。在流域上中游筑坝建库，拦蓄洪水，削减洪峰，减轻下游防洪负担，是当前流域洪水管理系统中的重要组成部分。有专门用于防洪的水库，也有将防洪列为目标之一的综合利用水库。水库的防洪作用包括蓄洪和滞洪两种。水库拦洪蓄水，一方面可削减洪峰流量，减免下游洪水威胁；另一方面可蓄洪补枯，增加水资源综合利用水平，发挥除害兴利的双重作用。水库的防洪作用可以通过调度实现，因此是可控性措施。水库调节洪水的效益，随着下游的防护区与水库距离的增大而减小。一般而言，梯级水库要比单一大型水库的调洪效果好。当然，修建水库解决防洪问题也存在缺点，如工程一次性投资大，淹没上游土地，需要迁移人口等。水库的调蓄，还将造成下游正常流量减少，导致河道生态恶化及影响环境。尤其在多沙河流上，水库泥沙淤积是造成有效调洪库容减小、库区淹没灾害增大的主要原因。

③分。在河道适当地点，修建引（分）洪闸、行洪道等设施，将超过河道安全泄量的洪峰流量，引入预先开辟的分蓄洪区，经调蓄后，再有计划、有控制地泄出，称为分蓄洪工程。或者是利用分（减）流渠，在河道超过某一特定水位下，分减部分水量，通过渠道将其直接排入湖泊、海洋或其他河道，也可以绕过防护区泄入本河道的下游河段，称为分洪工程。另外，还有临时扒口的民烷、生产堤，可以起到一定的滞洪错峰作用。分蓄洪工程，通常用于高度发达的城市或工业区上游，因为这些地方既不能展宽河槽，也无大量土地修筑堤防，或者已建河防或防护墙不宜再加高。

④泄。即充分利用河道本身的宣泄能力，使洪水安全下泄。按其工程类别又可分为河道整治和修筑堤防两种。河道整治的目的是为了增加过水能力，以减少洪水泛滥的程度和概率。河道整治包括拓宽或加深河槽、人

工裁弯取直、除去妨碍过水的卡口和障碍物，以增加有效比降和流速，使一定流量得以在较低水位下通过。整治措施需认真规划，以保证所设计的工程不致在洪水过程中造成冲刷崩岸。一般而言，河道整治后，过流段面增大，泄洪变得顺畅，对于提高局部河段的泄量或平衡上下游河段的泄流能力作用较大。例如，对局部河段的清障可解除洪水对上游的威胁，裁弯取直可有效地降低裁弯点以上河段的洪水位，增大河槽泄洪能力。但是在较长的河段范围内，单靠整治河道以提高全河段的泄流能力，效果不是很明显。尤其在河口高程不能降低的情况下，加深河槽，效果不大；加宽河槽，效果也不大。加宽河槽一般适合于中小河流，大河挖宽所需费用昂贵，常不能与其防洪效益相抵。

堤防是在河道一侧或两侧筑堤，通常以不等距离与天然河道相平行，大水时在河道内形成人为约束的行洪道，防止洪水漫溢。迄今，堤防仍是世界各国常用防洪工程措施，适用于两岸有开阔平原的河流中下游，否则，堤防工程费用不能与其防洪面积适应。在城市河段多采用混凝土防洪墙或浆砌石挡水墙，以减少占用土地。任何堤防工程均应结构安全，维修工作量小，具有排水措施，以解决防护区内涝灾问题。堤防尽管是保证河道宣泄洪水的有力措施，但筑堤后也会带来一些新问题，如河道槽蓄洪能力下降，同频率洪水位可能有所抬高；有的河段筑堤后，河床淤积加快，致使洪水位抬升等。河道整治与修筑堤防，其功能旨在增加河道排泄洪水能力，而无法控制泄量，属非控制性的防洪措施。

以上各种防洪工程措施，彼此之间是相辅相成的，若单独使用，对减少大洪水的洪灾损失效果可能不大，甚至没有效果，但若相互配合，联合运用，或互为补充，则可获得较大的防洪效益。

（2）洪水管理的非工程措施

非工程措施是从 1950 年后期才开始提出，并逐步为人们接受的一种新概念。1964 年，美国众议院 465 号文献中第一次出现“防洪非工程措施”

这一术语[①]。美国国会文件认为，在采用工程措施修建防洪工程的同时，重视并实施非工程措施，加强洪水的风险管理，能够获得最大的综合性的经济效益和社会效益。

与洪水管理的工程措施比较，非工程措施具有以下特点：第一，非工程措施的防洪政策是尊重自然、适应自然；第二，非工程措施的目的不是控制洪水，而在于减少洪灾损失，利用洪泛区的滞洪、蓄洪（或引洪）来削减洪峰，降低骨干河道的洪水位，避免堤防决口，达到保护大片农田和城镇的防洪安全；第三，非工程措施涉及的法律规定、行政措施、经济技术指标等，在很大程度上属于政府立法和国家管理方面的问题；第四，非工程措施的费用更低，效益更大。

洪水管理的非工程措施又可分为基于洪水物理属性的非工程措施、基于洪水风险的非工程措施、基于管理科学的非工程措施，以及基于政策与法规的非工程措施等[②]。

①基于洪水物理属性的非工程措施。洪水的形成和传播特性是洪水最重要的物理属性。利用这种物理属性，能够预见洪水的形成和发展，并在此基础上形成了洪水预报技术。

随着水库、堤防等防洪工程的兴建，为了充分发挥防洪工程的作用，现代意义下的洪水预报迅速发展，并在洪水预报的支持下进行洪水调度，形成了洪水预报调度系统。洪水预报调度系统现已成为防洪工程系统运行不可缺少的支持条件。如果把防洪工程视为防洪系统的硬件，则洪水预报调度当视为防洪系统的软件。借助洪水预报调度系统，防洪工程可以改变洪水特性，例如削减洪峰、坦化洪量、延长洪水传播历时等，也可以使沿河居民有较多时间根据洪水形势采取有效防洪措施或及时撤离将被淹没的地区。由此可见，洪水预报调度是基于洪水物理属性并依托防洪工程，协调人与洪水的关系，以减轻和避免洪水灾害的重要措施，因此它是一种洪

---

① 赵坤云，沈中华．美国洪泛区管理［M］．郑州：黄河水利出版社，2002.

② 刘国纬．论防洪减灾非工程措施的定义与分类［J］．水科学进展，2003.01.

水管理非工程措施。

现代科学技术使洪水预报有了长足的进步。从防洪减灾实践中考察，增长预见期比提高预报精度更为迫切和重要。由于流域汇流时间通常较短，所以仅依赖水文学方法所能获得的预见期显然是不够的，增长预见期的途径是努力实现有足够精度的降水定量预报。全面提高洪水预报水平有赖于水文科学和大气科学的结合和共同发展。

洪水调度是人与洪水的对话。因此，洪水调度既要尽可能满足人们的主观愿望，也不能违背洪水的客观规律。人们的主观愿望是使自己的生命、财富、社会功能和生存发展环境不受洪水的破坏或尽量减轻其破坏；而洪水则要求有足够的行洪通道和必要的调蓄场所。因此，洪水调度的最高追求，就是通过充分发挥防洪工程措施的功能，缓和洪水形势，协调人与洪水的矛盾，达到最大限度减轻洪水灾害的目的。因此，只有把洪水调度理解为人与洪水的对话，才能做出科学的调度决策。根据世界气象组织（WMO）的估计，洪水预报调度系统在全球防洪减灾中的贡献率约为防洪总效益的 10%—15%。

②基于洪水风险的非工程措施。1914—1924 年，A. 黑曾和 H. A. 福斯特等人把概率论和数理统计理论与方法引入水文学，用于推求水库、堤坝的设计抵御洪水的能力①，由此开始把洪水风险概念引入了洪水管理工程措施中。把洪水风险概念应用于洪水管理非工程措施，是基于对洪泛区的开发和管理而兴起的。由于洪水的随机性，使人类在洪泛区进行的开发必然是一种风险开发，即在获取开发利益的同时，必须冒承受洪灾损失的风险，人类对洪泛区的开发是伴随着承受洪水风险走过来的。人们期望在洪泛区获取最大的开发利益而所承担的洪水风险最小，于是引进了洪水风险的概念。洪水风险概念在防洪减灾中主要体现为风险分析和风险管理，并通过风险管理达到协调人与洪水的关系，避免和减轻洪灾损失的目的，因此是一种洪水管理的非工程措施。

---

① 施成熙等．中国大百科全书大气海洋水文［M］．北京：中国大百科全书出版社，1987.

基于洪水风险的非工程措施是在20世纪50年代才开始的，洪水风险管理是其核心内容，它的最重要实践是编制洪水风险图和推行洪水保险制度①。

第一种重要的基于洪水风险的非工程措施是编制洪水风险图。洪水风险图是一种标明不同重现期洪水在泛滥时最大淹没范围的防洪减灾专用地图。图中有地形等高线、微地貌、行政区划、重要设施、淹没范围边界线等，详细的洪水风险图中还标出淹没范围内各处的淹没深度、淹没历时、居民疏散道路等。通常，一个地区的洪水风险图是一本洪水风险图册，图册中包含该地区不同分区各自的洪水风险图。洪水风险图册中还应附有淹没区内的社会经济资料、以前受淹时的典型相片或情景描述、防汛指挥系统的组织机构，以及编图的依据和精度等。值得指出的是：A. 某种重现期（例如100年一遇）的洪水风险图，是指在发生100年一遇洪水情况下，该风险图上最大淹没范围边界线处被淹的概率为1/100，而边界线以内至河岸区域被淹的风险则大于1/100，淹没的深度和历时也均大于淹没边界线处；B. 100年一遇的洪水是一种自然现象，其变化是很小的，而100年一遇的洪水风险图却随着防洪能力的变化而变化，因此100年一遇洪水和100年一遇洪水风险图是不同的概念。

编制洪水风险图的目的是：A. 提示居民识别自己所处地点遭受洪水淹没的风险程度，增强公众防洪意识；B. 为制定洪泛区土地利用和经济社会发展规划提供洪水风险方面的依据；C. 提高易淹地区（高风险区）的财产和经济社会活动对洪水破坏的适应能力；D. 是推行洪水保险的基本依据。

综上所述，洪水风险图既反映了洪水的淹没特性，又展示了人们所在地点的洪水风险程度，为协调人与洪水的关系提供了依据。洪水风险图最初是由美国于20世纪60年代推行洪水保险计划而发展起来的。1978年日本绘制了东京都的洪水风险图，是东亚地区较早的洪水风险图。1988年联

① 小阿瑟·威廉姆斯，理查德·M. 汉斯著，陈伟等译. 风险与风险管理［M］. 北京：中国商业出版社，1990.

合国亚洲及太平洋地区经济社会发展理事会在曼谷举行“根据洪水风险分析及洪水风险图改进防洪系统专家会议”，随后洪水风险图在亚太地区逐渐推广。中国于 1990 年绘制了海河流域永定河、子牙河洪水风险图。目前广东、浙江等省已绘制了全省洪水风险图。

第二种重要的基于洪水风险的非工程措施是推行洪水保险制度。洪水保险是一种灾害保险。承保人向投保人收取保险费，一旦投保人在保险期内因洪涝灾害遭受损失，承保人按既定契约予以经济赔偿或按契约规定的其他方面的赔偿。

洪水保险的意义和作用主要表现在以下方面：A. 在较大范围内分摊洪水造成的损失，提高洪灾损失的偿付能力。事实上，一个地区免受或只受到较轻洪水灾害，正是由于另一地区承受了较大洪水灾害的缘故，因此对洪灾造成的损失实行社会分摊是合理的、必要的；B. 体现了国家引导公众对洪泛区进行合理有序开发的政策导向。洪泛区开发是一种风险开发，要想在洪水风险大的地区进行经济开发活动，就必须付出与该地区防洪费用相应的洪水保险费，这就迫使开发者不得不对其开发活动所能取得的收益和必须支付的洪水保险费用进行经济分析，从而引导开发者的开发活动从风险较大的地区转向风险较小的地区，达到引导公众对洪泛区进行合理有序开发的目的；C. 能增强居民的防洪减灾意识，减轻政府财政负担；D. 洪水保险作为一种社会学行为，能促进社会的公正、互助和友善，作为一种经济行为，有利于提高洪泛区开发的整体经济效益和社会效益。

可见，洪水保险是以洪水风险为依据，利用经济手段引导对洪泛区进行合理有序开发，以期协调人与洪水关系，减轻洪水灾害的一种措施；也是利用社会力量消纳洪灾损失的一种措施。各国的洪水管理实践也已经证明，洪水保险是一项重要的非工程防洪措施，是行之有效的洪灾风险管理手段。关于洪水保险的具体情况，我们将在后面详细讨论。

③基于管理科学的非工程措施。科学管理贯穿于一切洪水管理措施的全过程，在此我们将着重讨论洪泛区的管理。如前所述，洪泛区的开发是

一种风险开发，长期的实践表明，虽已修建了很多的水库和堤防，而洪泛区开发所承受的洪水风险依然在增大。透过这些事实人们认识到，造成洪泛区洪水风险增大的主要原因，是人们对洪泛区长期无序和过度的开发行为，是人水争地矛盾在洪泛区长期发展和扩大化的结果。基于这样的认识，把加强洪泛区管理作为减轻洪水风险的措施被提了出来。

洪泛区管理的基本思想，就是通过规范人们在洪泛区的开发行为，协调人与洪水的关系，实现洪泛区自然属性和社会属性的统一，达到减轻洪涝灾害、促进洪泛区经济、社会与环境协调发展的目的。洪泛区管理的经济目标，包括减轻洪灾经济损失和促进经济开发两个方面。仅强调减轻洪灾经济损失，不注重提高洪泛区整体经济效益是欠全面的。中国人多耕地少，更应当注重提高洪泛区整体经济效益。根据《灾害经济学》“减负等于加正”的原理[①]，洪泛区整体经济效益等于开发利用取得的经济效益与减灾经济效益之和。洪泛区管理的环境目标是：最大限度减轻人类在洪泛区无序和过度开发对生态环境产生的消极影响，并将其控制在可承受的范围内。

④基于政策与法规的非工程措施。防洪减灾政策与法规是政府为达到防洪减灾目的而制定的有约束力的经济与社会活动行为规范。政策与法规既是管理者意志的体现，也是实现科学管理的保证。政府利用防洪减灾政策与法规鼓励符合防洪减灾要求的经济社会活动，约束和制裁不利于防洪减灾要求的经济社会行为，保证防洪减灾目标的实现。防洪减灾政策与法规贯穿防洪减灾的全过程，涉及防洪减灾的所有方面，是一个完整的、与其他法律和政策充分匹配的政策法规体系，是通过约束人类自身的行为，以期协调人与洪水的关系，达到减轻洪水灾害的目的。因此，防洪减灾政策与法规是一种防洪减灾非工程措施。

---

① 郑功成．灾害经济学［M］．长沙：湖南人民出版社，1998.

3.1.3　洪水灾害风险管理

洪水灾害风险管理是分析、评价、预防和处理洪水灾害风险的一项复杂工程。洪水风险管理是洪水管理的模式之一。实践中，人们体会到洪水风险是动态变化的。现状条件下的风险成为“当前风险”；未来社会经济发展与防洪条件改变后的风险称为“未来风险”；防洪能力提高后仍然存在的风险称为“残余风险”。洪水灾害风险管理是指按照可持续发展的原则，以协调人与洪水之间的关系为目的，规范人类洪水调控行为，增强自身适应能力等一系列活动的总称[①]，选择有风险的洪水管理模式，即在深入细致把握我国各流域水系洪水风险特性与演变趋向的基础上，因地制宜，将工程与非工程措施有机地结合起来，以非工程措施来推动更加有利于全局与长远利益的工程措施，辅以风险分担与风险补偿政策，形成与洪水共存的治水方略。

3.1.3.1　洪水灾害风险管理的原则

洪水灾害风险管理要遵循可持续发展的原则，具体体现为：

(1) 与河流共存的原则，即人类对河流的治理，必须尽力维护并改善河流固有的各种基本功能，而不是导致河流的消亡；(2) 与洪水共存的原则，即人类防洪体系的建设，是以将洪水风险控制在可承受的限度之内为目标，而不是消除洪水；(3) 保障发展的原则，即治水方略要调整为有序地与洪水协调共处，必须以保障社会安定与经济平稳发展为前提，而不是导致生产力的破坏；(4) 社会公正的原则，即防洪减灾的政策要有利于缩小贫富差距，而不是使贫者更贫；(5) 分担风险的原则，即无论什么地区都有义务承担自己的固有风险，即使是确保安全的地区，也要对因提高自身工程保护标准而可能对其他地区造成的附加风险，提供必要的补偿。

---

① 国家防汛抗旱总指挥部办公室．关于印发全国防办主任会议文件的通知［Z］．2003.

3.1.3.2 洪水灾害风险管理的实质

(1) 适度承担风险。洪水风险管理的主导思想是承认洪水风险客观存在这一事实。人们不可能完全控制或驾驭风险，只能通过种种措施手段使洪水及其酿成的灾害控制在人们可以接受的程度。即人们必须承受一定的洪水风险。在防洪工作中实施风险管理，就是要通过防洪工程建设以及体制、机制创新和法制建设，适度承担风险，靠标准适度和功能合理的防洪工程及严格的管理，把洪水风险减轻到经济社会发展可承受的程度。即不可能也没有必要控制所有量级的洪水，并承受大等级的洪水风险。因此，修建防洪工程时标准要适度，不能过高，因为每修建一处工程都要增加洪水风险。防洪调度同样存在承受风险问题，既要确保安全，又要让工程更多地兴利，关键是要科学把握风险度。同时应按照风险管理的要求合理确定工程的功能，因为修建防洪工程时，有可能转移风险。同时，还要公平地对待风险转移，除国家财政承担必要的责任外，还应根据利害相关因素在不同区域以不同形式合理分担风险。

(2) 规范人的活动。防洪工作中必须依法规范人类的经济社会活动，使之适应洪水的发生发展规律，避免或减少洪灾发生的社会动因，以趋利避害。洪灾是水与人相互作用的产物，这是同等重要并相关的两个方面，缺一不可。并不是有了洪水就有灾害，如果没有人、没有经济、没有财产，即使水再大，也不会形成灾害。过去我们主要是对洪水进行控制，很少考虑人类行为造成的洪涝损失和影响，而洪水风险管理就是要更多地关注和规范人类的经济社会活动。首先，人的活动要尽可能规避风险，以免受洪水之害；其次，人的活动不要侵占洪水空间，尽可能给洪水以出路，给洪水以更大的滞蓄自由；最后，人的正常活动如受到洪水威胁，要主动采取安保措施。总之，在防止水对人类侵害的同时，也要防止人对水、对自然的侵害，实现人与自然的和谐。

(3) 强调社会化系统管理。洪水风险管理的本质，就是综合利用法律、行政、经济、技术、教育与工程手段，合理调整客观存在于人与自然之间及人与人之间基于洪水风险的利害关系。洪水管理具有很强和很复杂的系统性与社会性，处理风险不能是单纯的政府行为，而必须有广大社会的参与。洪水风险管理强调的是实现系统整体的长远的最大利益，它必须是一个系统工程，不是短期内可以见效的，只有将其作为长期的防洪方略，通过科技手段的大力支持，法律手段的强制实施，经济手段的补偿引导，行政手段的推动落实，长期坚持下去，才能使我国的防洪工作走上良性循环的道路。

（4）推行洪水资源化。洪水是水资源的重要组成部分，我国从总体上讲是一个水资源严重短缺的国家，并且在时间和空间的分布上存在不均衡性。国情决定了我们必须在保证防洪安全的前提下，想方设法利用洪水资源。但是利用洪水资源必须慎重决策，必须尊重科学，决不能以牺牲防洪安全为代价。

3.1.4 洪水灾害风险管理的主要内容

从洪水灾害风险形成机制和风险处理的角度，可以将洪水风险管理分解为洪水灾害危险性分析、洪水灾害易损性分析、洪水灾情分析和洪水灾害风险决策分析四个相互联系的部分。其中洪水灾害危险性分析是洪水灾害风险管理的前提和基础；由洪水灾害危险性分析入手，通过洪水灾害易损性分析这一中间环节就可以进行洪水灾情分析。洪水灾情分析是洪水灾害风险决策分析的依据，洪水灾害风险决策分析是洪水灾害风险管理的核心。

3.1.4.1 洪水灾害危险性分析

洪水灾害危险性分析就是研究某地区特定时间内遭受何种洪水灾害类型，并分析该洪水灾害的各种洪水强度指标的概率分布函数，常用的方法有数理统计方法、模糊数学方法、系统仿真方法、调查法等。

就某一地区某一年份的洪水灾害风险而言，其具有偶然性，主要表现在导致风险事件发生的风险因素本身的发生具有随机性，风险发生在时间上和空间上具有突发性，在后果上具有灾难性，从而给人们的精神和心理上造成巨大的恐惧和忧虑。尽管单个风险事件的发生具有偶然性，然而通过对大量风险事件的分析和研究，其结果在统计上具有明显的规律性，因此可以利用概率和数理统计等方法对风险发生的频率和损失幅度进行估计。

3.1.4.2 洪水灾害易损性分析

洪水灾害易损性分析就是对洪水灾害承灾体易于受到致灾洪水的破坏、伤害或者损伤的特性和各类承灾体对洪水灾害的承受能力进行分析，最终建立各洪水强度指标与各洪水灾害损失之间的函数关系，常用的方法有统计建模法和调查法等。

3.1.4.3 洪水灾情分析

洪水灾情分析是在洪水灾害危险性分析和洪水灾害易损性分析的基础上，计算研究地区在某时间范围内可能发生的一系列不同强度的洪水灾害给该地区造成的可能损失，估算这些可能损失的概率分布，并依据研究地区的灾情指标，集合应用建立在一定的灾情指标体系下的洪水灾害灾情综合评估模型，对该地区洪水灾情进行综合评估，为洪水灾害管理提供风险决策依据。常用的方法有调查法、基于计算机技术的空间技术方法和各种综合评价方法等。

3.1.4.4 洪水灾害风险决策分析

洪水灾害风险决策分析是根据洪水灾害风险管理的目标和宗旨，在洪水危险性分析、洪水灾害易损性分析和洪水灾情分析的基础上，在面临洪水灾害时可以采取的风险处理技术手段中选择最优方案的过程。可以从不同角度对各种洪水灾害风险决策分析方法进行分类。依据洪水灾害发生的不同阶段，洪水灾害风险决策分析方法可以分为回避型决策、预防型决策、抵抗型决策、补救型决策和综合型决策等。所谓综合型决策就是以预防型决策方位为主，在发展经济和人类生存时应采取“趋利避害”的决策，尽可能避开主要的洪水灾害；灾前有预防措施，灾中要有积极抗御措施，灾后要有积极补救措施，尽可能减少洪水灾害造成的损失。

洪水风险灾害决策分析具有以下四个显著的特点：一是以自然灾害风险可能造成的损失结果为研究对象，依据成本和效益比较原则，选择成本最低、安全保障效益最大的风险处理方案。二是由于人类目前对洪水灾害的认识能力和预测精度尚且有限，未来要发生的洪水灾害和洪水灾害可能造成的损失尚不能完全准确预测，因此洪水灾害风险分析一般都属于不确定型决策。决策者对风险的主观态度和经验成为决策的主观依据。三是洪水灾害风险具有随机性和多变性，在决策过程中随时可能出现新情况新问题，因此必须定期评价决策效果并进行适当的调整。四是由于购买洪水保险是将未来风险的不确定性转化成相对确定性的较好方法，因此洪水保险是一种重要的风险决策方案。

3.2 洪水灾害风险管理理论

3.2.1 洪水灾害风险管理的一般理论

洪水灾害风险管理就是根据决策方案实施风险管理计划，并对计划实施的效果进行评价，结合各种防洪减灾措施实施的效益与成本，修改、完善或者建立新的洪水灾害风险管理目标，进入下一次洪水灾害风险管理的过程。其主要包括对洪水的预测和调度中的风险管理、防洪工程风险管理、洪泛区风险管理、洪水生态环境风险管理、防洪决策风险管理等方面的内容。

通过前面的分析我们知道，传统的风险管理主要包括风险识别、风险评估、风险决策三个环节。风险识别是指在风险事故发生之前，人们通过运用各种方法系统的、连续的认识所面临的各种风险以及分析风险事故发生的潜在原因，这是风险管理的第一步，也是风险管理的基础。风险评估是量化测评某一风险事件带来影响或者损失的可能程度的过程。风险决策是指通过选择应对风险事件的一种或者几种方法的组合，在风险评估的基础上，综合考虑风险事件的影响后，选择风险管理对策，实施风险决策的过程。从风险管理的一般理论角度来看，洪水风险管理可分为洪水灾害风险识别、洪水灾害风险评估和洪水灾害风险决策三个环节。

3.2.1.1　洪水灾害风险识别

识别洪水灾害风险的性质是洪水灾害风险管理的先决条件，也是进行风险量化、风险管理和风险监测等的基础。由于洪水是随机事件，发生的时间和强度具有不确定性，但随着人们对洪水时空变化规律的认知，以及各种数理统计方法的应用和科学技术的发展，人们可以对某些地区洪水可能发生的时间、地点、强度、规模进行预测。为了正确管理洪水灾害风险，人们就需要扩大风险识别的流程，标识出可能被洪水影响的区域。正确分析洪水灾害的地区性影响能够帮助有关机构识别遭受洪水灾害最严重的区域，从而采取有针对性的措施，以减少洪水灾害造成的损失。地区区分越细，识别和评价过程就更加准确。目前，我国已经通过各种技术手段，明确了中国洪水高危地区，并对这些地区的自然环境、经济状况等进行了详细的摸底调查，在这些地区遭受洪水灾害时，可以迅速做出响应。

3.2.1.2　洪水灾害风险评估

洪水灾害风险管理分别以风险识别和风险评估为基础。洪水灾害风险分析侧重于理论和经验分析，洪水风险评估则是风险分析在洪水灾害研究中的应用，重点在具体模型方面，属于技术层面的内容。洪水灾害风险评估包括前面所提到的危险性分析、易损性分析和损失评估。通过估算规定时期内洪水发生的概率，定量描述洪水影响区域的范围、人口数量、财产总量及抗灾能力；估算洪水发生过后，将造成的损失程度（即根据历史资料或者试验数据，用数理统计方法计算洪水灾害损失大小及其概率分布）。近年来，随着科学技术的迅猛发展，尤其是 2004 年来洪水风险图的编制，洪水灾害风险评估方法研究进展迅速，并开始进入大规模的实践应用阶段。

洪水风险图是融合自然地理信息、社会经济信息、水利工程信息、洪水风险信息以及洪水风险管理等信息，以地图形式表征的具有一定规范化程度，直观反映洪泛区防洪态势、用于分析、传递、汇总、处置洪水风险信息的一套专题图形和图表。它作为一种了解区域遭受洪水灾害危险性大小的直观科学的专题地图，既是一种防灾减灾的非工程措施，也是洪水管理和实施洪水保险计划的重要依据，已经在洪水保险、洪泛区管理、国土开发、公众应急避险等方面取得了巨大的经济效益和社会效益。尤其是近年来，洪水风险图与计算机网络、卫星遥感等技术结合，实现了洪水风险图的实时动态更新，能够便捷地进行洪水灾害预测，从而极大地减少洪水灾害造成的损失。

3.2.1.3 洪水灾害风险决策

洪水灾害风险决策是在洪水灾害评估的基础上，综合考虑对社会、生态环境等方面的影响后，选择应对洪水灾害风险的一种或者几种方法的组合，是对洪水风险进行管理，实施洪水风险决策的过程。在实际中，应对洪水风险的主要方法包括风险自留、风险回避、风险抑制（或降低）和风险转嫁等。

3.2.2 洪水灾害风险管理的系统理论

从系统论的角度出发，洪水灾害系统是一个典型的复杂系统。由于该系统受到自然和社会因素等的影响和干扰，洪水灾害在当前呈现出更加的独特性，传统洪水风险管理的手段和方法已经难以满足目前洪水灾害管理的需要。目前，人们已经将系统科学的理论、方法以及计算机、遥感等现代科学与技术成果引入到洪水灾害管理系统研究之中，系统地探讨洪水灾害的预测、评估、模拟与决策的综合分析方法，从而为人类对洪水灾害的有效调控和管理提供科学依据，使经济社会朝着协调可持续的方向发展①。

洪水灾害系统是一个复杂的大系统，使人们无法使用传统的系统工程方法和经典的控制技术，因而需要采用更加复杂系统的新方法——定性与定量综合集成方法。该方法在实践基础上，将专家群体、统计数据和多种信息资料与计算机技术有机结合起来，从而能够有效发挥系统整体的优势和各个群体的综合优势。

洪水灾害系统采用的定性与定量综合集成方法，通过建立洪水灾害行为时空模拟模型、灾情分析与评价模型、辅助决策等模型，实现对洪水灾害的预测、分析、评估与决策的综合集成。此方法一方面能够使人类更好地认识洪水灾害的性质和特点、发生的基础、时空分布规律及其变化趋势；另一方面能够使人们对洪水灾害造成的损失和破坏进行科学的评价，最终为防灾、减灾、救灾决策服务。

3.2.2.1 洪水灾害评估的过程分析

洪水灾害评估按照洪水灾害发展的不同阶段，可分为洪水灾害的灾前预评估、灾中的跟踪评估和灾后的调查评估。

洪水灾害的灾前预评估主要是通过合理的科学方法，定性或者定量预测某一地区或者某一部分未来洪水发生的强度、分布和可能造成的人员伤亡、经济损失、社会影响和减灾效益。所使用的方法主要有历史资料调查分析、监测预报系统、地理信息系统和模型方法等。

洪水灾害灾中跟踪评估是在洪水灾害发生时，对洪水灾害的灾情进行的快速评估。评估内容包括应用监测系统，跟踪灾害发展；准确的成灾地点、洪水强度；灾情特征；洪水灾害损失的跟踪评估以及减灾效益的预估。这个阶段的评估主要通过遥感探测技术和地理信息系统来完成。

洪水灾害灾后调查评估是确定救灾方案、制定灾后救援计划的重要依据。其评估内容主要包括灾后现场调查，统计损失；次生灾害的影响评估；间接损失估算；灾害对社会与环境的影响评估等，主要通过现场调查与遥

---

① 魏一鸣等著．洪水灾害风险管理理论［M］．北京：科学出版社，2002.

感等方式完成。

3.2.2.2　灾害行为特征评估

灾害行为特征评估是通过对洪水灾害的风险分析来实现的，是指对遭受不同强度洪水可能性及其造成的可能后果进行定量的分析和评估。它是建立在对洪水灾害系统中致灾因子、孕灾环境的危险性分析和对承灾体的易损性分析的基础之上的。

通过上述分析，人们建立了洪水灾害风险管理的指标体系（如图 3－1 所示），在这个指标体系中既有定性指标，也有定量指标；既有描述致灾因子的自然变异指标，又有反映灾情的经济损失指标；既有间接指标，又有直接指标；既有时间强度指标又有空间强度指标；既有孕灾环境的适应性指标，又有承灾体的易损性指标。因此，该指标体系既能够全面反映灾情、确定减灾目标、优化防洪措施、评价减灾效益，进行减灾决策，又是进行洪水灾害系统定性和定量分析的基础和前提。

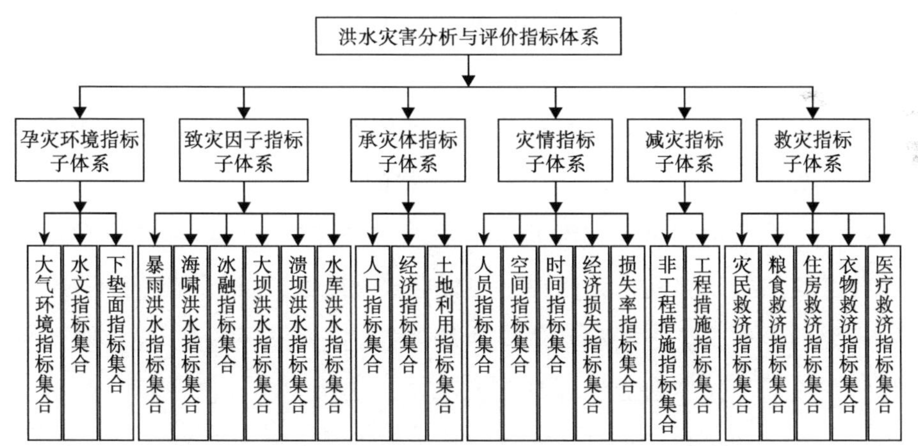

图 3－1　洪水灾害系统分析与评价指标体系层次结构图

3.2.3　流域经济学理论

流域是以集水区域划分的一种地域，它以河流为主轴，以水为核心，由水、土地、生物等自然要素与社会、经济等人文要素组成的环境经济复合系统[①]。流域除了具有地理和水文这些自然特征外，从社会学和经济学的角度看，它还具有很强的社会和经济属性。从经济学的角度看，流域内的核心要素水资源属于准公共物品的范畴，不具有明晰的产权或者很难清晰地界定产权，同时，对其消费具有排他性。流域内的每一个涉水主体都受到追求自身利益最大化的经济理性的驱动，期望尽可能地从公共资源中获取更多的利益，从而会肆意开发利用水资源。多利益主体必然会产生各种各样的矛盾。为了更好地协调流域之间的关系，就需要用经济的手段构建有效管理制度体系。

流域系统具有跨界外部性、整体性、关联性及地域分异性等特征，存在着上下游和不同利益群体之间的利益矛盾与行为冲突。因此，对流域进行管理也应当遵循这些维度展开，即从流域的角度进行管理。为了促进流域环境、经济社会协调发展，保证流域水资源、水环境和水生态可持续，运用法律、行政、经济和技术手段对流域综合管理已经成为共识。

洪水保险制度正好能够通过流域管理的方式实现，这也是由于流域的特征决定的[②]。一是流域是一个经济利益的共同体。在流域边界范围内，由于水的自然流动，引起了流域内地理上的关联性及流域环境资源的联动性。各种自然要素之间、自然要素与社会经济要素之间、流域上下游之间、左右岸之间、干支流之间相互影响、相互制约，形成了一个经济利益的共同体。流域的整体性和关联性特征，决定了洪水灾害风险不同于其他巨灾风险，具有可转移和可替代的特点。从负面看，上游地区的过度开垦土地、乱砍滥伐、破坏植被，造成水土流失，势必导致洪水泛滥，威胁中下游地区；同时，中下游污染排放、抬高河床，也会对上游产生影响。从正面看，

① 王和，王平，安平．基于流域经济学视角的中国洪水保险制度研究［C］．国家减灾委办公室，国家减灾委专家委员会．2013 年国家综合防灾减灾与可持续发展论坛论文集．2013. 09.

② 王和．从流域经济学视角看洪水保险［J］．中国金融，2011. 09.

上游地区水土保持的综合治理，不仅使自己受惠，还将惠及中下游地区。尤其是在特大洪水灾害的情况下，有选择地开展分洪，能够有效降低整个流域的总体损失，特别是能够保证大中型城市和重点工业基地的安全。另外，上下游之间的信息共享，对洪水预报和监测具有十分重要的价值，并能够使整个流域受惠。

二是流域的洪水风险特征满足了大数法则的基本要求。大数法则是保险经营的一项基本原则，大数法则的基础是一定数量的具有相似特征风险单元的集合，并服从一定的损失规律。就洪水风险而言，流域内的各个经济体具有相似的风险特征，同时它们服从于流域洪水灾害的损失规律。因此，流域不仅是一个经济利益的共同体，而且是基于共同风险要素的利益关联共同体。这种共同和关联特征为基于流域的洪水保险制度建设奠定了坚实的基础。在洪水风险管理过程中，面临着的一个突出问题是如何很好地协调流域不同经济体、经济区域之间的利益冲突，包括防洪工程项目建设，以及分洪和蓄洪的取舍。我们解决这些问题，可以通过洪水保险这根纽带，将流域的相关利益者联系起来，利用市场机制去协调和调整相关各方的利益，去加强流域洪水灾害风险管理，降低流域洪水灾害风险的发生概率，造福社会。洪水保险在流域风险管理的作用主要有：第一，可将洪水的风险区划管理与洪水保险的区域费率紧密联系起来，一方面是形成合力，推动风险区划工作开展；另一方面是形成有效互动，即通过建立基于风险区划的保险费率体系，推动风险区划作用的发挥。第二，可将保险标的如建筑物的抗洪标准作为核保和定价的核心因素，采用差异化费率手段，发挥市场化机制的正向激励，促进流域内建筑物设防水平的不断提升。第三，可通过保险赔付，实现流域内的相关利益替代和调整，特别是针对蓄洪和分洪地区的保险赔偿，可解决局部与全体利益之间的关系。第四，通过保险公司在开展洪水保险的推广、销售、理赔等过程中，向社会和投保人宣传和普及洪水灾害风险管理以及保险知识，提高和增强流域居民的风险意识。

3.3 中国的洪水灾害风险管理

3.3.1 我国洪水风险综合管理的历史沿革

3.3.1.1 我国治水思路的两个历史阶段

洪水历来是中华民族的心腹大患，洪水问题的重点基本上随着社会经济重点的转移而转移。唐宋以前，我国的政治经济中心在黄河流域，而黄河又具有善淤、善徙、善决的特点，因此洪水问题主要集中在黄河流域。自共工“壅防百川”、大禹“因势利导、疏浚排洪”到现在的高坝大库，黄河流域与洪水抗争已有5 000年的历史[①]。元代定都北京，社会经济中心逐步转移，海河水系特别是永定河的洪水问题变得突出起来；宋代，特别是明清以后，国家经济中心逐步向江淮及其以南地区转移，“国家财富，仰给江南”，长江洪水对国民经济的冲击加剧，淮河以南水系洪水与防洪问题得到更多的重视[②]。

从人与水的关系角度来看，我国防洪减灾大体上经历了两个历史阶段[③]。

第一阶段是人适应水的阶段，以人类被动适应自然为主要特征。在人类发展的初始阶段，生产力水平低，改造自然的能力有限，人类怕水，把水看成神。在这一阶段，人类“择丘陵而处之”，择高而居，逐水而生，水进人退，水退人进。以后，农业发展，冲积平原上形成了固定的村落，

---

① 王化云等.《黄河水利史述要》[M]. 北京：水利电力出版社，1984.

② 向立云. 中外防洪策略比较研究 [J]. 水利发展研究. 2003. 05.

③ 鄂竟平. 论控制洪水向洪水管理转变 [J]. 中国水利. 2004. 08.

为防洪水人们修起了围捻，但基本上不影响洪水的泛滥，人水之间保持着古朴的和谐共处状态。对于这个阶段人与水的关系，我国古人有许多论述，如“凡立国都，非于大山之下，必于广川之上，高毋近旱，而水用足；下毋近水，而沟防省（《管子．乘马》)。”

第二阶段是要求水适应人的阶段，以人类主动改造自然为主要特征。随着生产力水平的提高和人口的增加，人类改造自然的意愿和能力在增强。特别是人口增加后，人类对土地的需求不断增长，迫切需要对水进行控制，通过建设水利工程来改造河川、调蓄洪水、发展灌溉和供水等。

这一阶段，筑堤挡洪、导洪、增加泄洪能力是最古老，在一定条件下也是最有效的防洪措施。比较系统的堤防首先在黄河形成，此时治河方略已由以疏为主转变为以堤为主，这是人口增长、对土地需求增加、社会经济发展需要一个安定环境的必然结果。尽管此后有各种防洪方略的争议，但以堤为主的防洪思路一直延续至今。

3.3.1.2 新中国成立后我国防洪思路的演变

进入20世纪50年代，中国步入社会相对稳定时期，防洪工程建设逐步完善。防洪观念也随着防洪实践和对洪水特性、洪水灾害与社会经济关系认识的深入而不断发展。新中国成立后，“人定胜天”“控制洪水”的防洪观念在我国占主导地位。同时，我国江河工程数量少，而且没有形成体系，防洪减灾的主要矛盾是工程不足。因此，我国开展了大规水利建设，以水利工程来抗御洪水。

20世纪80年代，我国一些学者和水利界人士在反思防洪实践和借鉴国外防洪理念的基础上，了解洪水风险只能减轻不能消除以及洪水灾害双重属性的概念，工程措施和非工程措施相结合的防洪思想随之形成。20世纪最后十年的国际减灾十年活动使上述防洪观念进一步普及并在各界逐步达成共识。

1998年洪水后，引发了我国决策层对前50年防洪思路的反思。近年来，水利部门提出了由工程水利向资源水利，由传统水利向现代水利、可持续发展水利转变，以水资源的可持续利用支撑社会的可持续发展的治水思路，使防洪为社会可持续发展服务，成为新时期防洪减灾研究的必然。

党的十八大以来，伴随着中国特色社会主义进入了新时代，我国治水主要矛盾从人民对除水害兴水利的需求与水利工程能力不足之间的矛盾，转化为人民对水资源水生态水环境的需求与水利行业监管能力不足之间的矛盾。“节水优先、空间均衡、系统治理、两手发力”成为新时代治水方针。防洪减灾需要从改变自然、征服自然转向调整人的行为、纠正人的错误行为上来，要做到人与自然和谐，天人合一。

3.3.2 我国洪水风险综合管理的具体措施

洪水风险管理是指按照可持续发展的原则，以协调人与洪水之间的关系为目的，人类规范洪水调控行为，增强自身适应能力等一系列活动的总称[①]。洪水风险管理的手段包括工程措施与非工程措施两种。现任水利部部长鄂竟平早在 2003 年提出坚持工程措施和非工程措施结合，既要注意加强工程措施，又要特别注意加强非工程措施，促进人与自然的和谐。两种措施的有机结合，互为补充，能够发挥最佳的防洪减灾作用[②]。

3.3.2.1 我国洪水风险综合管理的工程措施

洪水风险管理的工程措施是指利用水利工程拦蓄调节洪水，削减洪峰或分洪、滞洪等手段，改变洪水的天然运动状况，以此达到控制洪水泛滥，减少经济损失的目的。洪水风险管理常用的水利工程措施主要包括：修建河道堤防、修建水库、修建涵闸、规划蓄滞洪区、修建排水工程等。

新中国成立 70 年来，国家在防洪工程建设方面投入了大量的人力、物

① 国家防汛抗旱总指挥部办公室．关于印发全国防办主任会议文件的通知［Z］．2003.

② 鄂竟平．认真贯彻十六大精神全力做好新时期的防汛抗旱工作——在全国防办主任会议上的讲话．2013. 01. 15.

力和财力，并取得了瞩目的成就。至今，我国的各大江河流域已初步建成了以水库、堤防、河道与蓄滞洪区为主体的防洪工程体系。据 2018 年全国水利发展统计公报和水资源公报披露的数据显示，截至 2018 年底，全国已建成水库 98 822 座，水库总库容 8 953 亿 m^3，其中大型水库 736 座，总库容 7 117 亿 m^3。蓄水工程总容量占我国地表水资源总量的 34.01%。全国已建成 5 级以上江河堤防 31.2 万公里，其中 1、2 级堤防长度为 3.4 万公里。全国已建成江河堤防保护人口 6.3 亿人，保护耕地 4.1 万千公顷。全国已建成流量 5 m^3/秒以上的水闸 104 403 座，其中大型水闸 897 座。按照水闸类型分，分洪闸 8 373 座、排（退）水闸 18 355 座、挡潮闸 5 133 座、引水闸 14 570 座、节制闸 57 972 座。防洪工程措施和非工程措施相结合，保护了平原地区和许多重要城市的防洪安全，初步控制了常遇洪水。这样的工程特征为进行洪水资源风险管理提供了基础和条件①。

就城市而言，据统计目前国内 668 座城市中，95% 以上的城市都承担了防洪任务。经过多年建设，城市的洪水风险管理能力都取得了实质性进展。目前，绝大多数城市已经具备了洪水风险管理的能力，部分特大城市如北京、上海等已经具备了防御 100 年—500 年一遇的洪水风险的能力，部分大中型城市具备了防御 50 年—100 年一遇的洪水风险的能力；部分小城市具备了防御 20 年—50 年一遇的管理洪水风险的能力。

3.3.2.2　我国洪水风险综合管理的非工程措施

非工程措施（Nonstructural Measure）这一概念源于 1966 年美国国会关于洪水灾害的一个文件②。美国国会文件认为，在采用工程措施修建防洪工程的同时，重视并实施非工程措施加强洪水的风险管理，能够获得最大的综合性的经济效益和社会效益。

---

① 杜国志．洪水资源管理研究［D］．大连理工大学．2005.06.

② 1965 年，由美国著名地理学家吉尔伯特·怀特领导的跨机构特别工作组提出了一套重要的推荐意见，汇入 456 号议院文件，成为首项“洪水损失管理的全国统一计划”，最终促使了 1968 年“国家水灾保险计划”的产生，确保了非工程措施将在未来的美国洪泛区管理政策中起重要作用。参见：赵坤云，沈中华．美国洪泛区管理［M］．黄河水利出版社，2002，第 41 页。

与洪水风险管理的工程措施比较，非工程措施具有以下特点：第一，非工程措施的防洪政策是尊重自然、适应自然；第二，非工程措施的目的不是控制洪水，而在于减少洪灾损失，利用洪泛区的滞洪、蓄洪（或引洪）来削减洪峰，降低骨干河道的洪水位，避免堤防决口，达到保护大片农田和城镇的防洪安全；第三，非工程措施涉及的法律规定、行政措施、经济技术指标等，在很大程度上属于政府立法和国家管理方面的问题；第四，非工程措施的费用更低，效益更大。

洪水风险管理中的非工程措施种类很多，我国目前已有的非工程措施主要包括进行洪水预报、编制洪水风险图、实施洪水保险、建立蓄滞洪区、颁布防洪法规等。

（1）进行洪水预报。早在公元15世纪，我国黄河中下游已开始利用原始的洪水预报作为防洪减灾的重要措施[①]。当时，沿黄河自上游向下游每15公里设置一坐驿站，每站换一队骑手和快马，将水情不断向下游传递，由于马的速度快于洪水传播速度，所以下游居民能提前知道洪水情况，做好防汛准备或及时撤离。

随着水库、堤防等防洪工程的兴建，为了充分发挥防洪工程的作用，现代意义下的洪水预报迅速发展，并在洪水预报的支持下进行洪水调度，形成了洪水预报调度系统。1975年8月我国淮河大水以后，特别是改革开放以来，针对我国信息采集系统存在的问题，大力推广采用无线通信传递水情。先后建立了170多个超短波遥测系统，共有1 700多个遥测站点。但这些系统相互独立，没有形成网络，还无法取代常规报汛系统。一些测站配备了超短波或短波（单边带）的无线报话机；例如在大宁河进行了利用日本GMS同步卫星和在渔子溪利用法国ARGOS极轨卫星传递信息的试点；在黄河、淮河流域和江苏省试用远程网络（通过水电专用微波网或邮电公用数据网）传递信息，使信息流程更为合理；为改变雨量站密度不足，进行了利用测雨雷达定量估算雨量的研究。

① 黄伟纶．我国古代水文科学［J］．水文．1984.04.

截至2018年底，全国共有各类水文测站121 097处，其中：国家基本水文站3 154处，专用水文站4 099处，水位站13 652处，雨量站55 413处，蒸发站19处，地下水站26 550处，水质站14 286处，墒情站3 908处，实验站43处。向县级以上防汛指挥部门报送水文信息的各类水文测站66 439处，可发布预测站1 887处。配备在线测流系统的水文测站1 616处[①]。

(2) 编制洪水风险图。洪水风险图是一种标明不同重现期洪水在泛滥时最大淹没范围的防洪减灾专用地图。洪水风险图既反映了洪水的淹没特性，又展示了人们所在地点的洪水风险程度，为协调人与洪水的关系提供了依据。因此，编制洪水风险图是防洪减灾的一种非工程措施。洪水风险图最初是由美国于20世纪60年代推行洪水保险计划而发展起来的。1978年日本绘制了东京都的洪水风险图，是东亚地区较早的洪水风险图。1988年联合国亚洲及太平洋地区经济社会发展理事会在曼谷举行根据洪水风险分析及洪水风险图改进防洪系统专家会议，随后洪水风险图在亚太地区逐渐推广。

我国的洪水风险图编制工作起步于20世纪80年代中期，中国水利水电科学研究院在借鉴吸收国外洪水风险图编制经验的基础上编制了永定河洪泛区洪水风险图。90年代中后期，国家防汛抗旱总指挥部组织在七大江河、部分重点水库和重要防洪城市开展了洪水风险图编制研究工作，印发试行了《洪水风险图制作说明》《洪水风险图编制纲要》等技术文件。1998年长江特大洪水以后，洪水风险图编制工作进程加快。2005年国家防总办公室编制了水利行业标准《洪水风险图编制导则》(SL 483－2010)。2008年和2011年，全国洪水风险图编制一期、二期试点工作全面铺开，在全国50处防洪保护区、蓄滞洪区、洪泛区、城市和水库等编制单元全面试点，初步形成了洪水风险图编制的技术规范体系。2012年6月国家发展改

① 2018年全国水利发展统计公布［EB/OL］. http://www.mwr.gov.cn/sj/tjgb/slfztjgb/201912/t20191210_1374268.html. 2019.10.

革委、水利部、住房城乡建设部印发的《水利发展规划（2011—2015年）》提出要编制重点区域洪水风险图。2013年5月，水利部、财政部联合印发的《全国山洪灾害防治项目实施方案（2013—2015年）》在全国防洪重点区域先行开展洪水风险图编制工作，启动了227处重点防洪保护区、78处国家蓄滞洪区、26处洪泛区、45座重点和重要防洪城市、198处重要中小河流重点河段的洪水风险图的编制工作。2014年3月水利部办公厅印发了《全国重点地区洪水风险图编制项目建设管理细则（试行）》。2014—2016年，连续三年水利部都发布了做好全国重点地区洪水风险图编制工作的通知。2015年6月，水利部发布了《全国重点地区洪水风险图编制项目审查验收管理办法（试行）》，明确了洪水风险图编制验收审查的组织程序和验收标准，确保洪水风险图编制的规范。2016年12月水利部印发的《水利改革发展"十三五"规划》进一步明确编制完善主要江河防御洪水方案和洪水调度方案，以及重点防洪区域洪水风险图，明确洪水风险管理目标并强化相应措施，完善防洪抗旱预案。做好洪泛区、蓄滞洪区内非防洪建设项目的洪水影响评价工作。

经过多年的建设和研究，我国已经建立了完善的洪水风险图编制和应用技术体系、管理体系和规章规范体系。据课题组调研结果显示，目前我国已经基本完成重点区域的洪水风险图编制工作，部分地区已经完成了动态洪水风险图的编制，洪水风险图已经开始进入了应用阶段。2019年5月在北京召开的洪水风险管理和洪水保险研讨咨询会上，水利部财务司付涛副司长指出要结合"智慧水利"、洪水风险图应用、水利工程运行管理体制机制创新等继续深入开展研究，充分发挥市场机制作用。

（3）实施洪水保险。洪水保险是以洪水风险为依据，利用经济手段引导对洪泛区进行合理有序开发，以期协调人与洪水关系，减轻洪水灾害的一种措施；也是利用社会力量消纳洪灾损失的一种措施。各国的洪水管理实践也已经证明，洪水保险是一项重要的非工程防洪措施，是行之有效的洪灾风险管理手段。关于洪水保险的具体情况，我们将在后面详细讨论。

我国自 20 世纪 80 年代初恢复保险业以来，即对洪水保险开展了积极的研究，并进行了多种形式的尝试，包括中国人民保险公司推出的“综合型洪水风险”、安徽省淮河行洪保险和蓄洪保险，浙江省实施的海塘保险和民政部推行的农村救灾保险等保险模式①，积累了丰富的经验与教训。自 1997 年《中华人民共和国防洪法》提出“国家鼓励扶持开展洪水保险”，尤其是 2014 年保险业新国十条发布以来，洪水等巨灾保险试点工作在多个省市开展，取得了良好成效。保险赔款虽然相对洪灾损失而言占比较小，但对受灾投保企业迅速恢复生产、受灾家庭重建家园，保障社会经济的稳定发展，发挥了积极的作用。

20 世纪 90 年代的十年间，全国洪涝灾害的保险赔款累计近 200 亿元，其中 1991 年、1996 年、1998 年和 1999 年等大水年份中，仅中国人民保险公司对水灾的赔付就达 26 亿元、30 亿元、25 亿元和 16 亿元②，据洪水风险管理与洪水保险制度课题组调研数据显示，在 2014—2016 年洪水等巨灾保险试点期间，宁波市共赔付 9 475 万元，其中人身伤亡抚恤保险 102 万元，居民家庭财产损失救助保险 9 373 万元；广东省累计赔付 3.4 亿元，其中仅在 2018 年的“艾云尼”台风中赔付超过 2 亿元；深圳市累计赔付 809.3 万元。福建省试点的海堤保险 2018 年赔付了 553.3 万元。

（4）建立蓄滞洪区。根据《中华人民共和国防洪法》，蓄滞洪区是指包括分洪口在内的河堤背水面以外临时贮存洪水的低洼地区、沼泽及湖泊等。编制防洪规划时，根据洪水特性和防护对象的要求，在河流中下游选择具有一定蓄洪容积的低洼地区作为蓄滞洪区，以便将水库不能控制、河道无力宣泄的那一部分“超额洪水”暂时滞蓄起来，再相机排入河道，达到减轻下游洪水威胁的目的。

我国现有蓄滞洪区，大多在历史上就是各大江河高水行洪时形成的一些湖泊、沼泽和经常蓄水的洼地，是洪水的调节场所，它在防洪减灾中的

---

①② 程晓陶．中国洪水保险的实践与探索［J］．第六届中韩水资源技术交流研讨会论文集．2000.06.

作用早就受到重视，并作为流域防洪系统的重要组成部分。由于蓄滞洪区土地肥沃、水草丰美，早在 2 000 多年前人们就在这里进行垦殖并在长期的垦殖实践中形成了“水进我退，水退我进”的蓄滞洪区土地垦殖利用策略。在现代，蓄滞洪区依然是洪泛区开发利用的重要组成部分。为了更好发挥蓄滞洪区在防洪和垦殖两方面的功能，人们陆续为蓄滞洪区修建了进水闸、退水闸，在蓄滞洪区周边兴建围堤和隔堤，在蓄滞洪区内修建安全设施等，逐渐形成了现代蓄滞洪区洪水风险管理的一般性模式①。蓄滞洪区以及蓄滞洪区内修建的辅助工程设施对其所保护的下游地区城市和设施而言，起到“使洪水远离人类”的作用。而就蓄滞洪区自身而言，那里的人们长期以来实行“水进我退，水退我进”的蓄洪土地垦殖利用策略，体现了人类与洪水协调相处的积极思想。

蓄滞洪区在我国防洪减灾中具有特殊重要性，这是由我国的自然地理环境和社会经济特点所决定的。一方面，我国河流上游山区集流面积广大而中下游河势平坦，在东亚季风气候背景下，极易形成特大洪水和连续洪水，且洪水年内和年际变化很大，这样的洪水特性很难被水库和堤防完全控制，必须留有滞蓄洪区作为临时泛滥场所；另一方面，我国主要城市大部分分布在七大江河中下游，百万人以上有防洪任务的城市 GDP 约占全国 GDP 的 80%，而且这些城市大多是国家和地区的政治、经济、文化、教育和科技中心，因此在出现特大洪水的紧急情况下，不得不采取“舍小局，保大局”的防洪策略，暂时牺牲蓄滞洪区的局部利益，保护大城市和国家重要设施，保障国家可持续发展。但是，这种“暂时牺牲”决不意味着可以忽视蓄滞洪区人民的发展权利②。

（5）颁布防洪法规。防洪减灾政策与法规是政府为防洪减灾目的而制定的有约束力的经济与社会活动行为规范。防洪减灾政策与法规贯穿防洪减灾的全过程，涉及防洪减灾的所有方面，是一个完整的、与其他法律和政策充分匹配的政策法规体系，为防洪减灾提供全面的政策与法律支撑。

①② 刘国纬．论防洪减灾非工程措施的定义与分类［J］．水科学进展，2003.01.

我国已制定了《中华人民共和国水法》《中华人民共和国防洪法》《中华人民共和国水土保持法》《中华人民共和国防汛条例》《蓄滞洪区安全与建设指导纲要》《蓄滞洪区运用补偿暂行办法》《关于加强蓄滞洪区建设与管理的若干意见》《国家防汛抗旱应急预案》《国家防总防汛抗旱应急响应工作规程》等法律和行政法规，在防洪减灾中发挥了重要作用。

3.4　中国洪水灾害风险管理存在的问题分析

3.4.1　仅靠工程措施难以适应洪水风险管理新形势

总体上看，我国目前仍处于治水历程的第二个阶段。依靠工程控制洪水仍然是防汛的主要手段，最大限度地保障人民生命和财产安全仍然是防汛的主要目标。在这个目标指导下，我们成功地抗御了新中国成立以来发生的多次大洪水，如 1954 年江淮大水，1963 年海河大水，1998 年长江、松花江大水等。但对大洪水和特大洪水的防御能力仍然较低。如 2012 年北京“721”特大暴雨就造成全市受灾人口达 190 万人，其中 79 人遇难，经济损失近百亿元。

根据七大江河各重点防洪保护区现状防洪标准与规划防洪标准的比较，绝大多数地区的防洪能力仍然较低，其中规划标准小于 20 年一遇防洪标准的防洪保护区达标比例为 45.9%，20 年以上且小于 50 年一遇规划标准的达标比例为 7.6%，50 年以上且小于 100 年一遇规划标准的防洪保护区达标比例为 5.9%①。2018 年 12 月 6 日，国新办就重大水利工程建设有关情况举行发布会，在问及目前中国水利基础设施存在哪些短板时，水利部总

① 顾浩，娇勇，张国良等．中国水利现代化研究［M］．北京：中国水利水电出版社，2004.

规划师汪安南表示，从未来经济社会发展和现代化要求来说，中国仍有些差距，防洪、供水、生态文明建设等方面还存在薄弱环节。在防洪方面，大江大河的干流和一些主要支流还有部分堤防没有达标，缺乏一些控制性的工程，特别是面广量大的中小河流防洪体系还不完善，同时也还存在着一些病险水库。

可以说控制洪水的治水历史对过去的防汛工作发挥了重要的指导作用，但是这个防洪方略在执行过程中已暴露出不少问题，难以适应新时期国家经济社会发展和生态环境保护所需的“管理洪水”新要求。

3.4.1.1 各类防洪工程的负面影响

第一，堤防在抵挡洪水的同时，还存在一些负面影响，有些助长了不合理的土地开发利用，盲目缩窄河滩和围垦湖泊，挤占了河湖调蓄洪水的天然空间；加剧了未受堤防保护区域的洪涝灾害风险；多数堤防没有沿着天然河道岸线修建，以满足设计行洪能力为目标，拉直堤线修建，改变并可能恶化沿河、滨湖地区的生态环境和自然景观。

第二，水库存在溃坝风险，一旦溃决会在短时间内对下游造成毁灭性的破坏；水库改变了下游河道天然径流状态，对自然生态环境造成不利影响，不合理的调节运用甚至会造成下游河道人为洪峰或断流；坝前增加的大量水体改变该地区天然的岩石受力状况，可能会诱发地震、滑坡、崩岸等灾害。

第三，蓄滞洪区的设立影响了当地的经济发展，多数蓄滞洪区内群众生产、生活十分不便，与非蓄滞洪地区形成明显对比。由于外界在蓄滞洪区不敢投入和建设，农民自身也不敢多投入，导致区内基础设施较差，经济发展速度缓慢。多数蓄滞洪区已成为当地最贫困的地区。

3.4.1.2 防洪工程体系存在的问题

在传统的治水思路下修建的防洪工程体系普遍存在以下三方面的问题：

第一，注重区域利益而忽视流域利益。考虑和处理防洪问题往往局限于保护区，而忽视整个流域的利弊与得失。如在确定城市为重点保护区时，要求相应的工程体系对此进行保护，这样就会给上下游其他区域甚至整个流域带来负面影响，增加其他地区的防洪风险。

第二，注重单一效能而忽视多方影响。防洪工程一定程度上解决了防洪安全问题，但随之也带来资源、生态、环境等方面的新问题。不少地区对防汛自身工作考虑得多，对与之有关的抗旱、水资源利用、水土保持等水利工作，以及农业、林业、地方产业结构的调整、生态环境改善等考虑得少，参与得不够。长此下去，既不利于防汛自身的可持续发展，也难以做到防汛为经济社会的可持续发展提供重要支撑。

第三，注重近期防洪安全而忽视远期对经济、社会和生态环境的影响。静止地而非动态地处理问题，修建工程以追求眼前利益为主，缺乏对防洪问题和因修建防洪工程所产生问题的长远和战略性的考虑。在防汛工作上，重视应急的事件的处理并很有成就，对防洪水资源管理研究规范化工作、基础工作重视不够；对当前的工作考虑得多，对将来的工作部署和安排考虑的不够周全和深入。

3.4.2　洪水风险管理的非工程措施尚有待进一步完善

法律法规方面，《中华人民共和国水法》《中华人民共和国防洪法》《中华人民共和国河道管理条例》等法规的配套措施、执法体制尚有待健全，距离依法进行全面洪水管理还有差距；法律法规的可操作性还有待提高。部分法规实施起来难度较大，在实施过程中存在经济利益等阻碍，以及受权责不明、职责不清、经费短缺、管理队伍不健全等因素的制约，部分法规未能得到有效地执行。如 2018 年山东寿光洪灾就存在有长期以来防洪法规和《中华人民共和国河道管理条例》执行不力造成建筑物侵占河道的因素。

管理体制方面，洪水风险管理体制还有待进一步健全。很长一段时间，我国水利部门受经费和编制等制约，导致水利基层组织建设较为薄弱，部分地方政府洪水风险管理意识不强，忽视洪水风险管理体制的建设，国家尚未建立起包括洪水风险管理的水事矛盾协调决断机制，对地方和部门洪水风险及利益冲突往往难以协调。另外部分流域水库的联合调度机制尚不健全。再者，资金问题一直是困扰我国防洪减灾体系建设及维护的制约问题之一。

科技现代化方面，随着卫星、雷达和计算机等现代化技术在洪水预警和洪水风险分析管理等方面的应用，人们能够把遥测收集到的水文气象数据进行综合处理，准确预报洪峰、洪量、洪水位、流速、洪水到达时间、洪水历时等洪水特征值，进行洪水调度并组织居民撤离和抢救，减少洪灾损失。但在一些偏远和经济落后地区，部分河流、水库由于网络等基础设施的限制，信息化监测水平还比较低下，一旦发生洪水及次生灾害，监测系统将无法有效发挥作用。在洪水风险图编制和应用方面，我国还存在一定的短板，很多地区洪水风险图无法动态更新，难以满足新时代洪水风险管理的要求。

洪水保险制度建设方面，虽然洪水保险的试点积累了一定的经验，在洪水风险管理中起到了一定的作用，但试点并未获得进一步推广。各试点地区试点方案各不相同，难以大面积复制推广，试点中各参与主体之间缺乏有效的配合协调，整个洪水保险系统还没有形成科学的救助、补偿和风险分散机制，未能充分调动包括政府、保险公司、资本市场、居民个人等各种社会因素的积极性，有的地区试点受政策影响甚至难以为继。总体而言，目前我国洪水风险综合管理中保险的运用，在保险险种设置、保障地域范围、受益受灾人群、业务发展质量与配套法律法规等各方面，均不容乐观。

防洪宣传教育方面，防洪区内公众和单位缺少对防洪严重形势的认识。公众洪水风险意识差，水患意识淡薄，存在洪水高风险区内盲目混乱发展现象。

第4章

洪水保险与公共政策选择

从国际先进的洪水灾害风险管理经验来看，工程措施与非工程措施的有机结合是解决洪水灾害问题的有效途径。一些发达国家，不仅非常重视工程措施，也高度重视非工程措施，如建立和完善防洪相关法律、建立洪水监测预警机制、管理应急预案、管理风险区划、建立风险转移和补偿机制等。其中，建立洪水保险制度作为一项非常重要的非工程措施，是一个非常成功且具有借鉴意义的经验举措。

保险是保险人通过收取保险费的形式建立保险基金用于补偿因自然灾害和意外事故所造成的经济损失或人身保险事故（包括因死亡、疾病、伤残、年老、失业等）发生时给付保险金的一种经济补偿制度[①]。我国《保险法》第二条规定、“本法所称保险，是指投保人根据合同约定，向保险人支付保险费，保险人对于合同约定的可能发生的事故因其发生所造成的财产损失承担赔偿保险金责任，或者当被保险人死亡、伤残、疾病或者达到合同约定的年龄、期限等条件时承担给付保险金责任的商业保险行为”。保险作为一种互助补偿的经济制度，在自然灾害、意外事故发生而造成财产损失及人身伤亡时，能给予被保险人一定的经济补偿和保障，从而减少损失。实行洪水保险可以减少受洪灾区域居民和企业的损失，安定广大人民生活，稳定社会生产秩序，减轻国家负担。它不仅能充分调动市场、灾民和政府的积极性，而且有利于全社会风险管理水平的提高。因此，在我国，尤其是洪涝灾害易发区和重灾区实行洪水保险显得尤为重要和迫切。

① 许飞琼．保险学概论［M］．北京：中国金融出版社．2019.01.

4.1 洪水保险的定义及特征

4.1.1 开展洪水保险的意义

4.1.1.1 洪水保险是洪水灾害风险管理的重要手段

洪水灾害是人类社会所面临的主要自然灾害之一，全世界每年都有不少国家和地区遭受洪灾之苦。据统计，全世界洪水灾害造成的损失占各类自然灾害总损失的比例高达40%[①]。因此，防洪救灾成为各国政府主要财政负担之一。从国外洪水风险管理和洪水保险实践情况看，一些发达国家非常重视工程措施，同时也非常重视非工程措施，如建立和完善防洪相关法律、建立洪水监测预警机制、管理应急预案和风险区划、建立洪水风险转移和补偿机制。其中建立洪水保险制度就是一项重要的非工程措施。如美国为加强防洪减灾，减轻政府财政负担，在19世纪末和20世纪初开始对洪泛区内的居民和企业财产保险进行研究，逐步形成了关于在洪泛区实施洪水保险的理论。1956年，美国国会通过了《联邦洪水保险法》，创立了联邦洪水保险制度；1968年，通过了《国家洪水保险法》；1969年，依法制定《国家洪水保险计划》（NFIP），建立了洪水保险基金，洪水保险在全国范围内有效推行。此后，美国又根据洪水保险开展的实际情况和存在的问题，进行多次立法和对有关法律条款进行修改，总之经过60多年的实践，美国已建立了比较成熟的应用体制，洪水保险成为美国洪水灾害风险管理中的一个重要手段。洪水保险在英国、法国和日本等发达国家也得到了推广和应用，并为越来越多的国家所认同。目前，一些发展中国家，如

① 根据瑞士再保险研究院发布的数据计算得出。

印度和菲律宾等也在积极研究和实施洪水保险，并取得了一定的成绩。洪水保险已经成为世界各国防洪减灾中一项重要的非工程措施。

从风险管理角度看，保险是风险管理的一种技术，也是风险转移的一种机制。具体而言，风险管理技术包括控制型风险管理技术、融资型风险管理技术和内部风险抑制三类。风险转移技术作为风险管理的组成部分，主要有两类：一是控制型的风险转移技术；二是融资型风险转移技术。保险属于融资型风险转移技术（参见图 4－1 所示）。

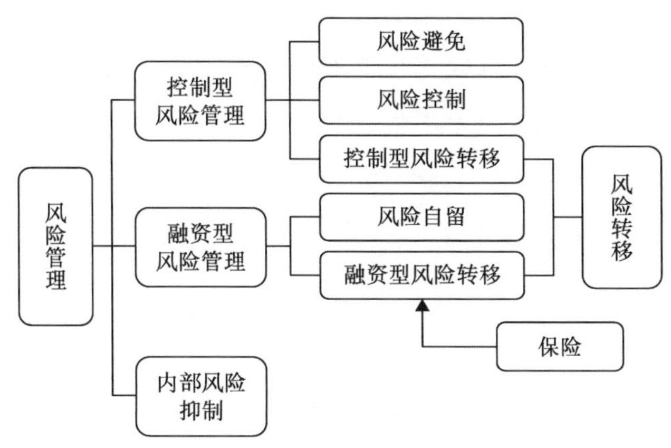

图 4－1　风险管理技术中的保险

4.1.1.2　洪水保险是防灾减灾救灾体系的重要组成

由于洪水风险巨大，我国民政部每年虽有几十亿元的救灾补助金额，却只占损失金额的 2.67%①，相对于直接经济损失来说只能算是杯水车薪，远远不能满足灾区人民生产和生活的需要。此外，这些资金和物资经过不同层级地方政府的调拨，真正到达灾民手中的救灾款和救灾物资更是大打折扣。同时，灾民和地方政府也可能会为了从中央政府拿到更多的救灾资金和物资而夸大所在地区的灾情，加大了将有限的资金用到刀刃上的难度，导致资金效用无法实现最大化和效率低下。因此，现有的洪水灾害救灾、

① 根据民政部发布的《2017 年社会服务发展统计公报》数据计算得出。

救助体系相对于我国的洪水灾害面广、量大的现状而言显得手段单一，相对于我国市场经济发展现状以及对国家治理体系和治理能力现代化要求而言显得比较落后，现有救灾、救助、补偿措施相对于占比较大洪水灾害损失以及人民群众对于生产稳定和生活幸福的要求而言存在明显的差距，需要引入符合市场经济体制的、具有内在稳定机制、现代化的手段进行弥补。而保险是当代社会一种具有普适意义的风险管理与经济损失补偿手段，具有强大的损失补偿功能与专业化的风险管理技术，是现代化和符合市场经济体制的制度安排，在许多国家的防灾减灾体系中占据了非常重要的地位。采用保险手段，开展洪水保险不仅能充分调动市场、灾民和政府的积极性，而且有利于全社会风险管理水平的提高。

4.1.2 洪水保险的定义

4.1.2.1 保险

保险源于风险的存在。中国自古有“天有不测风云，人有旦夕祸福”和“未雨绸缪”“积谷防饥”的说法。在现代社会中，小到失窃、车祸，大到地震、洪水等巨灾，事故和灾害更是“时时有、处处在”。正因为这些致损事件的发生具有不确定性，我们才将其称之为风险。

保险就是集合具有同类风险的众多单位或个人，在自然灾害、意外事故发生而造成财产损失及人身伤亡时，给予被保险人合理的经济补偿和救助，从而减少损失，具有互助补偿救济的经济性质。开展洪水保险可以减少受洪灾区域居民和企业的损失，安定广大人民生活，稳定社会生产秩序，减轻国家负担。

保险具有分散风险的功能，可从多个角度理解。从经济角度看，保险是分摊意外损失、提供经济保障的一种财务安排。投保人交纳保险费购买保险，实际上是将其面临的不确定的大额损失转变为确定性的小额支出，或是将未来大额的或持续的支出转变成目前的固定性的支出。从法律角度看，保险是一种合同行为。保险合同当事人双方在法律地位平等的基础上，签订合同，承担各自的义务，享受各自的权利。

4.1.2.2 洪水保险

洪水保险是一种灾害保险，准确来说，是一种巨灾保险。洪水保险就是保险人①向投保人通过收取保费的形式建立保险基金，一旦投保人在保险期内因洪涝灾害遭受损失（经济损失或人身保险事故），保险人按既定契约予以经济赔偿或按契约规定的其他方面给予赔偿的一种经济补偿制度。水利部洪水风险管理与洪水保险课题组认为，洪水保险是指因暴雨、融冰化雪、台风、海啸、风暴潮等自然因素引发的洪水可能造成巨大财产损失和严重人员伤亡的风险，通过事先合同约定等进行风险分散和损失分摊的一种制度安排。洪水灾害引起的经济损失，采取由国家、社会或集体等进行经济救助或补偿，是通过合同约定来确立，但又不仅仅局限于某一合同，包含政策性的内容，是一种综合的制度安排。洪水保险制度能够有效地起到配合洪泛区管理，限制洪泛区不合理开发，减少洪灾社会影响的作用，实施对象主要是居住在洪泛区的居民、社团、企业、事业等单位。

通过保险的不同分类标准有助于进一步认识洪水保险，了解洪水保险的保障范围、实施方式以及风险转移等情况。

按照保险标的进行分类，保险可分为财产保险与人身保险（参见图4－2所示）。

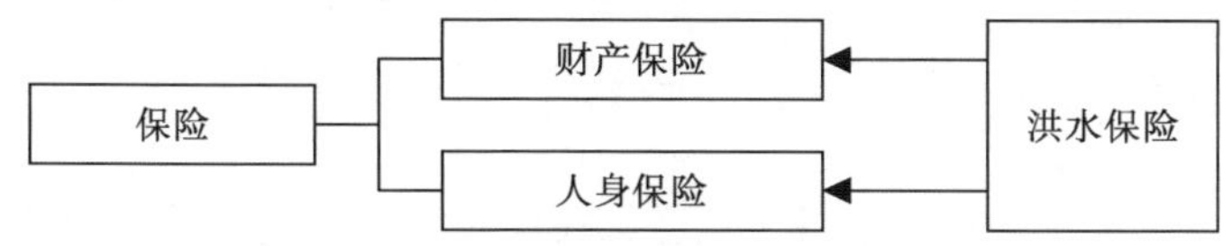

图4－2 保险标的分类标准下的洪水保险

财产保险以财产及其相关利益为保险标的。人身保险以人的身体和寿命为保险标的。按此划分标准，如果洪水保险转移的是洪水风险造成的财

① 保险人又称承保人，多为保险公司，是保险合同当事人的一方，与投保人订立保险合同并承担赔偿或者给付保险金的责任。

产损失，那么这类洪水风险属于财产保险；如果转移的是人身伤亡，那么这类洪水保险属于人身保险。在保险实务中，各国的洪水保险主要以财产及其相关利益为保险标的，少部分保障人的身体和寿险。按照实施方式进行分类，保险可分为自愿保险和强制保险（参见图 4－3 所示）。

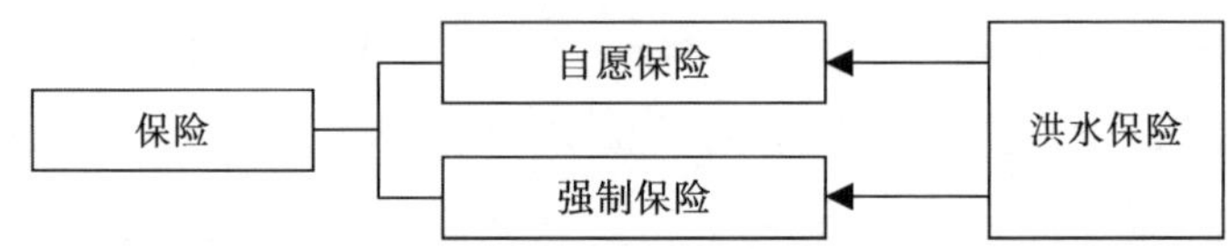

图 4－3　实施方式分类标准下的洪水保险

自愿保险是在自愿原则下，投保人与保险人双方在平等的基础上，通过订立保险合同而建立的保险关系。而强制保险是由国家（政府）通过法律或行政手段强制实施的一种保险，投保人与保险人之间同样建立起保险关系，但合同的订立受制于国家或政府的法律规定。综观当前世界各国洪水保险的实施方式，既有国家强制洪水保险，又有自愿洪水保险。前者更有利于限制洪泛区的不合理开发。凡参加洪水保险者，按规定保险费率定期向保险公司缴纳保险费。保险公司将保险金集中起来，建立保险基金。当投保单位或个人的财产遭受洪水淹没损失后，保险机构按保险条例进行赔偿。

按照风险转移的数量分类，保险可以区分为单一风险保险、综合风险保险和一切险保险（参见图 4－4 所示）。

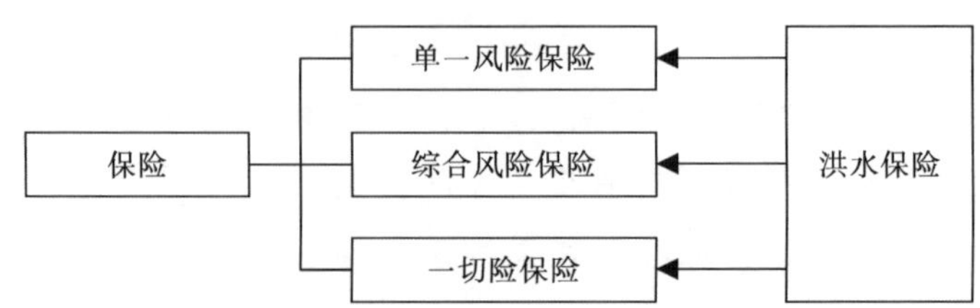

图 4－4　风险转移数量标准下的洪水保险

单一风险保险是指投保人通过购买保险将某一种自然灾害风险转移给保险人的转移方式。换言之，保险人仅对保险标的所面临的某一种自然灾害风险提供保险保障。具体而言，标准洪水保单的保障范围包括：由于洪水所致的直接有形损失；由于水流或水位超过预期的循环水平，或者严重的暴风雨、山洪暴发、非正常潮汐汹涌等类似原因所引起的与洪水有关的土壤侵蚀或洪水所导致的损失；保单中特别定义的泥石流所造成的损失。综合风险保险投保人通过购买保险将两种或两种以上的自然灾害风险转移给保险人的转移方式。在该方式下，保险人对保险标的所面临的两种或两种以上的自然灾害风险承担经济补偿责任。中国国内保险公司财产保险单所承保的风险是一种综合风险。投保人通过购买一种保险合同，将多种自然灾害风险转移给保险公司。例如，大多数保险公司出售的企业财产保险单，其保险责任包括雷击、暴风、暴雨、台风、洪水、泥石流、雪灾、雹灾、冰凌、龙卷风、崖崩、突发性滑坡和地方突然塌陷等自然灾害风险。农业保险中的种植业保险等，暴雨、洪水（政府行蓄洪除外）、内涝、风灾、雹灾、冻灾和旱灾等自然灾害风险对投保农作物造成的损失列为其保障范围。一切险保险是指除列明的除外不保风险外，保险人承担其他一切风险责任所造成的保险标的损失的保险。一切险没有将洪水列为除外责任，则洪水灾害造成的保险标的损失也将得到保障。

可见，洪水保险是以洪水风险为依据，利用经济手段引导对洪泛区进行合理有序开发，以期协调人与洪水关系，减轻洪水灾害的一种措施；也是利用社会力量消纳洪灾损失的一种措施。各国的洪水管理实践也已经证明，洪水保险是一项重要的非工程防洪措施，是行之有效的洪灾风险管理手段。

4.1.3　洪水保险的特征

洪水保险是运用市场化、社会化的风险管理手段分担洪水灾害风险的一种方法，是一项洪水风险管理的非工程措施，通过经济补偿和专业化的防灾防损，有助于灾后重建家园、恢复生产，减轻国家财政负担，有利于国家综合防灾减灾战略的实施。

洪水风险具有相对可保性，洪水保险具有准公共品属性、流域性以及正外部性的特征。

4.1.3.1 洪水保险存在严重的逆向选择

逆向选择是指市场的某一方如果能够利用多于另一方的信息使自己受益而使另一方受损，倾向于与对方签订协议进行交易。逆向选择是保险公司面临的又一大问题，且与道德风险有着密切的联系。洪水保险市场存在较大的逆选择风险是因为高风险的人倾向于购买保险，而低风险的人不愿购买，若按照高风险地区制定的保费就会使更多的低风险者被挤出市场，导致保险公司赔付支出上升，保险合约不可持续。由于这种逆向选择风险的不可控，也就抑制了洪水保险的需求，进而影响了洪水保险的发展。因此要使洪水风险具备可持续性，就需要采用特殊的巨灾保险机制。

4.1.3.2 洪水保险具有准公共产品特性

准公共产品，是介于私人产品和公共产品之间，同时具有私人产品和公共产品部分特征的一种产品。实践表明若洪水保险采用纯粹的商业保险形式，势必会因为严重的逆向选择而最终不可持续。从国内外实践经验来看，目前绝大数国家实行的洪水保险计划都具有准公共产品的特性。准公共产品具有效用上的不可分割性、收益上的非排他性、消费上的非竞争性、成本或利益上的外部性、利益计算上的模糊性；同时也具有私人产品的性质，如居民、企业的财产和人身保险服务，在消费上的竞争性和收益上的排他性。因此，绝大多数国家推行的洪水保险计划既不是纯粹的公共产品也不是纯粹的私人产品，而是介于两者之间的准公共产品。

4.1.3.3 洪水保险具有流域性

流域的洪水灾害风险特征符合保险经营的基本要求，即流域内的各个经济体，就洪水灾害风险而言，具有相似的风险特征。同时也服从于流域洪水灾害的损失规律。同时，在国家实施洪水灾害风险管理过程中，面临的一个突出问题和挑战是如何有效地协调流域内不同经济体、经济区域之间的利益，包括防洪工程项目建设，分洪和蓄洪的取舍等。以往解决这些问题，采用的多是行政手段。如果能建立基于流域的洪水保险制度，就可以通过洪水保险这根纽带，利用市场机制，协调相关各方利益。以洪水灾害的风险区划管理为基础制定洪水保险的区域费率，推动风险区划工作开展：通过保险赔付，实现流域内的相关利益分配及调整，特别是通过蓄洪和分洪地区的保险赔偿，协调流域内局部与整体利益之间的关系。

4.1.3.4　洪水保险具有正外部性

外部性又称为溢出效应、外部影响或外差效应，指一个人或一群人的行动和决策使另一个人或一群人受损或受益的情况。企业和居民购买洪水保险，不仅保障了自己的经济利益，同时也间接保障了其他人员的经济利益。一方面，保险公司在经营洪水保险的过程中，从控制自身经营风险的角度出发，会通过核保和费率机制等手段，鼓励投保人通过工程措施提高洪水设防标准，防洪标准提高也会保障其他人的利益；另一方面，保险公司在汛期到来之前，还会通知并协助被保险人进行必要的防洪设施加固、转移物资等工作，以减少可能发生的损失。另外，保险公司也能够通过开展防洪知识的宣传、普及和教育工作，增强社会公众的洪水风险防范意识，提高洪灾损失防范能力。以上行为均有利于全社会提高洪水风险的抵御能力，继而最大限度地减少洪水风险损失。显然，洪水保险具有正外部性。

4.2　洪水保险的作用

洪水保险是一项重要的防洪抗灾非工程措施。推行洪水保险，首先能充分发挥保险的经济补偿作用，有利于加速恢复正常的生活和生产；其次，可以通过差异化的承保条件，特别是费率机制，推动洪水设防标准的普及；再次，在洪灾发生时，洪水保险能够很好地配合抢险救灾，起到减少损失的作用；最后，洪水保险作为一种杠杆，能够起到经济调控作用，有利于调控洪泛区内的经济社会活动，降低风险。概括起来，保险在洪水风险综合防范中的作用，主要体现在洪水风险预防、洪水灾害救助以及灾害损失补偿三个方面（参见图4－5所示）。

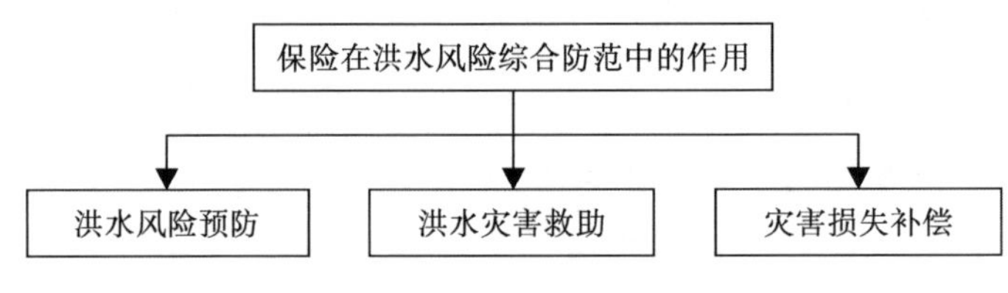

图4－5 保险在洪水风险综合防范中的作用

4.2.1 洪水保险在洪水灾害预防中的作用

洪水风险预防是指在洪水风险发生前，为了消除或减少可能引发损失的各种因素，从而采取处理风险的具体措施。其目的在于通过消除或减少风险因素，降低洪水灾害发生频率和损失程度。保险在防洪工程设施建设、激励防洪减灾以及提高洪水地区个体防洪能力等方面发挥着独特的作用。

4.2.1.1 以精准资金支持为手段，保障防洪工程安全

工程防洪措施是指人们按照洪水规律，以工程手段改变洪水特性和局部自然环境以防御洪灾的措施，具体包括修水库、建堤防、整治河道等。防洪工程建设前期投资大，建设周期长，建成后也将长年面临各种自然灾害和意外事故的侵袭。一旦发生重大灾害事故，不仅会严重影响防洪工程的正常建设和按时完工，还可能造成现有防洪工程的巨大损失，影响工程防洪减灾作用的发挥。

对于在建和维护的堤防、水库等防洪工程，保险能够发挥重要的保障作用。以工程保险为代表的保险手段是项目方和建设方应对自然灾害和意

外事故的重要风险管理技术。当发生风险事故后，保险能够迅速赔付，保障工程建设的及时恢复和继续实施。对于现有的防洪工程，保险同样能够提供重要保障。虽然防洪大堤、水库、分洪闸、滞（蓄）洪区等工程措施对防洪减灾发挥了一定效果，但遇到大型水灾仍有可能遭受较大破坏，修复工作需要投入大量的人财物力。如果有洪水保险的支持，那么水毁工程的损失能较快确定，工程得到修复并继续发挥作用。

4.2.1.2　以差别费率为调节机制，减少洪水灾害损失

作为投保人购买保险转移风险的对价，保险费率的厘定应该遵循公平、充足和合理的原则，既能让投保人“交得起”，又能保证保险人“赔得起”。但是，洪水灾害所致的财产损失和人员伤亡往往是家庭、企业和社会难以承受的，保险在洪水风险管理中起到的作用不能仅停留在经济补偿和救助层面，应该更多地体现在防灾减灾层面。这其中，费率可以成为有效的激励机制。

具体而言，保险公司可以根据洪水风险区的风险状况来确定标的的保险费率，即：位于洪水低风险区的标的适用较低的费率，位于洪水高风险区的标的则适用较高的费率；对于防洪减灾措施实施得力的个体，可以考虑给予优惠或者折扣费率，反之则采取费率加成的手段以促使其重视防洪减灾。以事前调节投保成本的方式，减少洪水灾害的损失。

4.2.1.3　以防灾工作为重点，提高参保个体防洪能力

保险防灾是保险防灾防损的简称，是指保险人与被保险人对所承保的保险标的采取措施，减少或消除风险发生的因素，防止或减少灾害事故所造成的损失，从而降低保险成本，增加经济效益的一种经营活动。保险可以凭借其特有的经营性质和技术力量，通过保险防灾这一重要经营环节，如提前进行洪灾预警，提升被保险人的防洪能力，在洪水防灾防损体系中发挥更大的作用。

4.2.2 洪水保险在洪水灾害救助中的作用

洪水灾害救助是指当社会成员遭受洪水自然灾害袭击而造成生产、生活困难时，国家和社会紧急提供援助的一种社会救助。保险可以在应急准备、预警预报、应急响应、灾后救助以及恢复重建等洪水灾害救助方面起到一定的作用。这里主要涉及洪水保险在应急响应、灾后救助方面所起到的重要作用。

4.2.2.1 及时应急响应，配合政府部门进行救助

我国灾害救助工作遵循“条块结合，以块为主”的原则，以地方政府为主。当洪水灾害发生后，乡级、县级、地级、省级人民政府和相关部门要根据灾情，依据分级管理、各司其职的原则，启动相关层级和相关部门应急预案，做好灾民紧急转移安置和生活安排工作，做好抗灾救灾工作，做好灾害监测、灾情调查、评估和报告工作，最大限度地减少人民群众的生命和财产损失。相对而言，保险公司的网点分布较广，当洪水灾害发生时，有利于配合各级地方政府实施救灾。同时，保险对于灾害事故发生有着天然的快速反应优势，也有利于保险业快速配合地方政府的救助工作。此外，保险公司“总、分、支”的组织模式，也有利于加强与各级政府的联系，协助实施灾害救助。

4.2.2.2 快速定损核赔，提高灾后救助效率

定损核赔是保险公司最重要的经营内容之一，快速有效的定损核赔也是保险公司服务质量好坏的主要标志。保险公司可以凭借勘查、验险优势，在积极参与灾后救助的同时完成定损核赔，提高救助效率（参见图 4－6、图 4－7 所示）。

4.2.3 洪水保险在灾害损失补偿中的作用

损失补偿是保险的基本职能。完善洪水风险综合防范体系，增强全社

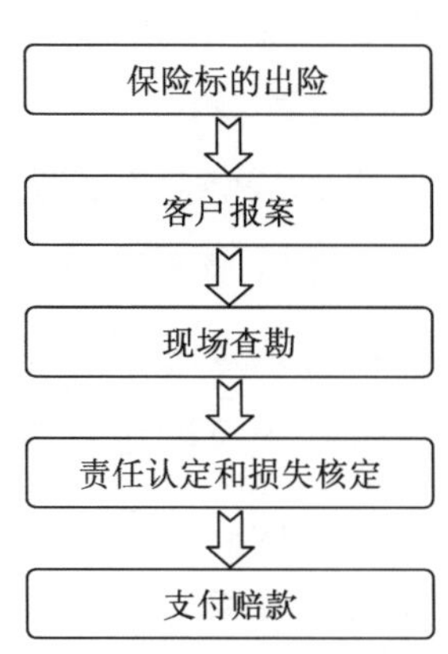

图 4－6　洪水保险理赔流程（财产保险）

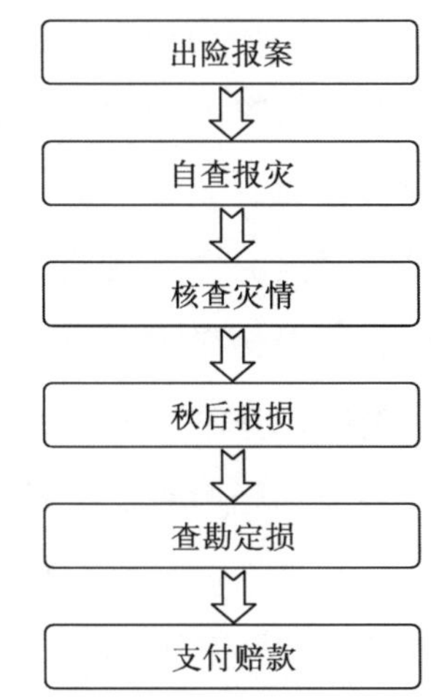

图 4－7　洪水保险理赔流程（农业保险）

会抵御洪水风险的能力，以保险为基础的灾害补偿机制具有不可替代的重要作用。

4.2.3.1　快速赔付，保障灾后重建

中国是洪涝灾害频发、损失严重的大国，从 1993 年起洪涝灾害直接损失已连续 25 年超过 600 亿元，年均损失超过 1 600 亿元。国家财政拨付的救灾资金也在逐年攀升，财政转移支付压力巨大，但相比洪涝灾害造成的经济损失而言依然是杯水车薪。尤其在大灾之年，损失巨大，单靠国家财政和民间救助显得捉襟见肘。

通过保险手段，发挥保险的损失补偿功能，保障洪水灾后重建，具体表现在两个方面：一是保险公司的资金快速调度优势。保险业资金雄厚，可以迅速调集赔款资金，有利于灾后重建的资金保障；二是保险公司的人员优势。保险公司网点众多，员工遍布城乡，可以快速把赔款送到受灾户手中，从而及时发挥赔款的作用。此外，保险公司还可以通过技术支持，帮助参保个体恢复生产生活。

4.2.3.2　基金支持，应对巨灾损失

尽管保险公司可以在风险预防、防灾防损和补偿损失等诸多方面发挥巨大的作用，但是这种保险保障必须建立在保险公司自身经营安全和稳定的基础之上。面对巨大洪水灾害的侵袭，仅依靠保险公司以及再保险公司，难以实现损失的有效补偿。

世界范围内的实践表明，巨灾保险基金的建立是一个应对巨灾较为可行的办法。有资料显示，目前全球共有 12 个国家和地区成立了巨灾保险基金，包括美国、日本、新西兰、土耳其以及我国台湾地区等。从这些国家建立巨灾基金的经验来看，他们大多采取的是收取高于风险定价保费的市场化模式，或是由政府承担适当比例风险的政府与市场合作模式。但不管各种模式的具体差异如何，保险公司的原保费收入扣除管理成本、赔款支出及再保险相关支出后，已经成为巨灾基金最为重要的来源之一，对应对巨灾损失提供了有力的基金支持。

4.2.4 洪水保险对于完善洪水风险综合防范体系的作用

洪水保险是洪水风险管理的重要手段，因为保险具有杠杆放大效用，投保者能够以较少投入获得较大的补偿，将洪水风险进行了转移，投保人的风险大幅降低。洪水保险能够把不确定的、不稳定的以及巨额的灾害损失风险转化为确定性的、稳定的和小量的开支。洪水保险在完善洪水风险综合防范体系中的作用主要有：

4.2.4.1 有利于明确各级政府与部门之间的责任

在洪水风险综合防范体系中，中央起纵向协调作用，部门起横向协调作用，地方起纵横协调作用。但是，作为不同的利益主体，各部门、各地方的出发点有所不同，利益不同、责任交叉，利益与责任大小不一，不容易做到统一领导、分级管理、条块结合、以块为主，也难以达到密切配合、主动协作、各司其职、各尽其责。

建立洪水保险制度，充分发挥保险的风险管理专业化和赔款支付便捷化的优势，可以从保险的角度明晰各级政府、相关部门和市场主体的责任和义务，既可以减少政府各部门之间因洪水灾害应急抢险救助责任不清发生的争执，也可以减少灾害发生后地方为争取更多利益而产生的委托代理损失，从而协助明确中央各部门、地方各级政府的相应责任。

4.2.4.2　贯穿洪水灾害前中后全过程

国外实践已经证明，洪水风险管理体系是一个包括灾前防灾预测、灾中救援减损、灾后补偿重建在内的综合多层次体系。综合风险防范的原则之一也是全过程的灾害管理。综合风险管理需要贯穿洪水灾害发生发展的全过程，包括灾害发生前的日常风险管理（预防与准备），灾害发生过程中的应急风险管理和灾害发生后的恢复和重建过程中的危机风险管理。

保险作为风险管理专业化的代表，可以较好地参与到综合风险防范的全过程当中。具体而言，在灾前，可以通过参与风险预防、防灾防损来增强备灾效果；在灾中，可以快速应急响应，进行查勘施救，提升救助效率；在灾后，可以通过赔款这一具体手段实现损失补偿功能，帮助恢复和灾区重建（参见图 4－8 所示）。

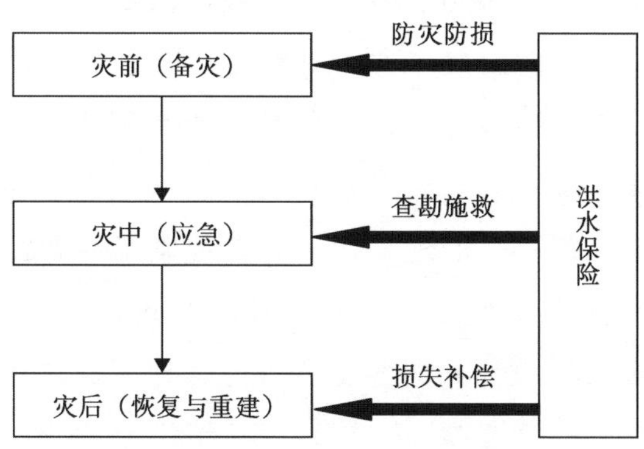

图 4－8　洪水灾害全过程中的保险

4.2.4.3　有利于整合政府、企业与个体的减灾资源

因有助于减少洪水灾害带来的社会损失，减灾工作在洪水风险综合防范中的重要性更为突出。减灾在洪水风险综合防范中的重要性可见一斑。然而，减灾工作是一个复杂的社会系统工程，需要国家、地方、企业、社

区、家庭和个人共同行动起来，积极投入到其中。在这个系统工程中，保险可以起到润滑剂的作用，帮助政府整合洪水区居民、企事业单位的减灾资源。例如，政府可以借助洪水保险基金的平台增加投入，减少灾害救济支出；参保个体可以在费率机制的激励下，实现“防患于未然”，避免损失的发生。

4.3 洪水保险供需分析

近年来，随着温室效应不断加强，全球极端天气频发。强对流天气也不断增多，导致洪水灾害频发，破坏强度越来越大。全国约有35%的耕地、40%的人口和70%的工农业生产经常受到江河洪水的威胁，并且洪水灾害所造成的财产损失居各种灾害之首。根据水利部发布的《2018中国水旱灾害公报》数据显示，1990—2018年，我国洪涝灾害的年均损失额高达1 509.02亿元，年均死亡人数高达4 098人，年均受灾面积9 602.00千公顷，年均成灾面积5 288.19千公顷，年均倒塌房屋177.71万间①。为了应对洪水灾害，我国自新中国成立以来开展了以修建水库和堤防等工程措施为主要手段的洪水灾害综合治理工作，有效控制了主要江河的一般性洪水泛滥；对于洪水灾害造成的损失，主要采用财政补贴、民政救助的形式。2017年国家减灾委、民政部共向各受灾省份累计下拨自然灾害生活补助资金80.7亿元。然而财政救灾资金仅占当年洪涝灾害直接经济损失的2.67%，难以弥补洪水灾害造成的损失。面对频繁发生的洪水灾害风险，依赖国家财政部、民政部下拨的救灾款项和社会各界的捐赠，并非长久之计。

保险作为一种互助补偿的经济制度，在自然灾害、意外事故发生而造

① 数据来源于水利部公布的《2018年中国水害灾害公报》。

成财产损失及人身伤亡时，能给予被保险人合理的经济补偿和保障，从而减少损失。开展洪水保险可以弥补受洪灾区域居民和企业的损失，安定广大人民生活，稳定社会生产秩序，减轻灾区财政负担。

4.3.1　洪水保险需求分析

经济学上的需求是针对消费者的购买能力而言的，即指在一定价格条件下，以一定的货币支付能力为基础，消费者愿意、能够并且打算购买的商品数量。这里一般指的是个人需求。就保险商品而言，其价格就是费率。因而，保险需求就是指在一定的费率水平上，保险消费者从保险市场上愿意并有能力购买的保险商品数量。它是消费者对保险保障的需求量，可以用投保人投保的保险金额总量来计量。其满足方式有两种：一种是有形的经济保障，即投保人在自然灾害和意外事故中遭受的经济损失和人身伤害得到了实际的经济补偿和给付；另一种是无形的经济保障，即在承保期间没有发生自然灾害和意外事故，投保人无须得到经济补偿和给付，但从精神上得到了“安全保障”。保险需求包括质和量两个方面。

一般而言，洪水保险需求是指单位或个人等以一定的货币支付为基础，在一定的保险产品价格条件及其他影响的因素（如心理因素、社会因素）的作用下，愿意购买洪水保险产品的数量。

4.3.1.1　洪水保险需求的影响因素

洪水保险需求的核心影响因素与其他财产保险不同，它主要受到包括感知、传播、保险意识、风险共担意愿、区域风险状况、社会风险管理制度等多维度的影响，同时又对价格、收入、售卖渠道等的一般保险需求的核心影响因素敏感度高。将洪水保险需求的影响因素分为风险感知和风险沟通（参见图4-9所示）。

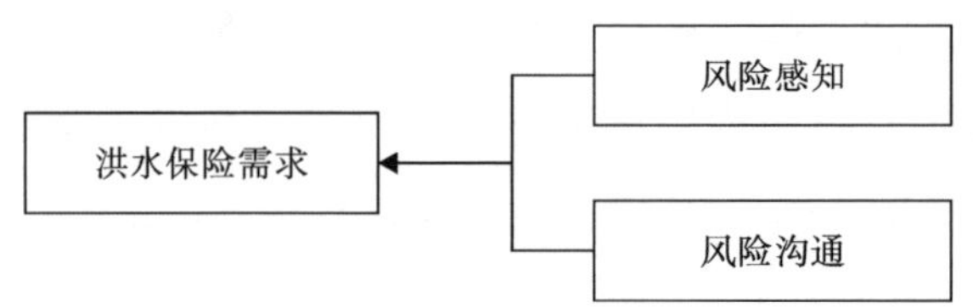

图4-9 洪水保险需求影响因素分析图

关于风险感知，有学者以恐怖袭击为例，将公众的过度反应与之相连，研究认为个体对巨灾事件（如恐怖行动）产生过度反应的原因主要有三个：首先，可得性偏差造成个体的判断出现扭曲，巨灾事件带来的强大冲击将一直盘踞个体的脑海，让人高估此类事件的主观概率；其次，对于巨灾风险的未知感更加让人关注此类风险，采取过度的风险管理措施；最后，情感因素会让人失去对概率本身就不敏感的判断，高估巨灾风险事件的发生概率。这些感知因素结合起来，与过往的风险感知和保险需求的研究得到的结论一样，即风险的多个维度在个体行为人对风险本能的感知中具有一致性，且对巨灾保险需求具有正向影响。个体行为人对风险的感知可具体为对风险事故后果的可控制性、对风险知识的掌握程度、风险事故后果的严重性以及个人与生俱来的恐惧感。

风险沟通联结洪水保险市场不同主体间的风险感知与风险信息，通过影响个体行为人对风险管理机构的态度、对洪水保险制度的信任、对风险感知的反馈，进而影响洪水保险需求行为。其中，风险沟通的信任研究只针对政府及相关部门采取的备灾减灾措施及媒体，这些信任会通过影响个体的概率判断从而影响洪水保险需求行为，而风险沟通的态度研究则针对个体对保险行业和风险本身的态度，个体对保险行业的态度通过情感因素影响洪水保险需求，对风险的态度通过风险感知影响洪水保险需求。

风险事件后果的可控制性又可分为对财产的控制和对生命的控制。个体在面临巨灾风险时，首先考虑人身安全，其次才是财产安全，因此在遭遇洪水风险时，生命安全往往是个体最为看重的，这意味着个体对生命安全控制感越差，对风险的感知程度就越高，进而对巨灾保险的需求就越强。比如在汶川地震以后的短时期内，媒体和公众都表现出对保险极大的热情，大地震面前个体、群体、社区等表现出的无助感都会对保险需求构成刺激。若个人感知自我对生命和财产的控制感都比较强，在巨灾面前也能避免损失，那么就会拥有相对较低的巨灾保险需求因而产生被称为过度自信的行为偏差。

个人对风险知识的掌握可能对巨灾保险需求带来负面影响。当公众认为洪水风险带来的实际财产损失没有想象中那么大，容易因此拒绝购买洪水保险。这种情况的发生可能是由于风险感知被直接经验纠正后，个体的反应更加客观所致。当然也有学者指出，过往的洪水经历同样可能正向影响洪水保险需求，当个体预期到洪水会发生时，保险需求会显著增加。

风险事故后果的严重性以及个人与生俱来的恐惧感，通过启发式偏差对个体的洪水保险需求产生影响。风险事故的严重后果，会给个体带来震慑，增加个体的保险需求，但个体更关注事件的后果而不是未来发生的可能性，在风险事故发生后的一段时间内，个体的保险需求会显著上升。

信任对洪水保险需求的影响，可以通过对政府以及保险公司的信任进行解释。

对政府的信任包括两个层面，一是对政府防灾救灾减灾系统的信任，政府的努力挤出了对于保险的需求，从而降低个体的洪水保险需求。第二个层面，政府对风险信息及保险知识传递的信任，又会增加人们的巨灾保险需求。

对保险公司的信任，洪水保险作为巨灾保险的一种，不同于普通商业保险对于具体保险公司的信任。巨灾保险因其某种程度上的政策性与准公共品属性，可能会弱化品牌信任带来的影响，更多是体现公众对整个保险行业的信任，而这种信任其实严格说更是一种态度，因为基于商业契约上的信任受到法律法规的保护，表现出来的是一种商业信用，这种信用表现在投保人行为上则是对保险行业的积极或消极的态度评价。

4.3.1.2　对洪水保险需求的影响路径

洪水保险需求是一系列风险资源配置的过程，因而在整个过程中，个体表现出来的行为和认知偏差会直接传递到洪水保险需求端，导致洪水保险需求不足。

由风险感知引致的行为和认知偏差包括启发式偏差、损失厌恶、过度自信等。

启发式偏差是个体节省心智成本的代表性行为，反映了个体根据本能的、固有的认知模式来决策的行为过程。在洪灾发生时，由于过往的直接洪灾信息对于个体而言较少，个体只能抓住洪灾的片面表现来做出判断，如没有经历过洪灾的个体可能认为本地区根本不可能发生洪灾，因此不用刻意关注；在洪灾中逃生的个体可能认为洪灾的可控制性在自己的能力范围内，因而下一次洪灾还是不会受到伤害；在洪灾发生后的短时间，由于洪灾带来的感官冲击迟迟保留在大脑中，个体会急于寻找分散洪水风险的机会，随着时间的流逝，洪灾的回忆不再深刻，个体又陷入对洪灾风险的忽视而放弃采取备灾措施等。

厌恶偏差是个体在决策时的倾向性行为，反映了个体由于对某种信念或前景的厌恶，从而选择并没有发生多大福利改善的行为。在面临潜在的洪水风险时，由于个体的低水平风险感知，使他们在采取防灾备灾行为决策上存在某种犹豫或者矛盾心态，由于洪灾的发生具有极大的不确定性，因此年复一年的购买洪水保险对于投保人而言便是切实的损失，被视之为错误决策从而感到后悔，这种主观的不确定性也给行为人带去了负面的情感体验，最终在一段时期以后，行为人的决策就是不再投保洪水保险。也有研究将这种厌恶偏差行为视为赌博心态，事实上，从“理性行为人”假设出发，在多期反复博弈后得到的洪水保险决策，对于现实世界中的行为人不一定意味着效用的提升。

过度自信是指行为人对自己做出的决策评价甚高，在更广泛的意义上，过度自信实际上由人脑本能认知结构（比如启发式偏差）导致，但由于其表现更加接近行为过程的末端，因而也是由风险感知传导至洪水保险需求的路径之一。对个体行为人而言，风险信息整合的过程本身带有局限性，这种局限性不为个体所觉察，进而表现出无端自信的判断与行为。在洪水风险发生前，过往经历的缺失让人们不相信或者不愿意想象可怕和极端的负面后果降临在自己身上，这种情绪造成行为人拒绝采取任何防灾备灾行为；在洪灾发生后，在事前没有采取预防措施，事后也没有遭受损失的个体，会强化其在洪灾事件中对自身行为的认可，表现出对保险等风险管理措施漠视的态度。

由风险沟通引致的行为和认知偏差包括概率偏见、框架效应、风险的社会放大效应等。

概率偏见是风险沟通过程中存在的典型认知偏见，如在洪灾发生后，个体通常会做出判断，认为接下来发生洪灾的概率会非常低，而事实上，洪灾发生的概率并未发生任何变化。有研究发现个体心里普遍存在“概率阈值”，当风险事件发生的主观概率超过该值时，个体才会考虑购买洪水保险，概率阈值的存在使个体避免陷入对小概率洪灾的无尽担忧中；此外，诸如小数法则、对随机性的感知等认知偏见现象，都会造成风险沟通主体对风险信息的错误判断，进而通过风险沟通渠道传播，使人们的风险行为产生偏差，不利于洪水保险需求的改善。

决策者不是孤立地组织知觉与记忆素材，他们根据过去的经验，以及风险事件发生的背景来解释新的信息，这种依赖素材做出判断的行为模式被称为框架效应。卡尼曼与特维斯基认为，个体行为人在判断潜在损失时更倾向于冒险，而判断潜在获益时更倾向于保守，由此产生了框架效应。洪灾呈现给个体的是毁灭性与可怕性，这种负面的结果会让行为主体在未来最好可能的结果（灾难不发生）间进行选择，而当灾难不发生时，投保洪水保险就不是最优选择。在风险沟通过程中，框架效应带来的认知偏差比较容易得到改善，能够为巨灾保险需求管理提供改进的切入点。

风险的社会放大效应也被称为涟漪效应，指事故本身的后果带来远超预期的间接代价，在风险事故发生、传播、扩散的过程中，由个体认知偏差发展为群体行为偏差的机制，是风险沟通不当的后果之一。这种源自个体风险感知，通过社会放大效应，进一步反作用于个体风险感知的过程，使人们对风险管理机构和制度丧失信心。另外，在风险事件中，保险公司的不当行为同样也会在社会中构成放大效应，个别的拒赔事件，可能通过放大机制造成公众对保险公司的不信任，对保险行业的不信任，不利于洪水保险需求。

综上所述，风险感知源自于个体行为人对风险的本能反射及大脑对风险信息的消化处理，产生恐惧感、未知感、控制感，指导个人行为。风险沟通源自于不同主体间关于风险感知、风险信息、风险决策的互动交流，在主体间既有的信任基础上，不断产生增强或抵消的效应，进而反馈至个体行为人层面，影响个人的认知，产生认知偏差，进一步构成行为偏差。在“理性经济人”假设看来，这些行为表现出的偏差，对洪水保险需求产生负面影响，对风险管理制度的运作构成威胁。

4.3.2 洪水保险供给分析

洪水保险供给，主要包括两方面的内容：第一，决策与管理，即洪水保险的需求通过某种方式表达之后，决定是否提供洪水保险，以及通过怎样的方式提供洪水保险，如责任范围、费率等；第二，损失如何分摊，由哪些主体承担洪水保险的损失，各自承担的份额又分别是多少。

4.3.2.1 洪水保险供给的影响因素

洪水风险的可保性和可负担性成为商业保险公司提供洪水保险的最大阻碍。

洪水风险并不完全满足可保风险所需具备的风险同质、非投机的纯粹性风险、相互独立、风险损失不确定、损失发生概率低的条件，只是相对可保，因此面临定价成本高、交易成本高以及现金流量不匹配的问题。

定价成本高，商业保险公司承保洪水风险面临着费率制定的技术困难与制度约束：一方面，洪水灾害的偶然性、意外性、非投机性，使洪水风险具有可保风险的一些条件。洪水灾害发生具有很强的偶然性，我国幅员辽阔，自然风险发生频率高且损失巨大；洪水风险一般事前无法人为控制，存在极大的意外性；进一步，洪水风险对投保人而言，只有损失的可能，而无获益的可能，洪水风险是纯粹风险而不是投机风险。另一方面，洪水风险的普遍性、可评估性、分散性，又使洪水风险难以成为可保风险。在我国一些洪灾发生分布比较集中的区域，公众会对洪水保险有一定的期盼与需求，而在其他洪灾发生少或潜在致灾因素低的地区，公众对洪水保险的需求较低。洪灾发生区域的不平衡导致风险的大量与普遍性难以满足。再者，即使一次洪灾独立发生，波及面广，多引起次生灾害，对公众即期的冲击尤其是心理影响巨大，随时间流逝，公众也有可能淡化对洪水的恐惧，从而对洪水保险的热情也随之下降，这样，洪水风险在空间和时间上进行分散存在难度。另外，商业保险公司承保洪水风险面临的制度约束来自监管部门对偿付能力及费率高低的要求。定价成本过高也会制约市场分散风险的积极性，导致保险公司对于推出洪水保险的积极性不高。

交易成本高，市场分散洪水风险面临的信息不对称。当损失程度低于保险人的运营成本或损失程度超过保险人经济承受能力，保险人有洪灾发生后拒绝承保的冲动，被保险人亦有因洪灾未发生而拒绝续保的动力；洪灾发生频率过低或者过高，都有增加市场道德风险的机会，无论是占有市场信息优势的保险人还是占有个体风险信息优势的被保险人。随着人类社会对洪水认识不断深化，逐渐开始对洪水风险进行建模与仿真，对于洪水风险的分布特征有了更大的把握和估计，交易成本降低，对洪水保险供给产生推动力。

现金流量不匹配，保险人承担着洪灾发生后的融资压力：洪灾发生后，商业保险公司需要在保险责任范围内对损失进行补偿，对人身伤亡进行给付。若波及范围大，损失情况严重，那么商业保险公司将面临计提的准备金不足而动用资本，当年业绩水平遭遇危机的风险。商业保险公司往往处于被动应对洪水风险的局面，如果不解决现金流量不匹配的制度问题，洪水保险供给则会日益萎缩。

洪水风险因波及面广、损失程度严重，风险损失概率模糊性的特性，往往被精算师赋予较高的费率水平，洪水保险价格较高。对公众而言，洪水保险的可负担性低，挤压洪水保险的购买力，也影响商业保险公司开发洪水保险产品的动力。同时，监管出于保护投保人的考虑，可能会限定洪水保险保费，使费率低于精算公平价值，同样致使保险公司不愿提供洪水保险。

4.3.2.2 洪水保险供给的情况分析

我国自20世纪80年代初恢复保险业以来，对洪水保险开展了积极的研究，并进行了多种形式的尝试，积累了丰富的经验与教训。20世纪90年代以来，全国洪涝灾害的保险赔款累计近200亿元，对于受灾投保企业迅速恢复生产、受灾家庭重建家园，保障社会经济的稳定发展，发挥了积极的作用。纵使开展洪水保险能够充分调动市场、灾民和政府的积极性，有利于全社会风险管理水平的提高，但因为相对可保性以及低负担性，洪水保险在我国尚未真正开展，只有部分省市正在试点推进包含洪水责任的巨灾保险。目前没有单独设置洪水保险条款，洪水保险一直依附于财产保险、农业保险、机动车辆保险等险种，属财产保险条款中的基本责任范围，其费率按火灾危险等级来确定，没有考虑洪水风险因素。因此，全国仍然实行统一的保险费率，没有单独的洪水保险费率。但我国曾进行过一些洪水保险的试点工作。

一是综合型洪水保险。自1980年起，中国人民保险公司将水灾损失纳入自然灾害和意外事故赔付范围，但不予单独列项，仅以综合条款形式对其进行保障，因而被称为综合型洪水保险。除了赔偿损失以外，保险公司还加强防灾防损力度，采取各种可行手段激励和监督投保企业采取适当的防护和应急转移措施，以减少财产损失和人身伤亡。“预防+补偿”的措施有效地减轻了洪水灾害损失。但是，洪水风险分布存在很大的空间差异性，而综合险保险费率却未将其考虑在内，导致逆选择的存在，即风险大的地区投保人具有较强的投保意愿，但保险供给不足，风险小的地区保险公司愿意承保，但保险需求不足。这导致投保面集中于风险高发区，一旦受灾，保险公司将承受高额赔付率，因而对洪水保险承保采取慎重态度，承保门槛较高。从国际经验来看，若缺乏财政补助，洪水保险的经营几乎无利可图，且承保面越大，亏损可能性和亏损比例越大，若遭遇特大灾害，保险公司可能破产。

二是定向型洪水保险。我国长江、黄河、淮河、海河 4 水域共有 97 处主要蓄洪、滞洪区，总滞洪面积 3.06 万 km^2，相当于 6 个上海市或 55 个新加坡的面积。蓄滞洪区内共有人口 1 610 万人，仅靠工程措施难以解决防洪安全问题。水利部、财政部和民政部三个部委与中国人民保险公司在 1986 年 1 月至 1988 年 12 月和 1992 年秋季至 1996 年秋季两个阶段，在安徽省淮河开展了行洪保险和蓄洪保险。这是一种享有国家补贴的商业性保险，享有补贴的前提是行、滞洪区的围堤堤顶高度低于国家标准。保险期间，发生洪灾引发农作物损失将由保险公司根据保单条款进行赔付。由于保障的是在特定区域内的保险对象，而且具有一定的强制性，因此称其为“定向型洪水保险”。这是我国首次采用保险形式作为政府参与治水的一种手段，为此后建立类似防洪经济补偿机制提供了借鉴。这一保险形式减少了行洪、蓄洪区运用的阻力，也提高了农户进行秋粮生产的积极性，农民的保险意识也有所增强。但由于行洪、蓄洪区多为相对贫困地区，当地居民收入水平较低，采用三方缴费形式对国家和农民个人都将构成沉重的经济负担，因此农作物行洪、蓄洪保险尚未进入推广阶段。

三是专业型洪水保险。我国防洪工程战线长，在发生重大水灾的年份，必须及时修复水毁工程，但修复所需资金缺口大、国家财政负担过重。为此，可以对防洪工程实施专业型洪水保险——工程保险，如浙江省的海塘保险和福建省的海堤保险。

四是政策型洪水保险。民政部于 1985—1993 年推行了与洪水保险相关的政策性保险，即农村救灾保险。农村救灾保险以“三低一高”为原则，全国共有102个县进行试点，保险范围包括房屋、耕畜、劳动力与农作物等。试点期间探讨出商业性保险、储粮储金、借贷保险和互保共济四种模式。

总的来说，我国已在洪水保险供给和实施中进行了多方面的探索，并积累了丰富的经验。通过实践，对洪水保险的基本特点有了深入的认识：一是洪水保险风险很大，在局部地区难以满足大数定理；商业性保险公司独自承担洪水保险，一遇重灾，有亏损倒闭的危险。二是洪水风险分布的地域性差异很大，受灾区域中多数人自愿参加专项洪水保险的积极性不会太高；三是洪水保险的支付能力与经济发展水平密切相关；四是洪水保险理赔时间过于集中，理赔对象分布面广、量大，纯商业性保险成本高、风险大；五是洪水保险可能作为加强洪水管理的手段，是一项政策性、技术性很强的工作，需大力加强法规、政策及基础技术研究，为全国大规模开展创造条件。

4.4 洪水保险的公共政策选择

洪水保险的准公共物品属性以及国内具体情况和国际经验都反映了政府参与洪水保险的必要性。政府应以不同的方式在理论研究、法律制定、技术支撑和资金支持等方面对洪水保险进行支持，以保证洪水保险的顺利开展。

政府能够通过在供给端建立跨区域和国家层面的洪水巨灾分散机制推动洪水保险独立化；通过对保费提供动态差异性补贴等综合性公共政策，一方面能扩大洪水保险供给，另一方面能提高沟通供需的能力，共同推动洪水保险供需缺口的弥合。

4.4.1　政府参加洪水保险的必要性

洪水保险的准公共物品属性决定其需要政府的参与。作为一种较为特殊的巨灾保险，洪水保险既具有一些公共物品的性质，也具有一些私人产品的性质，是一种“准公共物品”。由于洪水风险的巨灾性，洪水保险的经营规模一般比较大，如果经营规模小的话，很容易造成洪水保险不可行，因为洪水灾害造成的损失巨大，如果洪水保险机构不能通过大规模的经营分散风险，一旦发生洪水，极易造成洪水保险机构的倒闭。同时，由于洪水保险具有效用不可分割性以及成本和收益上的外在性，并且洪水保险保费厘定具有很大难度，这些准公共物品的特性决定了洪水保险单靠私人保险公司和部门都无法供给和开展。洪水保险的实施必须实行“政府主导、政府与市场相结合”的机制。

我国洪水保险的薄弱基础决定其需要政府的扶持。我国洪水保险至今尚未正式开展，经历了 20 世纪 80 年代到 90 年代不同地区、不同形式的几次尝试后，因种种原因，至今仍处在犹豫和徘徊阶段，未能有实质的进步和飞跃。在分析了洪水保险需求和供给之后，从理论角度看在我国正式开展洪水保险具有一定难度，需要解决许多问题，克服许多困难，这些仅靠保险业自身是难以解决的，政府的引导和扶持很有必要。

国际经验证明洪水保险需要政府扶持。目前世界上一些国家较为成功地开展了洪水保险，如美国、英国、新西兰，除英国主要依靠市场调节以外，多数国家的政府在洪水保险的开展中起到了很大的作用。美国著名的国家洪水保险计划（NFIP），无论在洪水风险的测定方面，还是相关法律规定的制定方面，抑或是对于资金的补助方面，政府都起着不可或缺的作用。即使是完全市场化的英国洪水保险，也无法脱离政府在修建防洪设施等公共措施方面的有力支持。因此，政府扶持对于开展洪水保险必不可少。

4.4.2 政府在洪水保险中扮演的角色

4.4.2.1 政府帮助下的商业性洪水保险

商业性洪水保险由商业保险公司开展，完全利用市场机制运行的保险模式。它和商业保险公司提供的一般保险业务（如家庭财产保险）类似。英国被公认为是世界上成功开展商业保险的国家，其原因在于英国政府修建了高标准的洪水保险防御体系，具有完备的保险体系和发达的保险市场，洪水保险采用具有一定强制性的捆绑式销售。简而言之，以英国洪水保险为代表的商业性洪水保险，是以市场化为基础，私营保险公司自愿完全承担洪水风险，将其列入标准保单承保范围，自行销售和服务，政府只以非保险方式帮助扶持私人保险公司开展洪水保险。政府供给基础设施的商业性洪水保险模式（参见图 4－10 所示）。

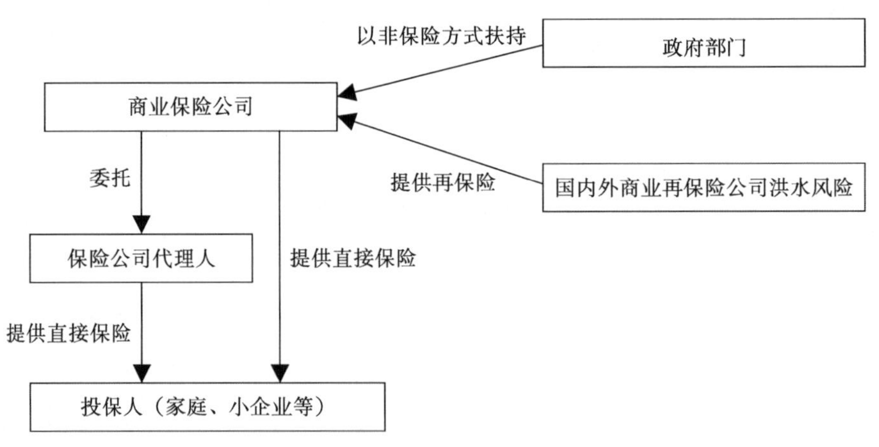

图 4－10 商业性洪水保险模式

4.4.2.2 政府政策支持下的合作社经营型洪水保险模式

规范的合作社在欧洲等国家较为常见，比较典型的是法国农业保险和德国洪水保险。合作社的目的在于将合作社成员面临的巨灾风险分散，而非盈利。简而言之，政府支持下的合作社经营型洪水保险，是在政府的支持和引导下，以风险区居民（被保险人）为主体，以地区为单位，成立互助型的合作组织，居民既是保险人，也是被保险人，会费作为主要保费来源。灾后，会员能够得到一部分生产生活资金。居民自愿投保，政府不参与洪水保险的经营，但是给予税收减免等优惠政策，提供再保险等形式的扶持。政府支持下的合作社经营型洪水保险模式（参见图 4－11 所示）。

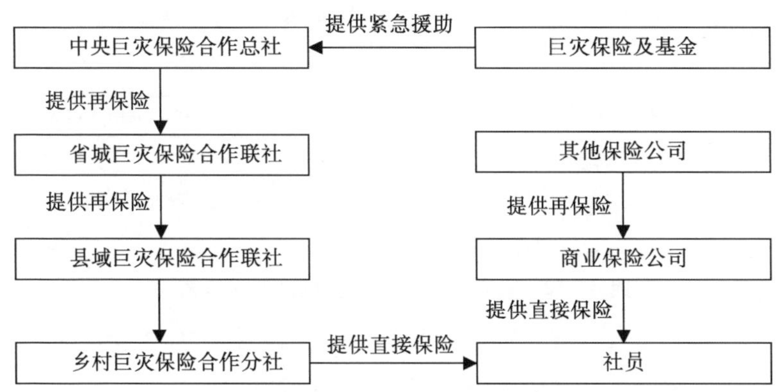

图 4－11 合作社经营型洪水保险模式

4.4.2.3 政府主导下的商业保险公司经营型洪水保险模式

商业保险公司经营型洪水保险模式指在政府主导下，制定统一的洪水保险政策，再由商业保险公司申请经营洪水保险和再保险。政府承担一部分再保险，范围仅限于家庭财产等，对于该部分保险标的，中央政府负责洪水保险计划的制定和管理，要求地方政府也参与巨灾保险计划。达到标准的居民家庭财产必须参加洪水保险，否则不能享受国家巨灾补贴等政策优惠。商业保险公司在国家的引导和支持下，收取国家发放的佣金，以自身名义为政府出售保险，签发保单，但同时持有 100% 比例的国家再保险，不负责承担赔付风险。除上述国家强制性保险范围以外，商业保险公司可自行选择是否承保其他保险责任。商业保险公司还可以通过分保、建立洪水保险基金等方式分散洪水风险。同时，不同保险公司之间还可以建立合作关系，进行分保和再保，形成政府、商业直保公司和商业再保公司共同参与的分层再保险。也可建立专门的洪水保险公司负责接受和分配巨灾再保险业务，管理和运用洪水保险基金。政府主导的商业保险公司经营型洪水保险模式（参见图4－12所示）。

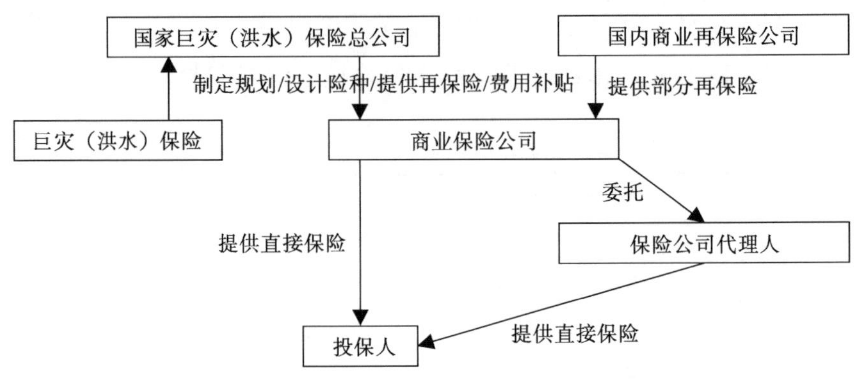

图4－12 商业保险公司经营型洪水保险模式

4.4.2.4 政府主办型的组织经营型洪水保险模式

政府主办、政府组织经营，也是开展洪水保险的一种可行模式。这种模式的运行主体是政府，中央成立专门的洪水保险部门或洪水保险公司，以该部门或公司为主经营全国洪水保险业务，各省、自治区、直辖市或以流域等划分范围为单位建立相应的分支机构，并由其下级单位办理具体保险业务，国家为主提供洪水保险再保险，从洪水保险政策的制定、核保理赔等保险业务的开展、到保险制度的管理、再到再保险的受理，都是以政府为龙头，一手运作和管理的。当然，在政府的统一领导和调控下，也可以有商业保险公司和再保险公司在具体业务上的参与。政府主办、政府组织经营型巨灾保险模式（参见图4－13所示）。

4.4.3 提高洪水保险需求的政策措施

从经济学角度来看，影响保险需求量的因素则主要包括风险因素、保险费率、消费者收入水平、风险管理因素、文化传统、社会制度等。因此，

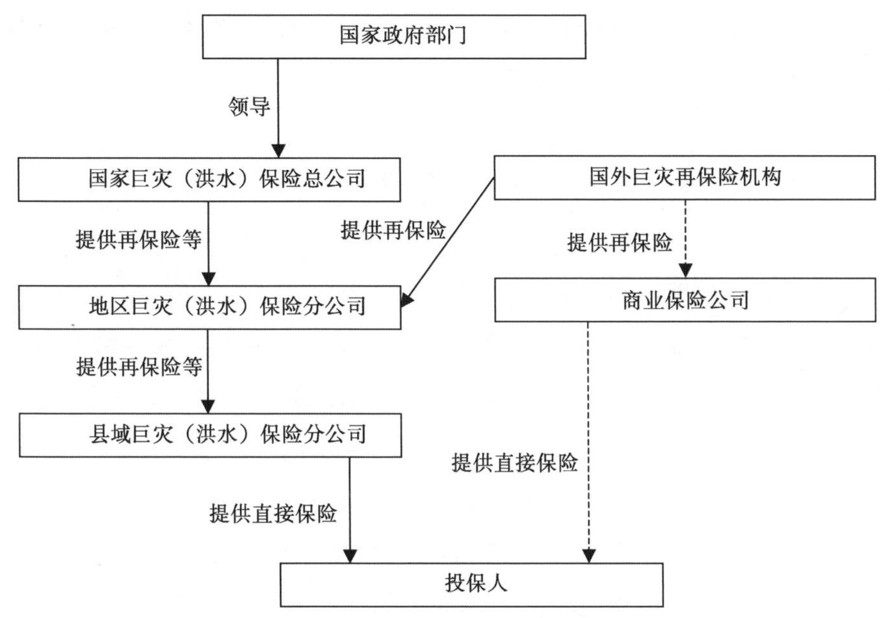

图 4－13　政府主办、政府组织经营型巨灾保险模式

提高洪水保险需求的方法主要有提供保险费用补贴、增强居民的风险管理意识、降低居民对灾害救济补偿的过度依赖、增加对保险公司的认同度等。

财政补贴保费方面，通过对需求方（投保人）进行保费补贴，相当于给予一定的价格补贴，促使需求曲线上移，促使洪水保险市场的供需均衡解的出现，同时也解决了部分农村居民家庭收入低而无力支付保险的问题。因此，政府可以通过保险费用补贴政策来引导居民参与洪水保险。

增强居民风险管理意识方面，洪水保险需求较低的原因还是居民投保意识不强。所以需要增加居民的洪水风险管理意识，降低居民对政府救济等慈善措施的依赖，降低居民的风险偏好程度。一方面需要各级政府加强宣传，改变居民以风险自留为主的洪水风险管理理念，另一方面通过制度改革改变居民对慈善救济的过度依赖。

增加对保险公司的认同度方面，居民不愿意参加保险的一个重要原因是认为“保险公司骗人，保险不可靠，业务员说话不算数”，为此，保险公司和各级政府应该积极采取各种政策措施，努力改善自身形象，如出台房屋快速定损标准和裁定办法、建立洪水保险协办员制度、制定洪水保险预赔付方案、建立快速赔偿网络系统等。

4.4.4 增加洪水保险供给的政策措施

从经济学的角度来看，保险供给的因素影响包括保险基础技术、保险商品的成本、偿付能力、市场预期、政府监管等。因此，提高洪水保险供给的方法主要是提供保险基础技术支持，降低保险公司的经营和管理成本，降低其面临的洪水风险水平以及提供更多的洪水风险分散渠道。

洪水保险基础技术方面。洪水保险是一项技术要求高的产品，尤其是洪水风险图和洪水保险费率图的绘制单纯依靠市场难以完成，需要多部门的协作。即使市场能够单独完成，出于谨慎，会高估洪水保险费率。所以，此项工作需要有政府的支持，例如绘制相关基础图纸所需的行政支持、费用支持和人才支持等。这些支持政策能在一定程度上降低洪水保险的费率，提高洪水保险的可保性。

降低保险公司的经营和管理成本，通过成立专门的洪水保险机构来管理、组织和协调洪水风险管理相关部门之间的关系，有效降低各部门间相互推诿产生的交易成本，在一定程度上降低保险供给方的成本，例如加拿大农业保险局、西班牙保险赔偿联合会。在组织管理机构方面给予必要的支持政策，如为设立巨灾再保险机构、监管机构、洪水风险基金管理机构等提供相应的资金和人事支持。财政税收方面，对保险供给方提供财政补贴和税收优惠等政策，相当于降低了洪水保险供给方的经营管理费用，也相当于降低了洪水保险费率。将直接提高洪水巨灾保险供给方和需求方的积极性，增加洪水保险的有效需求，实现市场均衡。为此，对洪水保险经营机构的经营管理费用提供补贴，为洪水保险相关经营业务提供各种税收优惠，以提高洪水保险的供给能力。

洪水风险分散方面，洪水风险发生频率和强度过高，可能导致洪水保险的赔付率过高，这也是保险公司不愿供给洪水保险的直接原因。因此，分散洪水风险有助于降低单个洪水保险经营机构面临的巨额索赔和破产风险，有助于实现保险机构的持续经营和洪水保险的持续供给。完善的洪水风险分散体系应该包括自有资本、外来资本、再保险、洪水巨灾保险证券化等内容，其中洪水再保险、洪水保险基金、政府担保和巨灾保险证券化技术等都需要政府的政策支持。

洪水风险区域管理方面，洪水风险过高还可以通过设计洪水风险区域管理政策进行分散。通过对洪水风险区域的划分，对土地开发行为的限制，对建筑的防洪标准要求的提高，对洪水风险区域内防洪水平和防洪意识的增加等政策措施，降低洪水风险，改变洪水风险在不同空间和时点上的分布，有效降低洪灾损失，提高洪水保险供给能力。

4.4.5　对于洪水保险的其他政策支持

为保障洪水保险市场供需双方的利益，确保洪水保险市场的正常合规经营，规范洪水保险市场的秩序和行为，需要专门的洪水保险政策作为支撑，包括法律法规和监督管理两方面。

法律法规是政策的最高表现形式，同时也是保障洪水保险供需双方利益、规范洪水保险市场经营秩序的根本法则。《中华人民共和国防洪法》和《中华人民共和国防汛条例》都规定“国家鼓励、扶持开展洪水保险”，为洪水保险的开展提供了依据，但却没有洪水保险的具体条款，因此我国洪水保险立法亟需进一步细化。通过法律法规的形式明确洪水保险性质，界定洪水保险供需双方的权利和义务，为洪水保险市场的有序运转提供依据。

从我国洪水保险政策性定位的性质来看，其监督管理尤为重要。从现实情况来看，可由中国银保监会监管，或由银保监会、财政部、水利部等部门联合组建机构监管，或者由新设立的洪水保险专设机构监管。而无论由谁监管，监管机构的具体职能和政府部门间的沟通协调都需要相应的法律法规进行指导。

从洪水保险准公共物品属性以及国内外经验分析来看，政府参与对于开展洪水保险很有必要。政府需要在保费补贴、税收支持、风险分散等方面对洪水保险给予支持和参与，保证洪水保险的顺利开展。

第5章

洪水保险的辅助措施

5.1　洪水再保险

5.1.1　概述

保险公司通过收取保险费建立保险基金，以应付保险事故发生之后的经济损失补偿和人身伤亡给付，因此保险具有汇集资金的作用。再保险是保险的保险，与保险具有相同的性质，同样能够通过分保业务的分入与分出，将保险市场中单个保险人或者再保险人分散的、小额的保险资金汇集在一起形成庞大的保险资金池。这一业务可以扩展到国际市场，通过国际业务往来扩大基金范围，形成全球性的保险基金。洪水灾害的波及范围广，单独的商业保险公司通常难以进行灾后赔付。洪水再保险既可以分散洪水风险，又可以积蓄强大的保险赔付基金，通过再保险的方式有效扩大保险基金，为灾后救济提供资金保障。

5.1.2　再保险及洪水再保险的定义

再保险又称为分保，是保险人将其所承担的风险责任的一部分或全部，转嫁给其他的保险人或再保险人的行为，因此通常又把再保险理解为保险的保险。① 我国《保险法》第 28 条规定："保险人将其承担的保险业务，

---

①　梁昊然．论我国巨灾保险制度的法律构建［D］．吉林大学．2013.

以分保形式部分转移给其他保险人的，为再保险”。[①]

洪水再保险，就是指承保洪水风险的保险人将其所承担的风险责任的一部分或全部，转嫁给其他的保险人或再保险人的行为。洪水再保险本质上是建立在洪水保险基础上的一种风险分担机制。

5.1.3 洪水再保险的功能与作用

洪水再保险的功能可以归纳为分散洪水风险、汇集保险资金和促进风险管理的国际化三点。

5.1.3.1 分散洪水的巨额风险

实施再保险对分散洪水的巨额风险有重要意义。保险人通过实施再保险，将本应属于自己的洪水巨额损失风险分散转移给市场上其他的保险人或再保险人，实现由众多保险人共同承保巨灾巨额损失风险标的，达到风险的二次、甚至更多次的分解和分散。通过这种市场分散形式可以保护直接保险公司免于遭受可能的巨额索赔，帮助商业保险公司将其可能承担的洪水巨额风险损失在一个更大的保险甚至资本市场范围内得以分散。在实践中，再保险市场的风险分散机制在各国应对洪水灾害过程中，对于稳定地区经济，保障和维持受灾人民的正常生活等方面发挥了重要的作用。

5.1.3.2 汇集保险资金

保险因其特定性质决定其具有积蓄基金的功能，再保险作为保险的保险也具有汇集保险基金的功能。保险特殊类型风险，尤其是对于承保洪水灾害，要求风险在时间和空间上更广泛，更充分的分散。通过再保险业务的一系列分入与分出行为，客观上可以起到资本融聚、汇集保险基金的作用。在操作中保险人可以通过国内甚至国际市场的再保险业务往来，互相

---

① 参见《中国保险法》（2015 年 4 月 24 日第十二届全国人民代表大会常务委员会第十四次会议全国人民代表大会常务委员会《关于修改〈中华人民共和国计量法〉等五部法律的决定》修正）第二十八条：保险人将其承担的保险业务，以分保形式部分转移给其他保险人的，为再保险。应再保险接受人的要求，再保险分出人应当将其自负责任及原保险的有关情况书面告知再保险接受人。

从事分保或相互分保业务从而将单个保险人或再保险人原本分散的、彼此独立的、数量相对较少的保险基金集中汇聚，形成一个巨额的、规模庞大的、范围遍及全球性的保险基金。这种联合式、巨额的、全球性范围的保险基金，对于承保单个保险公司或单个国家保险市场无法承担的巨灾巨额风险损失具有无可比拟的优势。正是这种全球保险基金才能够满足经济和社会日益发展的抵御洪水巨额风险的现实需要。

5.1.3.3　促进风险管理的国际化

随着科学技术的进步与全球化趋势的迅速发展，巨灾的发生往往已不再仅仅局限于一个国家或地区。巨灾可保风险除了具有客观存在性、损害性、发生不确定性、结果可测定性以及发展性等基本属性特征外，还进一步表现出国际化的特征。再保险就是这一国际化特征的重要体现。伴随着保险业务的国际化发展和风险分散的国际市场化趋势，全球保险业市场的承保能力也在一定程度得到不断提高，进而实现了风险的全球分散效应，进一步降低单个国家和地区的风险损失成本。原保险人可以通过再保险的形式将其所承保的风险进一步分散。在原保险人将自身的保险风险分散到范围更广的市场上尤其是国际保险市场的同时，原保险人还可以从具有丰富经验的再保险人那里获得专业的保险业务指导。保险公司通过国际再保险业务的参与并学习和引进国际先进的风险管理理念、专业承保技术和风险管理技术等，使本土保险市场的风险管理也得以趋于国际化。①

5.1.4　洪水再保险中的法律关系

再保险的主要行为模式为保险人通过签订再保险合同、支付规定的分保费的方式，将其所承保的风险和责任的一部分转嫁给另一家或多家保险公司（包括再保险公司）。分保接受人按照再保险合同的规定，对保险人在原保单下的赔付给予补偿。在洪水再保险关系中，主要涉及两方主体，

---

① 潘红英、甘雨粒．当前国际再保市场动态介绍及分析［J］．上海保险，2004.09.

一方是洪水保险的原保险人，另一方为原保险人的保险人。分出业务的保险公司（原保险人）按再保险术语称为分保分出人或分出公司，接受再保险业务的公司称为分保接受人或接受公司。如果再保险接受人又将接受的业务分给另一家保险公司，这种做法叫作转分保，双方分别称为转分保分出人和转分保接受人。由于再保险转嫁风险和责任要相应支付一部分保费，这种保费叫作分保费。

如前所述，在洪水再保险法律关系中，保险合同双方主体为再保险接收人与原保险人。依据合同相对性原理，债权债务关系在此二者之间发生，即仅能由原保险人向再保险接收人缴纳保费，由再保险接收人向原保险的承保人按照合同约定进行补偿，此外并无涉他义务（参见图 5 – 1 所示）。有鉴于此，我国《保险法》也明确规定：“再保险接受人不得向原保险的投保人要求支付保险费。原保险的被保险人或者受益人不得向再保险接受人提出赔偿或者给付保险金的请求。再保险分出人不得以再保险接受人未履行再保险责任为由，拒绝履行或者迟延履行其原保险责任”。[①]

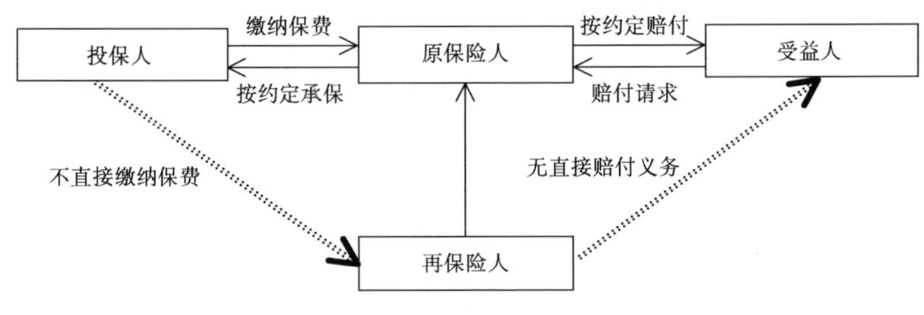

图 5 – 1 洪水再保险关系图

① 参见《保险法》（2015 年 4 月 24 日第十二届全国人民代表大会常务委员会第十四次会议全国人民代表大会常务委员会《关于修改〈中华人民共和国计量法〉等五部法律的决定》修正）第二十九条：再保险接受人不得向原保险的投保人要求支付保险费。原保险的被保险人或者受益人不得向再保险接受人提出赔偿或者给付保险金的请求。再保险分出人不得以再保险接受人未履行再保险责任为由，拒绝履行或者迟延履行其原保险责任。

5.1.5　我国洪水再保险的模式选择

目前，国际上采用最多的洪水灾害再保险模式主要有两种：“市场型”再保险模式和政府与保险公司共同参与的再保险模式。

5.1.5.1　两种再保险模式的利弊衡量

以德国和英国为代表的以市场为主导的洪水灾害再保险模式的优势有两点，第一，政府可以部分规避承担巨灾的责任，减少公共财政负担。第二，商业保险公司具有市场化运作的优势。但其劣势也较为明显，此种模式下对再保险市场发展程度要求较高，仅有较为发达的再保险市场才具备此种模式下的再保险。具言之，由于商业保险公司必须考虑盈利因素，若费率较高，潜在投保人积极性不高；且保险公司的赔付能力有限，抗巨灾风险能力弱，如果再保险市场不发达，可能产生赔付重大危机，导致市场失灵的问题，在此情况下，保险公司不会积极发展巨灾保险业务，甚至可能退出巨灾保险市场。因此，“市场型”再保险模式仅能存在于保险、再保险市场发育较好的情况下，否则其难以承担洪水灾害导致的巨额风险。

以日本、新西兰为代表的政府和保险公司共同参与的巨灾再保险模式下，政府和保险公司各自发挥其优势。一方面，保险公司有专业的技术来厘定精算费率，并能够快速定损理赔，在抑制逆向选择和道德风险方面，保险公司也比政府更有经验；另一方面，政府则能发挥非市场的优势，通过政策鼓励和财政补贴、提供政策性再保险与巨灾基金等来支持商业保险公司。① 当灾害损失规模较小时，可以实现保险公司的商业赔付机制，减轻政府财政负担，只有当损失超过预定规模时，政府才承担大部分的公共补偿责任。但其亦存在一定的局限性，首先，政府与商业保险公司在价值追求上是迥异的，如何在政府公共利益与保险公司追求盈利的私人利益之间取得平衡，是此种模式面临的挑战。其次，政府充当最后再保险人容易

---

① 谢世清．公私伙伴合作应对巨灾挑战：国际经验与启示［J］，财贸经济．2009. 07.

导致资本在地区之间的转移支付，使资金的流向不平衡，即洪水灾害少发地区会为洪灾多发地区的损失买单。最后，国家充当最后再保险人还可能会诱发保险公司的道德风险，而减少在承保和核赔等环节上的投入。

5.1.5.2 我国洪水再保险的模式选择及构建

第一，我国所构建的洪水再保险应以政府为主导。首先，洪水保险属于公共或准公共产品范畴，这种产品的供给需要公共资源的配给，而政府是掌握公共资源的主体。尤其在我国的所有制体系下，没有政府作为主体加以推动，洪水再保险制度是难以实施的。其次，我国洪水风险发生的概率不确定、不相同，有的地方发生的概率高，大家投保的积极性就会较大，有的地方发生洪水的概率低，大家投保积极性低，同时洪水发生具有很大偶然性和难以预测性，如果自愿投保就会达不到保险理论所讲的大数原则，洪水保险就难以持续下去，再保险亦是如此，具有很大的可选择性。在我国的保险市场中，洪水再保险制度应作为一项公共性质显著的保险制度，争取政府的实际支持。最后，尤为关键的是，我国的保险和再保险业整体实力相对于英国、德国等发达国家仍然较弱，因此需要政府主导建立洪水保险制度。中国的洪水保险市场尚不成熟，需要政府作为市场主导者，在公众投保，风险意识教育、政策鼓励与资金支持方面提供相关工作，兼顾保险公司盈利的商业目标和维护公众利益的社会目标，进行协调沟通与监督管理。

第二，鼓励商业保险公司的市场化运作。在一定的承保范围内赋予保险公司经营的自由，使其发挥自身的优势，提高巨灾风险的管理效率。

第三，在再保险层面仍应通过立法将再保险纳入强制范围。从目前我国的情况来看，在洪水再保险制度运行初期，采取部分强制投保的模式将有利于制度的推行和完善。国家应通过立法程序将巨灾再保险以法律形式明确，规定部分洪水风险必须进行强制保险，当强制保险和其他辅助补偿方式仍不足以赔偿所有的洪水损失时，政府有责任和义务承担不足部分的巨灾赔偿责任。这既是克服保险公司与政府利益追求异质化的需要，也是保障保险公司赔付能力的要求。

第四，应当建立全国统一的专项洪水灾害再保险基金。通过再保险的方式建立全国统一的洪水再保险基金，对洪水保费实行单独立账、单独核算，并由专业再保险公司代为管理，统一安排国际再保险、运用风险证券化（如巨灾债券）等方式分散风险，实现成本收益的最优化。洪水保险基金可由政府出台建立，由国家财政出资发起。基金成立之后，所有保险公司共同参与，可按商业再保险的原则向巨灾保险基金购买再保险。在损失发生后，基金相当于再保险，发挥再保险补偿制度。而洪水保险基金的管理和运营，可以授权给信誉良好、实力较强的保险公司或再保险公司。这样不仅可以节省开支，又可充分运用保险公司与再保险公司已有的人才和技术资源。这一模式的建立可以发挥政府与商业保险公司之间桥梁的作用，使政府与市场机制共同发挥作用。

第五，合理拟定政府与保险公司的最终风险分担比例。可以借鉴日本及新西兰的经验，在充分考虑保险公司及政府风险承担能力的基础上，厘定各自的风险承担比例，可以采取一种超额分级方式划分二者的赔付比例，以发挥政府与保险公司的作用。

5.2　洪水巨灾债券

5.2.1　概述

金融市场中资金供求双方通过金融产品的交易调节资金盈余，提高资金的运用效率，也是风险分散以及风险转移的一个重要渠道。保险公司或者再保险公司可以通过发行洪水巨灾债券，将洪水风险可能造成的损害转移给洪水巨灾债券的购买者，由其承担受灾居民或企业的损失。金融市场中债券等金融工具交易频繁、便捷，资金流通速度较快，通过金融市场分散洪水风险，可以有效筹集洪水保险基金，在较短的时间内获得庞大的保险资金，用以应对洪水巨灾的发生。

5.2.2 债券及洪水巨灾债券的定义

债券是指债务人为筹集资金，按照法定程序发行并承诺在指定日期向债权人还本付息的有价证券。洪水巨灾债券，是由保险公司或再保险公司发行债券，将洪水巨灾对其造成的损失转移至债券市场中的投资者，投资者到期收益是否可以获取，取决于洪水巨灾损失是否发生以及发生程度的一种债券。如果在洪水巨灾债券存续期间没有发生债券上载明的洪水风险，或虽然发生了洪水巨灾事故，但造成的损失在事前约定的额度以内时，保险公司按既定的利率和期限支付利息和本金；当实际损失发生且超过事前约定的额度时，保险公司可以延期支付或免除部分债券本金与利息，甚至免除全部本金与利息。因此，它的核心概念是“触发赔付的条件”（Trigger event），即发生了怎样的洪水风险或者洪水风险到达何种程度时，投资者的利息或者部分甚至全部本金不能收回。

洪水巨灾债券包括以下两个要素，其一，承保现金流向可交易的金融债券的转换。在本质上是将现金流“打包”或拆解，并转换为新的债券——洪水险债券；其二，承保风险通过债券向资本市场的转移。保险公司将其承保的洪灾巨灾风险向资本市场进行转移，而不是在保险产业内向再保险人作转移①。

与普通债券相比较，洪水巨灾债券主要有三点不同。其一，风险性质不同。普通债券投资中的主要风险是信用风险，而洪水巨灾债券的投资风险主要来自洪灾发生的可能性、损失状况等。其二，发行机制不同。洪水

① 魏敏杰，纪昌明．洪水保险债券的运作机制与发展思路［J］，水科学进展．2004.01.

巨灾债券的发行人只能是保险公司或再保险公司。普通债券的发行人则并不限于特定的群体。其三，风险收益状况不同。普通债券的收益在发行时是确定的，可预见的。而洪水巨灾债券的收益取决于约定的损失事件发生与否及其损失程度，是不确定、难以预见的。

5.2.3　洪水巨灾债券的功能与作用

洪水巨灾债券主要有以下功能：

5.2.3.1　扩大风险分担范围

就传统洪水风险防范体制而言，灾害带来的巨额损失使政府救助很难从容应对。同时，即便有保险公司推出相应的财产保险产品，其本身也缺乏牢固的财务支持，就更不用说相对较少社会捐赠了。洪水风险损失的最终承担者仍是遭受风险的人们。而近年来严重的洪水灾害和巨额赔付的频繁出现，更加凸显了在更大范围内分散洪水风险的迫切性。另外，传统的政府救助和灾害保险的分离容易让人们产生道德风险，即灾前权衡政府救助和保险赔偿的大小，对政府救助产生依赖心理；灾前不采取防御，灾害发生时也不积极抢救财产努力减少损失，进而加重灾后政府救助的负担，也增加了保险公司偿付的风险。与传统的洪水风险防范体制相比，推行洪灾风险债券这种融资方式可以突破政府救助、保险行业与风险个体之间转移和分摊洪水风险的藩篱，而将风险在与其他综合风险偏好者一起更广阔的范围进行转移和分担。

5.2.3.2　拓宽风险分散和资金筹措渠道，增强综合防范体系的整体实力

传统洪水风险防范体系中，无论是政府救助保障部门还是保险体系，都无法规避两个方面的问题：一是资金流动性问题，因为要保证足够的风险补偿能力，救助主体或保险公司势必要求持有充足的风险准备金以应付灾害来临后的不时之需，但这无疑会挤占其他方面的资金需求和使用；二

是时间风险问题，即在当前技术水平下，救助主体很难保证在洪水来临前积累足够的风险准备金，也就无法从根本上解决风险准备金的积累与洪灾赔付支出相匹配的问题。新的风险融资方式并不试图像传统方式那样仅某一时段在有限的救助主体与救助客体之间进行风险分散，而是根据洪灾风险的具体情况，有针对性的解决洪水风险准备金的积累与损失补偿相匹配的问题。洪水风险债券的定价以及现金流的支付以潜在的随机变量为基础，不局限于政府财政预算金额，也有利于提高保险公司应对洪水风险的偿付能力。因为如果洪灾事故发生，证券发行者就无须履行向投资者支付本金和利息的义务。简单地说，在使用洪水保险债券的情况下，资金已经预先进入了债券发行方的手中。

另外，因洪水风险债券可解决保险公司巨灾准备金不足的难题，在一定程度上提高了保险公司研发和推出洪水保险的积极性。有竞争力且保障全面的洪水保险产品可减少人们对政府救济资金的依赖，间接减轻财政的救助负担。

5.2.4 洪水债券的交易结构及其中的法律关系

洪水巨灾债券属于巨灾风险证券，巨灾风险证券作为一种结构化金融产品，其设计理念源于资产证券化，即发行机构委托受托机构将一个有稳定现金流的资产池进行证券化活动，并将证券化产品出售给投资者以达到融资的目的。比较巨灾风险证券化的过程与资产证券化的过程，可以发现两者有很多相似之处。因此，虽然我国尚未发行过巨灾风险债券，但是我国已有的资产证券化经验可以为巨灾风险债券在我国的发行提供依据和支持。

在资产证券化或巨灾风险证券化的活动中，主要的参与机构都包括发起机构、受托机构、服务机构、资金保管机构、证券登记托管机构、投资机构以及其他提供服务的中介机构，比如律师事务所、会计师事务所、承销商、信用评级机构、财务顾问等。

发起机构是指通过证券化方式出售资产的机构，是证券化活动的主体。我国洪水巨灾债券的发起机构应该是保险公司和再保险公司，因为随着保险机构对洪水灾害险种的开发，保险公司和再保险公司会因为洪水灾害事件的发生而承担巨额的赔付责任，为了防范此等巨灾风险，我国的保险公司或再保险公司就需要将此等洪水风险债券化。而就发起人与投资人而言，债券的发起人往往因负有还本付息的义务而成为债务人，投资人基于投资合同而成为债权人，此二者之间实质上构成债权债务关系。

受托机构是证券化过程中连接发起机构和其他各参与机构的桥梁。在我国的信贷资产证券化中，特定目的信托受托机构是承诺信托而负责管理特定目的信托财产并发行资产支持证券的机构，发起机构与受托机构之间是一种信托法律关系，这主要是因为证券化的本质是需要将信贷资产以证券的形式销售出去。基于前述分析，投资人并不直接对资金拥有所有权，其仅拥有请求发起人还本付息的相对性的债权。目前，在我国唯一能够规范这种关系的只有信托关系，并且信托财产独立于发起机构和其他所有相关机构，实现破产隔离，即相关机构破产清偿时，不涉及信托资产。《信贷资产证券化试点管理办法》第 16 条规定："受托机构由依法设立的信托投资公司或银监会批准的其他机构担任"。在巨灾风险证券化过程中，在以美国为代表的保险证券化运行较早的国家，巨灾风险债券是巨灾风险的保险人或再保险人通过一个特殊目的载体（SPV）来运行的，其一般是一个持有诸如开曼群岛和百慕大这样的离岸金融市场保险经营许可证的具有特殊目的的再保险公司，同时也实行了 SPV 的独立性和破产风险隔离，与我国信贷资产证券化中受托机构对信托财产的破产隔离有异曲同工之处，由于 SPV 设置在我国的限制，我国洪水巨灾债券的发行也可以参考信贷资产证券化过程，由依法设立的信托投资公司来担任受托机构，并与特定目的信托实现破产隔离。

在资产证券化中，资金保管机构是接受受托机构的委托而负责保管信托财产账户资金的机构，以避免与贷款管理机构、受托机构的资金混同；投资机构到期取得资产支持证券的收益，也需要进行具体配发的一个机构；在保管资金的同时，还可以进行某些理财业务，但是只能投资于流动性好变现能力强的国债、政策性金融债等。在巨灾风险证券化过程中，信托基金的作用就等同于资金保管机构，它扮演“资产隔离者”的角色，使发起机构和投资机构对受托机构的信用风险降至最低。我国洪水巨灾债券发行后从投资机构处取得的投资收入，存入受托机构在资金保管机构（信托基金）设立的特定目的信托账户，交由资金保管机构保管，并由资金保管机构开展理财活动，但是为了降低风险，投资范围仅限于流动性较好变现能力强的国债、政策性金融债及中国人民银行允许投资的其他金融产品。不同于发达国家的金融市场，银行在我国的金融市场中有着举足轻重的地位，其各项机能较之其他金融机构完善得多，因此，我国洪水巨灾债券的资金保管机构可以选取实例较为雄厚的银行等。

投资者是在资产证券化过程中认购资产支持证券的人，他们也是交易活动中不可或缺的参与者，他们在享有信托财产收益的同时承担相应的风险。目前在国外已经发行的巨灾风险债券中，投资者仅限于机构投资者，因为作为一种新型的结构化金融产品，很多投资者对巨灾风险证券化产品不够了解，且虽然巨灾属小概率事件，但是损失却是巨大的，因此还未进入传统投资者的投资范围。若在我国发行洪水债券，是否应当对投资者资格进行限制，尚需讨论。对投资者资质要求较高，确实能够提高投资者抵御风险的能力，有利于社会稳定。但过高的要求可能会使得大量的投资者无法进入相关市场，对洪水债券资金募集产生障碍。

除上述主体外，在洪水债券的发行与运营过程中，还需要风险评估服务机构和信用评级机构的参与。风险评估服务机构对我国各区域洪水巨灾发生的频率、规模以及对承保财产所造成的损失进行估测，帮助发行方确定洪水巨灾债券的发行价格和收益率，使投资者清晰的了解投资对象的风险大小，从而根据本身可承受风险的程度选择适合的洪水巨灾债券。就我国而言，我国的防汛以及减灾主要是由国家防汛抗旱总指挥部及应急管理部、水利部等负责的，凭借他们丰富的经验以及本身与洪灾事件的密切联系，可以在总指挥部下设研究机构，专门对洪水巨灾的风险进行评估，既可以为发行方提供精确的数据，同时也可以增加投资者的信服力。

巨灾风险债券的发行同样也需要信用评级机构的参与，巨灾风险债券作为一种结构化金融产品，如果没有信用评级机构对其进行专业的信用评级，投资者在购买巨灾风险债券时就无法知道该产品还本付息的能力，增加了他们的风险，投资者就不会贸然进入巨灾风险债券市场。信用评级机构可以在风险评估服务机构提供的信息基础上对我国洪水巨灾债券的发行进行评级，评分出优先级债券、次级债券等品种，方便受托机构的发行和投资者的购买。

除了以上几个主要的参与机构之外，我国洪水债券的发行还需要登记结算机构来保管洪水巨灾债券并分配收益，这一功能将由我国唯一的登记结算机构——中国中央国债登记托管结算公司来承担；中介服务机构如律师事务所、会计事务所也是我国洪水巨灾债券的发行中不可或缺的机构，律师事务所和会计事务所可以选取行内有实力的机构来出具法律文书和审计报告；在我国洪水巨灾债券的发行过程中，承销商可以是参与机构中的一员，当特定目的信托受托机构在发行洪水巨灾债券存在一定阻力的时候，可以考虑加入证券公司如中信证券作为承销商，为洪水巨灾债券发行的成功加注砝码①。

关于我国洪水巨灾债券的交易结构以及资金流转参见图 5 - 2 所示。

5.2.5　洪水巨灾债券的发行主体

从已发行洪水巨灾债券的国际经验来看，发行主体一般为直接承保的保险公司与再保险公司。近年来亦有通过政府发行债券建立巨灾债券的实

---

① 程婧兰．我国洪水巨灾风险债券化研究［D］．湖南大学．2011.

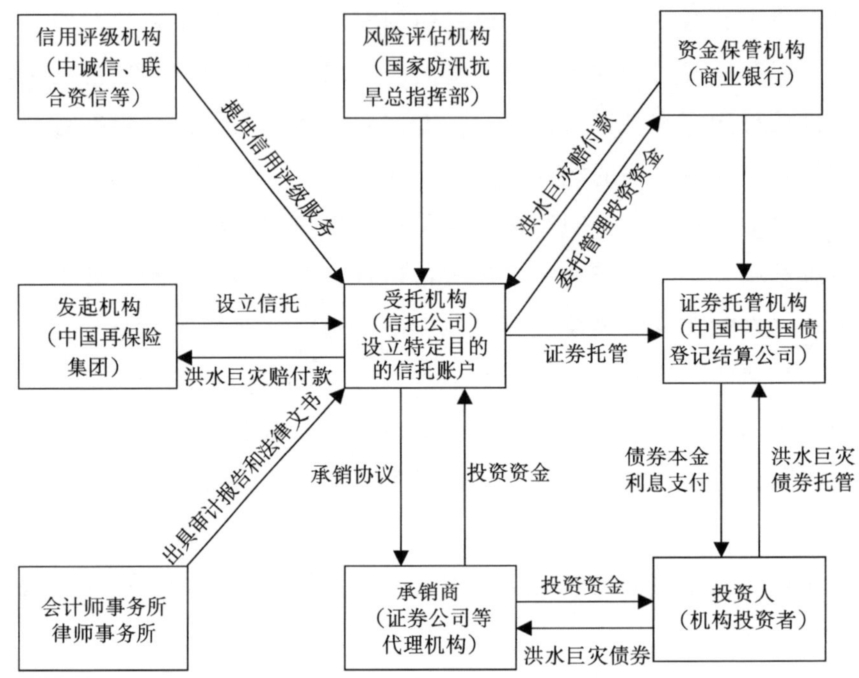

图 5－2　我国洪水巨灾债券交易结构和资金流转图

例，2006 年墨西哥政府发行了 1.6 亿美元的巨灾墨西哥地震债券，以国家作为发债主体，成为非保险类公司发行巨灾债券的典例。

就我国而言，如前文所述，既然我国将要构建的洪水保险以商业保险公司作为直接承保人，那么，由其发行洪水债券便具备合理性。

首先，保险公司作为承保主体，对其所承保的洪水风险及本公司的风险承担能力有最为准确地把握。因此，在洪水巨灾债券费率的拟定、赔付条件的确定等重大问题上，其有着最为清楚的认知专业的能力。以其作为发行主体可以提高效率，节省社会成本，无须另设发行主体。

其次，保险公司有着较为完善的宣传、销售渠道，以其作为发行主体，可以充分利用上述资源，有利于洪水巨灾债券的销售与推广。

5.2.6　洪水巨灾债券的定价机制

洪水巨灾债券的定价机制是洪水巨灾债券中的又一重要问题。按照洪水巨灾债券投资者是否承担本金或利息的违约风险，可将洪水巨灾债券分为三类。第一，本金和利息都存在风险；第二，利息和部分本金存在风险；第三，只有利息存在风险等类型。

5.2.6.1　本金和利息都存在风险

本金和利息都存在风险，是指在洪水未发生时，保险人按照约定给予债券持有人本金及利息，而当洪水发生时，保险人对债券持有人既不返还本金，也不返还利息，风险由投资者承担。基于此种债券的风险较高，相应地，其利率也应保持较高水平。

5.2.6.2　利息和部分本金存在风险

利息和部分本金存在风险，是指在洪灾事件发生的条件下，债券发行人仍然对投资者支付一定比例本金的洪水债券。如此设计，是因为若洪水债券投资者丧失全部的本金和利息，承担了洪灾损失的全部风险，这不利于投资者与交易各方之间的风险分摊，也会对洪水保险债券的发行与交易造成影响。而仍然返还一定数额的本金，可以吸引更多投资者购买洪水债券，有利于洪水债券的发展与壮大。在此情形下，洪水债券的利率也相对会有所减少。

5.2.6.3　只有利息存在风险

只有利息存在风险，指在洪灾事件发生时无须支付相关的洪水债券的利息，但必须在期末支付投资者全部本金。此种模式下，债券持有人的风险最小，相应的洪水债券利率在这三种模式下也应当最低。

然而，无论选择何种定价方式，我国相关部门都应对洪水巨灾债券的利率进行最高额限制。这是由洪水保险的公益属性造成的。若对洪水巨灾债券的利率不加限制，为了尽可能筹集资金，吸引投资者，洪水巨灾债券的发行主体会对高利率的债券有所偏好。然而，与此相应，在没有洪水灾害发生的情况下，发行人会面临较重的还本付息压力，在此压力之下，其会更倾向于激进的投资方式，选择风险更高的投资产品。因此会使债券资金面临更高的风险。这与洪水巨灾债券的公益性目的不相契合。

5.2.7 洪水巨灾债券的发行程序

根据我国《公司法》《证券法》相关法规及证券交易所的规定，我国当前公开发行公司债券需经特定程序，而洪水巨灾债券一旦获批发行，其与普通债券在发行程序上应无二致，应遵循下列几个步骤。

第一，做出发行债券的决议或决定。股份有限公司、有限责任公司发行公司债券，应由董事会制定方案，股东会做出决议。

第二，申请发行，公司在做出发行公司债券的决议或者决定后，必须依照公司法规定的条件，向证监会提交规定的申请文件，报请批准，所提交的申请文件，必须真实、准确、完整。向国务院授权的部门提交的申请文件包括：公司登记证明、公司章程、公司债券募集办法、资产评估报告和验资报告。

第三，证监会对发行公司债券的审核与批准。证监会依照法定条件负责批准公司债券的发行，该部门应当自受理公司债券发行申请文件之日起三个月内做出决定；不予审批的，应当做出说明。

第四，公告募集办法，发行公司债券申请经批准后，应当公告债券募集办法；在募集办法中应当载明下列事项：（1）公司名称；（2）债券总额和债券的票面金额；（3）债券的利率；（4）还本付息的期限和方式；（5）债券发行的起止日期；（6）公司净资产额；（7）已发行的尚未到期的公司债券总额；（8）公司债券的承销机构。

第五，公司发行公司债券，必须在债券上载明公司名称、债券票面金额、利率、偿还期限等事项，并由董事长签名，公司盖章。

第六，公司发行公司债券应当置备公司债券存根簿。发行记名公司债券的，应当在公司债券存根簿上载明下列事项：（1）债券持有人的姓名或者名称及住所；（2）债券持有人取得债券的日期及债务的编号；（3）债券总额，债券的票面金额，债券的利率，债券的还本付息的期限和方式；（4）债券的发行日期。

第七，发行中不当行为的纠正。国务院授权的部门对已做出的审批公司债券发行的决定，发现不符合法律、行政法规规定的，应当予以撤销；尚未发行的，停止发行；已经发行公司债券的，发行的公司应当向认购人退还所缴股款并加算银行同期存款利息。

5.2.8　洪水巨灾债券的赔付机制

巨灾债券的关键是赔付机制，从国际经验来看，赔付机制一般有两类，一是损失赔偿型，二是指数型①。

5.2.8.1　损失赔偿型

损失赔偿型的赔付机制是以发行公司的实际损失作为触发赔偿的参考，仅当发行公司的损失达到触发条件时，洪水巨灾债券才会提供保护。例如，1997 年美国 USAA 保险公司通过 Residential Re 发行的巨灾债券，规定触发条件为“飓风使该公司遭受的损失超过 10 亿美元”②。在洪水债券中，可采取此种类型的发行条件，即当洪水灾害使保险公司遭受的损失超过一定数额，方可使用洪水巨灾债券进行赔付。

5.2.8.2　指数型

指数型赔付机制是以某指数作为巨灾债券的赔付触发条件，来对整个洪水巨灾债券的损失赔付进行调整。在指数型下，具体又可细分为三种赔付条件。

① 谢世清．巨灾债券的十年发展与展望［J］．证券市场导报，2010.08.

② 陶正如，陶夏新．巨灾保险衍生品［J］．自然灾害学报，2007.04.

第一，行业损失指数。行业损失指数，是指由整个保险行业的损失指数为基础，而非以某个个体公司的损失为基础确定的赔付条件。行业的损失指数由某个独立机构出具，如以 PCS 报告的行业损失指数（PCS 指数）作为触发条件。当前，发行商渐渐接受了用整个保险业的损失而不是用自己公司的损失确定违约标准。例如，由开曼岛的再保险公司发行的 Swiss Re 加州地震巨灾债券，其中的加州地震风险由整个保险业的 PCS 指数测量，很好地解决了道德风险问题，但当发行公司自身损失与保险业总体损失不协调时，会产生较大的基差风险。

第二，灾害参数指数。灾害参数指数，是指以灾害的物理参数为处罚条件，如地震的大小、强度和震中、飓风的风速、推进速度以及着陆地点等，1997 年 12 月 Tokyo Marine & Fire 通过 Parametric Re 发行的总值 9 000 万美元的巨灾债券即以灾害参数指数作为触发赔付的条件。

触发条件的选择需要考虑道德风险和基差风险间的平衡。第一种损失赔偿型的触发条件的基差风险较低，且最能够适应（再）保险人就理赔损失全面补偿的要求，与保险技术关系最为密切，但对资本市场投资者而言，这种触发条件完全由保险公司控制，因此也最具道德风险；第二种触发条件与保险技术具有较为密切关系，在很大程度上降低或消散了道德风险，但给债券发行者带来了一定的基差风险，不能完全体现保险的补偿原则。

第三，混合型触发机制。为了协调基差风险与道德风险，2006 年市场上开始出现混合型触发机制，即同时使用两种类型或以上的触发机制。混合型债券主要是在吸收损失赔偿触发机制低基差风险和指数触发机制低道德风险的优点基础上，可以很好地满足债券发起人的规避风险的要求，同时可以较好地避免投资者担心的道德风险问题，成为市场上发展较快的类型①。

综上，我国在发行洪水债券时应充分考虑所确定赔付条件下的道德风

① 谢世清．巨灾债券的十年发展与展望［J］．证券市场导报，2010.08.

险与基差风险，合理确定赔付条件，可以考虑适用混合型触发机制，降低道德风险与基差风险。

5.3　洪水风险保障基金

5.3.1　概述

洪水风险保障基金是为了防范洪水风险设立的洪水保险保障基金，目前，商业型洪水保险的产品较少，保额较低，且承保范围较小。目前，大多数洪水灾害发生之后，通过商业洪水保险获得的赔付较低，无法满足受灾群众的灾后需求，更多的是依靠政府拨款和社会救助进行灾后恢复，而洪水保障基金作为一项洪水保险专项保障基金，是指作为洪水保险的补充，在洪水保险无法为洪水灾害中的受害人提供救助时，为该受害人提供限额内补偿的救助基金[①]。这种方式可以在一定程度上解决政府的财政压力，通过协调多方面力量，汇集强大的资金，用于应付洪水风险事故发生之后的赔付，有利于促进各地区的稳定发展。

5.3.2　洪水保险保障基金的资金来源

5.3.2.1　保费收入

保费收入是保险人按照保险合同的规定，为了履行对被保险人的赔付义务而向投保人收取的对价收入，保费收入是保险人主要的资金流入，是

---

① 洪水保障基金的使用范围、内容与洪水保险的运行管理模式密切相关，甚至不同的运行模式下基金的筹措渠道也不相同，本章只是从一般意义上来论述基金的筹资渠道。

在承保风险发生之后或者保险合同约定的条件出现之后，保险人用以赔偿和给付的主要资金来源。保险的基本职能是分散风险和组织经济补偿，保险费是投保人转移风险所需支付的费用，也是保险人承担风险的基础，应该作为保险基金的主要资金来源。

5.3.2.2 投资利润

保险的派生功能之一为融通资金，即运用保险资金从事融资活动以获得投资利润。保费收入与保险赔付并不是等价的，巨灾的发生意味着巨额的保险赔付，此时，保费收入并不足以支撑灾后赔付；同时，保险的赔付并不是即时发生的，而是会存在一定的时序性。因此，保险公司的资金运用业务与承保业务一样重要，闲置的保险资金可以用来投资各类金融产品，通过合理、安全的投资方式充分获得最大化收益，为保险公司争取更多的经济利益，提高公司的偿付能力，为巨灾发生时的巨大赔付提供强大的资金支持，保证公司的经营稳定。

5.3.2.3 政府拨款

政府机关具有对国家政治、经济、文化和社会的管理与服务职能，有责任也有义务调节社会资源，维护社会秩序，保证人民群众的财产与人身安全。洪水灾害发生迅速，危害范围广，难以控制，因此，对于普通洪水造成的损害，包括人身损害与财产损害，均可以通过基本的商业洪水保险予以救助，但是对于巨灾洪水所造成的损害，单纯依靠保险市场的商业运营很难完成灾后的恢复和补偿工作。政府作为国家的管理机关，有能力为受灾群众提供救济保障，通过政府拨款快速恢复企业生产，实现社会的稳定运行。

5.3.2.4 借入资金

洪水保险的灾害范围广，损害程度高，但是本国政府依靠国家财政的支持可以正常拨款救助，而在特殊情况下，例如，洪水灾害发生当年出现财政赤字时，政府很难通过自身财政资金的力量帮助受灾群众及企业快速恢复正常生活与生产，资金缺乏将成为灾后救济的一大障碍。此时，向世界银行等国际性金融机构借入资金能够保障灾害救助的及时性。

5.3.2.5 再保险

保险公司通过收取保险费建立保险基金，以应付保险事故发生之后的经济损失补偿和人身给付，因此，保险具有汇集资金的作用。再保险是保险的保险，与保险具有相同的性质，同样能够通过分保业务的分入与分出，将保险市场中单个保险人或者再保险人分散的、小额的保险资金汇集在一起形成庞大的保险资金池。这一业务可以扩展到国际市场，通过国际业务往来扩大基金范围，形成全球性的保险基金。洪水灾害的波及范围广，单独的商业保险公司通常难以进行灾后赔付。洪水再保险既可以分散洪水风险，又可以积蓄强大的保险赔付基金，通过再保险的方式可以有效扩大保险基金，为灾后救济提供资金保障。

5.3.2.6 收取的防洪保险费

防洪保险费主要针对的是防洪保护区的居民和企业，这部分地区很容易受到洪水的威胁。通常情况下，国家通过采取建立防洪堤坝等防御措施来应对洪水灾害的发生，降低灾害影响程度，但是仅依靠这些物理措施很难保证财产及人身安全，参与洪水保险是非常必要的。因此，基于社会公平以及自我责任的承担，防洪保护区内的居民和企业有义务根据自己受灾程度的大小缴纳相应的保险费，用于对自己本身在洪水灾后发生之后的赔偿与给付①。

5.3.2.7 未履行投保义务的罚款

洪水风险较高，尤其是巨灾洪水，一旦发生，将会造成巨大的损失。洪水灾害不仅是损害某一个人或某一企业的利益，其损害范围往往包括受灾区内所有的居民和企业，因此，面对共同的洪水风险，每一风险承受主体都应当承担相应的保险义务，投保洪水保险，缴纳保险费以此作为洪水灾后发生之后获取赔付的条件；若拒绝投保，则会影响到整个地区的保险基金的筹建，从而影响到洪水灾后救济。对于未履行投保义务风险承受主

① 付湘，王丽萍，边玮编著．洪水风险管理与保险［M］．北京：科学出版社，2008.

体可以适当处以罚款，与交通事故社会救助基金的资金处置类似[①]，将该罚款作为洪水保险基金的一部分，用于洪水灾害救济。

5.3.2.8 发行洪水巨灾债券

金融市场中资金供求双方通过金融产品的交易调节资金盈余，提高资金的运用效率，也是风险分散以及风险转移的一个重要渠道。保险公司或者再保险公司可以通过发行洪水巨灾债券，将洪水风险可能造成的损害转移给洪水巨灾债券的购买者，由其承担受灾居民或企业的损失。金融市场中债券等金融工具交易频繁、便捷，资金流通速度较快，通过金融市场分散洪水风险，可以有效筹集洪水保险基金，在较短的时间内获得庞大的保险资金，用以应对洪水巨灾的发生。

5.3.2.9 发售洪水巨灾彩票

区别于体育彩票，福利彩票是联合社会各界众多有爱心的人士，兴办社会福利事业，为救助年老、伤残、孤儿以及经济困难的人提供资金帮助的一种筹资方式。洪水巨灾彩票种类繁多，面额较小，发售范围较广，购买方式简单易行，发售洪水彩票，可以调动全社会的力量参与洪水巨灾救济，将社会上闲散的小额零散资金充分聚集在一起形成一类专项洪水基金，专门用于洪水巨灾救济，有利于帮助灾后快速重建，保障生产与生活。

5.3.2.10 社会捐助

洪水灾害一旦发生，大面积地区将会受到损害，从而导致受灾区整个的生产和生活处于一种瘫痪状态，对洪水巨灾的救济是一项极具意义的公共慈善事业。社会的发展和经济运行是一个有机整体，任何一方的缺失都会影响整体的发展，正所谓“一方有难，八方支援”。社会经济飞速发展，居民收入水平也在不断提高，更多的人树立起扶危济困的意识，慈善事业

---

① 参见《交通事故社会救助基金管理办法》第6条之规定，救助基金的来源包括：（一）按照机动车交通事故责任强制保险（以下简称交强险）的保险费的一定比例提取的资金；（二）地方政府按照保险公司经营交强险缴纳营业税数额给予的财政补助；（三）对未按照规定投保交强险的机动车的所有人、管理人的罚款；（四）救助基金孳息；（五）救助基金管理机构依法向机动车道路交通事故责任人追偿的资金；（六）社会捐款；（七）其他资金。

不断受到重视，各种慈善机构纷纷建立，社会捐助成为基金筹集的一大重要渠道。

5.3.3　我国洪水保险保障基金筹集渠道选择与优化

5.3.3.1　按照经济发展情况划分

我国的保险市场发展不够成熟，人民群众的投保意识普遍较低，洪水保险与人们的财产和人身利益没有直接的利益关系，发生频率和损失程度不确定，因而并非所有的居民和企业均愿意积极投保洪水保险，洪水保险的保险费高低也会直接影响投保情况。一定程度上，经济发展情况会影响居民的收入情况，进而影响居民对保险费的承受能力。对于低收入居民而言，较高的保险费在其本人看来是一种不必要的支出，会给整个家庭造成一定的经济负担。我国地域辽阔，经济发展状况东西差异较大，居民收入水平也存在较大的差距。

从表 5 – 1 的数据可以看出，2013—2018 年，东部地区的人均可支配收入始终处于领先地位，远高于中西部和东北地区，其中，西部地区的人均可支配收入最低。因此，根据不同地区的经济发展情况和居民收入情况不同，洪水保险基金的筹资渠道也有所不同。

表 5 – 1　2013—2018 年中国分地区人均可支配收入　单位：元

年份 组别	2013	2014	2015	2016	2017	2018
东部地区	21 908.63	24 049.32	26 179.82	28 436.14	36 432.83	39 566.88
中部地区	15 342.46	16 944.69	18 520.19	20 083.51	21 890.78	23 845.37
西部地区	13 623.78	15 040.81	16 545.88	18 065.50	19 795.26	21 598.51
东北地区	17 573.14	19 248.31	20 617.31	21 948.40	23 469.85	29 075.22

数据来源：国家统计局公布数据和 2014—2019 年中国统计年鉴。

对于经济发达的东部地区，居民可支配收入较高，洪水保险的保费并不会对家庭造成较大的负担，因此，保费收入可以作为洪水保险保障基金首选的筹资渠道，由保险公司收取的保费收入作为基金的资金基础；东部地区经济发达，金融市场活跃，资金流动较快，通过充分利用资本市场，发行洪水巨灾债券和洪水巨灾彩票迅速筹集零散资金，可以将洪水风险通过债券和彩票的方式分散给众多的小额投资者。

对于中部和东北部经济较为发达的地区，政府可以参与洪水保险的经营和管理当中，通过政府补贴制定较低的保险费率，向投保人收取较低的保险费，既不会对投保人造成经济压力，又能够缓解政府的财政压力；在洪水巨灾发生的年份，政府可以给予一定的财政支持帮助灾后恢复和重建。

对于西部经济落后地区，人均可支配收入较低，在满足基本的生活需求之后很难有多余的资金去购买保险，保费会给大部分居民造成经济负担，因此，在西部地区，政府拨款可以作为洪水保险基金的主要资金来源，中央和地方政府按照不同比例筹建基金；西部地区贫困人口占比较大，随着我国经济的发展，慈善事业不断受到社会各界的重视，西部也成为捐助的主要地区，因此，可以按一定比例将社会捐助分出一部分建立洪水保险基金。

5.3.3.2 按照气候划分

我国国土面积辽阔，经度、纬度跨度较大，气候类型多种多样，包括热带季风气候、亚热带季风气候、温带季风气候、温带大陆性气候和高原山地气候。季风气候对我国的大部分地区影响显著，季风的存在影响着降水量的多少，总体来看，东部地区较为湿润，而中西部地区较为干燥。夏季风强的年份常常会带来洪涝灾害，若夏季风的年份雨带北移，长时间留在北部地区，则可能会造成北涝南旱，反之，则会南涝北旱。因此，是否受季风气候影响会造成洪水灾害的分布不均匀。

对于受季风气候显著，降水影响较大的地区，洪水灾害频发，除了收取正常的洪水保险保费之外，政府可以在防洪保护区收取防洪保险费，专门用于洪水灾害发生之后的赔付。同时，强制性要求易受洪水灾害影响地区的居民和企业购买洪水保险，未按要求进行投保的居民和企业要缴纳罚款，该罚款也要列入洪水保险基金。

对于受季风气候影响不大或者不受季风气候影响的地区，政府可以不用要求当地居民和企业强制投保，允许其自行在市场中购买洪水保险，但是对于符合条件的居民和企业应当按规定购买洪水保险，其保费收入作为洪水保险基金的一部分；在该地区，洪水灾害发生的频率较低，损失较小，因此，对于偶然一次发生的洪水灾害，政府可以拨款用于灾后补偿，若损害程度严重，还可以发动社会捐助作为洪水救助基金。

5.3.3.3　按照流域划分

洪水总是发生在一定区域，或发生在特定区域，具有较强的区域性，通常，河流流域是洪水灾害的多发地区。中国有七大流域，分别是长江流域、珠江流域、松花江流域、淮河流域、黄河流域、海河流域和辽河流域。

从表 5-2 的数据可以看出，各流域在流域面积、年径流量和年输沙量方面差距很大。长江控制流域面积最广，可达到 170.54 万 km^2，年径流量也是最大，可达到 8 931 亿 m^3；海河的控制流域面积最小，只有 8.4 万 km^2，年径流量也是最小，仅为 38.17 亿 m^3；黄河的年输沙量最大，可达到 36 800 万吨，海河的年输沙量最小，只有 31.4 万吨①。

表 5-2　2017 年七大河流代表水文站与实测水沙特征值

河流名称	代表水文站	长度（千米）	控制流域面积（万 km^2）	年径流量（亿 m^3）			年输沙量（万吨）		
				多年平均	近 10 年平均	2017 年	多年平均	近 10 年平均	2017 年
珠江	高要+石角+博罗	2 214	41.52	2 821	2 839	3 216	6 720	2 510	3 450
长江	大通	6 300	170.54	8 931	8 879	9 378	36 800	12 700	10 400
黄河	潼关	5 464	68.22	335.5	235.8	197.7	97 800	13 900	13 000
淮河	蚌埠+临沂	1 000	13.16	280.9	226.7	374	1 040	312	332
辽河	铁岭+新民	1 345	12.64	31.29	25.95	17.77	1 420	162	315
海河	石匣里+响水堡+张家坟+下会+观台+元村集	1 090	8.4	38.17	14.2	16.22	2 540	59.9	31.7
松花江	佳木斯	2 309	52.83	634	567.4	475.5	1 250	1 120	645

① 参见中华人民共和国水利部《2017 年中国河流泥沙公报》综述部分。

流域面积、年径流量和年输沙量都是影响洪水灾害发生的重要因素。因此，对于不同流域，洪水保险的具体实施措施不同，则洪水保险基金的筹集方式也有所区别。

对于长江流域、珠江流域和黄河流域而言，流域面积较广，年径流量和年输沙量较大，洪水灾害发生的可能性较大，且灾害波及范围较广。首先，应该加大洪水保险的覆盖面，必要时可以采取强制措施进行投保；其次，在洪水多发地带，政府应采取一系列的防洪措施，对于该区域内的居民和企业也可以收取防洪保险费，计入洪水保险基金；最后，根据以往年份洪水救助的情况，社会公众对于受灾地区的捐助较为积极，因此也可以作为洪水保险基金的筹集渠道。

对于珠江流域、淮河流域、海河流域和松花江流域而言，流域面积、年径流量和年输沙量较小，洪水灾害发生的可能性较小，可以不要求强制投保洪水保险，对于偶然一次发生的洪水灾害，政府可以拨款救助，因此，政府支持可以作为洪水保险基金的主要筹资渠道。

5.4 财政补贴

5.4.1 概述

政府机关具有对国家政治、经济、文化和社会的管理与服务职能，有责任也有义务调节社会资源，维护社会秩序，保证人民群众的财产与人身安全。洪水灾害发生迅速，危害范围广，难以控制。因此，对于普通洪水造成的损害，包括人身损害与财产损害，均可以通过基本的商业洪水保险予以救助，但是对于巨灾洪水所造成的损害，单纯依靠保险市场的商业运营很难完成灾后的恢复和补偿工作。政府作为国家的管理机关，有义务有能力为受灾群众提供救济保障，通过政府拨款快速恢复企业生产，实现社会的稳定运行。

5.4.2　财政补贴的资金来源

政府有义务对洪水灾害的受灾群众进行救助，那么国家财政对洪水保险进行补助补贴就具有合法性，由国家财政对洪水保险资金进行补偿问题就转化为财政资金的来源问题。宏观上，我国的财政收入与支出被划分为中央与地方两部分，那么，究竟应当由中央财政还是地方财政负担对洪水保险的补贴，不仅需要权衡中央财政与地方财政的资金充裕程度，还应考虑实现补贴的难易程度。

5.4.2.1　我国中央与地方财政的现状

表 5－3 集中反映了 2016—2018 年我国中央财政与地方财政的收支情况，值得参考。通过对表 5－3 进行分析，可以了解中央财政与地方财政的现状。

表 5－3　　2016—2018 年我国中央财政与地方财政的收支情况简表①

<table>
<tr><th>年份</th><th colspan="2">项目</th><th>数额
（单位：亿元）</th></tr>
<tr><td rowspan="8">2018</td><td rowspan="5">地方财政收支</td><td>地方本级预算收入决算数</td><td>97 903. 38</td></tr>
<tr><td>中央税收返还和转移支付数</td><td>69 680. 66</td></tr>
<tr><td>地方一般公共预算收入决算数</td><td>188 196. 32</td></tr>
<tr><td>支出大于收入的差额（赤字）</td><td>8 300. 00</td></tr>
<tr><td>地方本级支出</td><td>196 496. 32</td></tr>
<tr><td rowspan="3">中央财政收支</td><td>中央一般公共预算收入决算数</td><td>85 456. 46</td></tr>
<tr><td>中央本级支出决算数</td><td>32 707. 81</td></tr>
<tr><td>支出大于收入的差额</td><td>15 500. 00</td></tr>
</table>

① 数据来源，中华人民共和国财政部网站发表的全国财政结算报告。

续表

年份	项目		数额（单位：亿元）
2017	地方财政收支	地方本级预算收入决算数	91 469. 41
		中央税收返还和转移支付数	65 051. 78
		地方一般公共预算收入决算数	156 521. 19
		支出大于收入的差额（赤字）	8 300. 00
		地方本级支出	164 821. 19
	中央财政收支	中央一般公共预算收入决算数	81 123. 36
		中央本级支出决算数	29 857. 15
		支出大于收入的差额	15 500. 00
2016	地方财政收支	地方本级预算收入决算数	87 239. 35
		中央税收返还和转移支付数	59 400. 70
		地方一般公共预算收入决算数	146 640. 05
		支出大于收入的差额（赤字）	7 800. 00
		地方本级支出	154 440. 05
2016	中央财政收支	中央一般公共预算收入决算数	72 365. 62
		中央本级支出决算数	27 403. 85
		支出大于收入的差额	14 000. 00

注：地方一般公共预算收入决算数≈地方本级预算收入决算数 + 中央税收返还和转移支付数。

支出大于收入的差额≈地方本级支出 - 地方一般公共预算收入决算数。

本表格中所列数据来源于财政部在该年的财政决算数据信息公示。

对表 5 - 3 中的数据进行分析和归纳，可以得出如下两个前提性结论，具体如下：

第一，地方财政收入与中央财政收入基本持平。表 5 - 3 中能够反映中央与地方财政收入的项目分别是一般公共预算收入决算和本级预算收入决算。从一般公共预算收入的决算数额来看，地方一般公共预算收入的决算数额远高于中央一般公共预算的决算数额。地方一般公共预算收入决算数额均在 14. 6 万亿—18. 8 万亿元之间，而中央一般公共预算收入决算数额仅在 7. 2 万亿—8. 5 万亿元之间，二者数额相差较大。造成此种差距的原因，是因为地方一般公共预算收入的决算数除了地方本级的财政收入外，还包括代表二次分配的中央对地方的税收返还和转移支付，这一笔收入直接导致地方一般公共预算收入的决算数超过中央一般公共预算收入的决算数。因此，欲对中央财政收入与地方财政收入进行比较，需要关注地方本级的预算收入决算数与中央本级的预算收入决算数。

对于本级的预算收入决算而言，地方本级财政收入略高于中央本级财政收入。从我国地方本级与中央本级财政的财政收入来源来看，中央与地方的财政收入基本分为税收收入与非税收收入两大类。就税收收入而言，包含中央与地方共享税种在内，明确列出的中央税税种共计 13 项，地方税税种共计 14 项。2018 年，地方税税收收入为 75 954. 79 亿元，中央税税收收入为 80 448. 07 亿元。从税收层面看，在分税制改革的背景之下，地方税收与中央税收在全国税收中所占比例基本持平，二者收入数量基本相当，随着增值税改革的推进，中央税收收入占比略高。而表 5 – 3 中地方本级财政收入与中央本级财政收入的差异主要体现在非税收收入上，地方财政中，由专项收入、行政事业性收费收入、处罚没收入等组成的非税收收入数额远大于中央财政在前述事项上的收入。2018 年地方非税收收入为 21 948. 59 亿元，而中央财政中非税收收入仅为 5 008. 39 亿元。这直接使地方本级的财政收入超越了地方财政收入。而在中央和地方的财政收入来源中，税收收入占据主要地位，因此，即便地方的非税收收入是中央非税收收入的 3—4 倍，其本级的财政收入仅比中央的财政收入高出不足 20%，从此意义上讲，在当前的税制之下，我国中央与地方的财政收入在数额上基本持平，地方财政收入水平略高于中央财政收入水平。

第二，地方财政支出远高于中央财政支出。财政资金的充裕程度集中反映在财政收支的关系上，因此，欲对地方及中央的财政资金状况有清晰的认识，还需考察地方财政的支出情况。对财政赤字的计算公式进行反推可以得出地方本级的财政支出。从表 5 – 3 中可以看到，2018 年地方本级的财政支出为 196 496. 32 亿元，而同期的中央本级财政支出仅为 32 707. 81

亿元，地方财政的支出负担高达中央财政的6倍左右，其他年份的财政支出状况也基本如此。由此可见，地方本级的财政支出远高于中央本级的财政支出。

在前述两个前提性结论下，不难得出这样的结论，即地方的财政状况相较中央的财政状况而言更为紧张。虽然中央与地方的财政收入在数额上大致相当，但地方财政的支出负担却远高于中央财政的支出负担。地方财政收入难以负荷庞大的财政开销，其本级财政收入仅能支持其本级不到60%的支出数额。即便加上每年的中央税收返还和转移支付数，地方财政依然存在赤字，由此可见，地方财政的匮乏状况。与之相反，中央财政的负担较轻，其本级的财政支出尚且不足同年财政收入的40%，剩余的大量资金主要用于对地方的财政反馈（即税收返回及转移支付），形成了中央财政对地方财政的支持与补贴。因此，中央财政状况较为宽裕。由中央财政划拨一部分资金用于对洪水保险的补偿有其可行性。

5.4.2.2 中央财政直接对洪水保险进行适当补偿具有合理性

主要由中央财政直接对洪水保险进行补偿，可能更为合适。主要理由在于，采用这种方案，责任主体明确、程序相对便捷。根据《中华人民共和国预算法》之规定，我国实行一级政府一级预算，我国共设立了中央，省、自治区、直辖市，设区的市、自治州，县、自治县、不设区的市、市辖区，乡、民族乡、镇五级预算。全国预算由中央预算和地方预算组成。其中，地方预算共包含省、市、县、乡四级预算。因此，如果要求地方财政也必须对洪水保险进行补贴，势必会导致补贴主体与程序复杂化，如果相互推诿，则不利于财政资金快速、便捷的进入洪水保险体系，不利于洪水保险的推广、开展与救助。

综上所述，主要运用中央财政资金对洪水保险进行补贴、支持，具有合法性与可行性，应是推动全国洪水保险开展的重要资金渠道。同时由于地方政府承担防治洪水灾害管理的具体义务，地方政府也具有补偿洪水保险资金的合法性与可行性，为充分调动中央和地方两个积极性，财政补偿资金应该由中央和地方政府按一定比例分摊。

5.5　巨灾彩票

5.5.1　概述

洪水彩票，是指为救助洪水灾害中的受灾群众，依法发行的彩票。区别于体育彩票，福利彩票是联合社会各界众多有爱心的人士，兴办社会福利事业，为救助年老、伤残、孤儿以及经济困难的人提供资金帮助的一种筹资方式。洪水巨灾彩票种类繁多，面额较小，发售范围较广，购买方式简单易行，发售洪水彩票，可以调动全社会的力量参与洪水巨灾救济，将社会上闲散的小额零散资金充分聚集在一起形成一类专项洪水基金，专门用于洪水巨灾救济，有利于快速帮助灾后重建，保障生产与生活。

5.5.2　发行巨灾彩票的合理性

彩票是以筹集资金为目的而发行的一种凭证[①]。洪水彩票，是指为救助洪水灾害中的受灾群众，依法发行的彩票。

近年来，我国彩票事业也获得了长足发展。彩票收入正逐步成为政府新兴的收入方式。依据《彩票管理条例实施细则》，我国的彩票事业由国务院统筹，目前包括两种彩票，一种是由民政部发行的福利彩票（简称福彩），另一种是由国家体育总局发行的体育彩票（简称体彩）。民政部统计

① 《彩票管理条例》第 2 条规定，是指国家为筹集社会公益资金，促进社会公益事业发展而特许发行、依法销售，自然人自愿购买，并按照特定规则获得中奖机会的凭证。

资料显示，2017 年，中国体育彩票年销量额达到 2 096.92 亿元，筹集体彩公益金 523.26 亿元①，而体育彩票与福利彩票的销售额大体相当。2018 年，中国体育彩票年销量达到 2 869.16 亿元，筹集体彩公益金 670.03 亿元②。对体育彩票和福利彩票两者相加，可大概估算出我国每年的彩票公益金大约在 1 100 亿元左右，且还有上升趋势。发行彩票所筹集的资金，远高于前述社会捐款的资金规模，其重要性不言而喻。因此，充分发掘彩票在筹集资金中的重要功能，应用于洪水保险，有其必要性。

另外，彩票的公益性目的与洪水保险相契合。彩票严格区别于私彩，能够得到政府和人民大众的认可，根本原因为彩票的本质属性是公共性和福利性，《彩票管理条例实施细则》为彩票资金的使用限定了严格的方向，仅能用于社会福利及公益事业。这使得彩票成为政府筹集公共资金的一种有效和合法手段。而洪水保险也具有极强的公益性，此二者具有趋同性，因此，发行洪水彩票与彩票制度的目的相契合。

5.5.3 发行洪水巨灾的制度障碍及解决措施

当前，发行洪水彩票尚存在立法障碍。在现行法律体系下，我国能够发行的彩票种类具有法定性。依据《彩票管理条例》第 3 条之规定，国务院特许发行福利彩票、体育彩票。未经国务院特许，禁止发行其他彩票。禁止在中华人民共和国境内发行、销售境外彩票。此条款对彩票的发行主体、发行类型进行了限制。我国当前能够发行的彩票，仅包括福利彩票和体育彩票两种。

此规定对洪水彩票的发行产生了较大障碍，洪水彩票若要发行，需经国务院有关部门特许，还需要在相关彩票法律规范中确认其法律地位。此

---

① 参见“2017 年体育彩票销量知多少”，载于搜狐网站，网址 http：//www.sohu.com/a/214315017_100092071，最后访问日期：2018 年 3 月 17 日。

② 参见“2018 年体彩销量 2 869 亿元增 36.8%，15 年来首超福彩”，http：//www.sohu.com/a/286104920_120054408，最后访问日期：2019 年 5 月 30 日。

中不仅涉及多部门的协作与制衡，更需要从立法角度对现有的模式进行突破。

5.6　社会捐助

5.6.1　概述

洪水灾害一旦发生，大面积地区将会受到损害，从而导致受灾区整个的生产和生活处于一种瘫痪状态，对洪水巨灾的救济是一项极具意义的公共慈善事业。社会的发展和经济运行是一个有机整体，任何一方的缺失都会影响整体的发展，正所谓“一方有难，八方支援”。社会经济飞速发展，居民收入水平也在不断提高，更多的人树立起扶危济困的意识，慈善事业不断受到重视，各种慈善机构纷纷建立，社会捐助成为基金筹集的一大重要渠道。

5.6.2　社会捐助的合理性

随着经济的不断发展与居民收入的持续提高，社会捐款正逐渐成为一条不可小觑的资金来源渠道。尤其是近年来，随着慈善事业不断受到重视，经常性社会捐助工作站、点和慈善超市的不断建设，加之《中华人民共和国慈善法》的出台，慈善事业获得了前所未有的发展，慈善资金体量不断增大。

首先，我国慈善资金拥有庞大的资金体量。据民政部统计资料显示，截至 2018 年底，全国共建立经常性社会捐助工作站、点和慈善超市 1.2 万个（其中：慈善超市 3 464 个）。全国社会组织捐赠收入达 919.7 亿元[①]，此数额约占 2018 年全国财政收入的 0.5%，略高于当年甘肃省地方本级财政收入（870.80 亿元），远高于海南（752.67 亿元）、宁夏（444.43 亿元）、青海（272.87 亿元）、西藏（230.29 亿元）等省份的地方本级财政收入[②]。而这仅是并无大灾年份的社会捐款数额。在自然灾害频发的大灾年份，社会捐款还会呈现出激增的态势，以 2008 年 5.12 汶川地震为例，据统计，截至 2008 年 9 月 25 日，全国共接收国内外社会各界捐赠款物总计 594.68 亿元，民政部全年共接收社会各界捐款共计 764 亿元。此数额大约占当年全国财政收入的 1.5% 左右，占地方本级财政收入的 3.2%，大致相当于当年河北全省（789 亿元）的财政收入，高于全国大多数省份的地方财政收入数额。[③] 上述数据足以说明，在我国当下，社会捐款已经拥有相当庞大的资金体量。将其运用于洪水保险之中作为洪水保险基金的重要来源之一，有着充分的合理性。

其次，《中华人民共和国慈善法》的颁行为社会捐款的兑现提供了稳定的法律保障，一定程度上削弱了社会捐款的不确定性。依据《中华人民共和国慈善法》第 41 条之规定，捐赠人负有按照捐赠协议交付捐赠财产的义务，无故违反约定有陷于诉讼之虞。如此制度安排有利于对社会捐款的捐赠关系进行确认，维护了捐款的稳定性。因此，社会捐款作为洪水保险基金的资金来源具有合理性。

5.6.3 社会捐助的实施程序

社会捐助的实施程序主要有以下几步：

---

① 参见《2018 年民政事业发展统计公报》，载于中华人民共和国民政部网站，网址：http://www.mca.gov.cn/article/sj/tjgb/201908/20190800018807.shtml，最后访问日期：2019 年 12 月 27 日。

② 参见《2019 中国统计年鉴》载于国家统计局网站，网址：http://www.stats.gov.cn/tjsj/ndsj/2019/indexch.htm，最后访问日期：209 年 12 月 27 日。

③ 参见《2008 中国统计年鉴》，载于国家统计局网站，网址：http://www.stats.gov.cn/tjsj/ndsj/2008/indexch.htm，最后访问日期：2018 年 3 月 17 日。

第一，采取适当措施使捐助渠道多样化。一方面，可以通过各种宣传方式使洪水保险及洪水保险基金的积极意义为社会广泛知晓，尽可能地扩大社会捐助主体；另一方面，应当拓宽捐赠渠道，为各种社会资金的进入提供便捷的通道。

第二，通过立法规范捐赠程序，使捐款规范化。例如可明确对签订捐赠协议的要求。这不仅可以使捐赠主体免于各种诈捐之虞，也可方便对捐款行为的管理，并对失信的认捐人进行催缴。

第三，对所募集款项的使用及管理公开化、透明化。这不仅是提升社会捐款使用效率的要求，也是加强社会监督，提高捐款人积极性的要求。

第 6 章

国外洪水保险的实践经验和启示

作为一种高效的巨灾风险分散机制，洪水保险制度很早就得到了各国政府和民众的关注。尤其是在那些保险业相对发达的国家，洪水保险制度已经成为一项非常重要的非工程性防洪措施和洪灾救济制度。“他山之石，可以攻玉”，国外已有的洪水保险制度或对洪水风险进行保障的相关保险制度在其运行过程中所积累的诸多有益经验，对于我国建立洪水保险制度有着良好的借鉴意义。本部分将从组织机构、法律（法规）体系、运作机制等方面，对美国、英国、法国等发达国家洪水保险制度进行分析，同时对孟加拉国、泰国等发展中国国家的洪水保险实施情况进行总结分析，以期为我国洪水保险制度建立提供有价值的借鉴。

6.1　美国的洪水保险

美国是世界上最早提出并开展洪水保险的国家。受地理环境和气候变化因素影响，美国是一个自然灾害高发的国家，其遭受的灾害主要包括江河洪水、风暴潮、海啸、地震、台风与强风、滑坡等。由于经济的发达导致物质财富的高度集中，每一次严重的自然灾害都会造成巨大的经济损失。随着经济的持续发展和全球气候变化，美国经济因洪水灾害造成的损失不断增加。20 世纪以来，为了应对洪水灾害对经济的破坏，美国联邦政府和州政府投入了大量资金兴建防洪工程，但是洪水灾害造成的经济损失还是在不断增长，政府救灾支出也持续增长，财政负担日益加剧。为此，美国自 20 世纪 50 年代开始采用洪水保险等非工程措施来解决洪水灾害问题。美国实行的全国洪水保险计划（NFIP）是通过国家法律确立的、全国性的保险集合，由联邦政府主导，商业保险公司代理销售洪水保单，并将出售的保单全部转给 FIA，所收取的保险费由 FIA 统一管理和使用，由全国保险洪水基金进行资金积累的一种“强制性”保险模式。除此之外，海岸区和洪泛区的居民和企业还可以自愿购买商业保险公司提供的商业洪水保险产品。

6.1.1 组织机构

美国的洪水风险管理，以洪泛区管理为核心，通过采取有效的工程措施和土地使用规定、洪水预报和警报、洪灾预警、灾后恢复、洪水保险、向受灾者提供经济援助等非工程措施，将洪水灾害损失降低到最小限度。美国洪水保险计划以国家名义推行，国家作为承保主体参与洪水保险，并设置了负责洪水保险事务的专门机构——联邦保险管理局（Federal Insurance Administration，FIA）。1979 年 4 月，美国成立了美国联邦紧急事务管理署（Federal Emergency Management Agency，FEMA），FIA 归属 FEMA 领导。FEMA 负责国家洪水保险计划的实施，其使命是减少生命及财产遭受的灾害损失，保护国家重要基础设施免受灾害；主导、配合应急管理措施的执行等。其主要职责是制定洪水保单、洪水保险图、洪泛区居民迁移标准，评估社区的 NFIP 执行情况并为地方政府、企业和居民提供技术支持。FEMA 总部设置有应急指挥中心，联合联邦 27 个相关机构，形成了美国的灾害风险综合行政管理体系。州政府依法制定和执行关于洪水管理的法规，为各地方政府防洪措施提供技术支持与服务。各地方政府主要是检查洪泛区情况，向 FEMA 报告，以修正 NFIP 的不足和缺陷。美国的洪水管理和洪水保险涉及的组织机构主要有：

6.1.1.1 联邦政府

联邦政府主要负责防洪法律制定、防洪减灾工程建设、防洪知识情报宣传教育、洪水保险制度设计、土地利用规划、预报预警系统建设等职责。同时联邦政府还承担着保护洪泛区的自然资源和文化资源，开展生态系统研究，提供防灾减灾、灾害救援服务等任务。当发生特大洪水灾害，损失超过历史平均水平时，NFIP 还可以向财政部申请有息贷款，国会也可以酌情拨款资助。

6.1.1.2　州政府

美国的州政府有权制定和采取洪水管理措施，以减少洪水风险和保护洪泛区的自然机能。州政府在洪水管理中的承担的主要任务有：协调实施联邦洪水保险计划以推动其辖区内洪泛区管理活动的开展；制定和实施包括州级规定在内的洪泛区管理方案和规划；规划土地利用，限制土地开发；协调州辖区内地方政府及地方自治区的洪泛区管理措施；向个人及其所属政府，特别是向地方自治区提供各种专业技术知识；加强与联邦政府的联络等。

6.1.1.3　地方自治区

地方自治区是进行洪水管理和洪水保险实施的基础。地方自治区可根据其规模、所在州的政策、政治机构、经济状况、洪水类型以及对整个自治区和洪水风险区开发程度的大小而采取各种不同的洪水管理措施。另外，地方自治区可按照州政府所赋予的治安权限决定和监督本地所辖土地的开发利用，并提出申请争取获得州政府及联邦政府的财政与技术援助。

6.1.1.4　陆军工程兵团

美国陆军工程兵团（U.S. Army Corps of Engineer，USACE）成立于1802 年，是美国历史最为悠久和最具权威性的洪水研究实验和防洪工程规划、设计、建设、维护、管理及咨询机构。USACE 在洪水风险管理方面的主要作用包括：负责执行防洪法规；开展洪水调查、研究及相关实验，绘制洪泛区洪水风险图，编写洪泛区情报调查报告；编制并实施流域防洪规划；制定与防洪工程建设有关的规范、标准和指南，负责修建洪泛区防洪设施；负责向州和地方自治区提供综合洪水预报和救援计划；负责联邦级防洪工程的维护管理和大坝安全检测；提供与防洪有关的技术服务。USACE 绘制的洪泛区洪水风险图为洪水保险定价和理赔提供了关键的基础支持。

6.1.1.5　联邦紧急事务管理署

美国联邦紧急事务管理署（Federal Emergency Management Agency，FE-

MA）成立于 1979 年，由国家消防管理局（National Fire Prevention Control Administration，NFPCA）、联邦保险管理局（Federal Insurance Administration，FIA）、联邦广播系统（Federal Broadcast System，FBS）、防务民事准备局（Defense Civil Preparedness Agency，DCPA）、联邦灾害援助管理局（Federal Disaster Assistance Administration，FDAA）、联邦准备局（Federal Preparedness Agency，FPA）等联邦部门在当时合并组成。2001 年“9·11”事件后，美国成立了国土安全部，将 FEMA 并入其中。2005 年卡特里娜飓风（Hurricane Katrina）发生后，美国总统布什于 2006 年 10 月 4 日签署的《后“卡特里娜”应急管理改革法》赋予了 FEMA 新的职能，将 FEMA 的管理理念从“综合性应急管理”（Comprehensive Emergency Management）提升为风险基础上的“扩展性综合性应急管理”（Expanded Comprehensive Emergency Management），即其核心业务流程除减缓（mitigation）、准备（preparedness）、响应（response）和恢复（recovery）外，还新增加保护（Protection），即让 FEMA 与国土安全部的“基础设施保护办公室”（Office of Infrastructure Protection）合作，通过培训和规划等活动，履行基础设施保护职责。目前，“新 FEMA”的主要职责包括：领导全国的综合性应急管理工作，应对各种风险，包括灾难性事故；与非联邦实体结成伙伴关系以建立全国性的应急管理体系；发展联邦响应能力；整合自身的综合性应急管理职责；建立强大的地区办事机构以解决地区优先解决的问题；利用国土安全部的资源；形成非联邦应急管理能力；发展、协调全风险准备战略的实施。①

具体到防洪救灾，FEMA 的任务主要包括两个方面：第一，灾前的各种减灾措施，如国家减灾计划、洪泛区管理、洪水保险、救灾人员培训、救灾演习、社会防灾意识宣传教育等；第二，灾后组织与实施抢险救灾。其中非常重要的一点是，FEMA 负责代表总统协调各方灾难救助事宜，包

① 王宏伟．FEMA 的演变与发展——透视二战后美国应急管理的四次大变革［J］．中国应急管理，2007.04.

括各州和地方政府、27 个联邦政府机构、美国红十字会以及其他志愿者组织等。

此外，垦务局也是美国参与防洪减灾的重要联邦部门之一。垦务局隶属内务部，主要防洪职责之一是配合陆军工程师团、FEMA 及各级政府，做好其所属有防洪任务水库的防洪调度与管理工作，按照陆军工程师团确定的防洪调度方案进行调度。

6.1.1.6　商业保险公司

参加了自行签单计划（WYO）的商业保险公司代理出售保单，并将出售的保单全部转给 FIA，所收取的保险费由 FIA 统一管理和使用；商业保险公司按照保单数量获取佣金，并不承担保险赔偿责任。这样的话保险公司有参与洪水保险计划的积极性，并可以充分利用商业保险公司的业务网络，开展防灾减灾救灾服务。

6.1.2　法律法规体系

美国是一个重视法治建设的国家。从 19 世纪 50 年代开始，美国着手洪水风险管理立法。1850 年制定了《沼泽地和淹没区法》，规定密西西比河沿岸数万平方公里的沼泽地交由州政府管理。1956 年，美国出台了《洪水保险法》，创立了联邦洪水保险制度。1968 年通过了《全国洪水保险法》，次年出台了《国家洪水保险计划》（NFIP），建立了国家洪水保险基金会。1973 年，美国通过了《洪水灾害防御法》将洪水保险从自愿变为强制。1994 年和 2004 年两次出台《洪水保险改革法案》，大幅度提高了洪水保险的保险金额，延长了洪水保险等待期等，进一步促进了洪水保险的发展。

目前，美国联邦政府颁布的有关水的法规达到 1 000 多部，既有全国性法案，也有地方性法案。从联邦政府到州政府，从州政府到地方政府，基本上形成了一套层次分明、内容全面的洪水风险管理的法规体系。在美国，从洪水工程的规划、设计、投资，到洪水灾害的防御、救灾，再到洪水灾后的恢复与重建、洪水保险制度等都有法可依，可谓规范有度，执行有据（见表6-1）。

表6-1　　美国洪水灾害管理立法

时间	法律	内容/意义
1850年	《沼泽地和淹没区法》	第一部管理水的法案
1919年	《洪水控制法》	联邦政府介入洪水控制工程建设
1928年	《密西西比河下游防洪法》	授权修建水库大坝、整治河道、设置滞洪区、开辟泄洪道控制洪水
1933年	《田纳西峡谷管理局法案》	建立了田纳西峡谷管理局和资源发展的区域性计划
1936年	《洪水控制法》	把陆军工程兵团负责的防洪区域从密西西比河流域扩展到全国
1956年	《洪水保险法》	创设了联邦洪水保险制度
1965年	《东南飓风减灾法》	检查包括保险和其他洪水灾害财政救助计划的可行性
1968年	《国家洪水保险法》	制定了《国家洪水保险计划》，建立了国家洪水保险基金
1973年	《洪水灾害防御法》	认识到自愿的洪水保险计划是无效的，实施保险强制购买要求
1988年	《罗伯特斯坦福法案》	限制了灾害救助，灾害救助只对已投保或未投保的公共和非营利组织提供
1994年	《洪水保险改革法》	提高遵守强制购买要求，禁止在没有购买洪水保险的地区提供联邦灾难援助
2000年	《灾害减轻法》	强调州、种族和地方政府要紧密合作
2004年	《洪水保险改革法》	解决重复财产损失问题
2011年	《洪水保险改革法》（草案）	解决巨灾冲击后NFIP的财务稳定性问题

6.1.3　运作模式

在美国实行全国洪水保险计划以前，美国保险公司曾经将洪水灾害损失列为保险责任范畴。但由于保险公司在大洪水中遭受了灾难性损失，商业保险公司对洪水保险的热情逐渐冷却，商业保险中的洪水责任仅包含了汽车和部分财产。为了应对日益攀升的洪灾损失，减轻联邦政府用于灾害救济的费用负担，提升地方政府对洪泛区管理的有效性，美国于 1956 年颁布了《洪水保险法》。1968 年颁布了《国家洪水保险法》，并以此为据，出台了“国家洪水保险计划”（简称 NFIP）。NFIP 确立了三大目标：一是为众多可能遭受洪水灾害损失的财产所有者提供洪水保险保障；二是当洪水灾害发生时减少纳税人资助的灾难援助；三是通过基于精确有用的洪水风险图和相关建筑标准执行的洪泛区管理，减少洪水对经济财产造成的损害。

围绕这三大目标，美国洪水灾害风险转移机制的具体内容可以概括为：国家通过法律确立并采用一定的经济措施引导，以政府保险机构为主，私营保险公司参与销售，在社区参与国家洪水保险计划的情况下，居民及小型企业业主可以自愿为其财产购买洪水保险的一种“强制性”国家洪水保险计划。

6.1.3.1 以政府保险机构为主导：FEMA 与 FIMA 的职责

如前所述，FEMA 是美国负责对飓风、地震、台风、洪水、火灾等自然灾害和恐怖袭击等人为灾害等突发事件履行应急管理职能的联邦部门。具体到对于洪水灾害管理，FEMA 主要负责制定洪泛区管制法规、洪泛区内兴建建筑物的相关防洪规范及洪泛区风险图管理等全国性政策。

至于美国国家洪水保险计划的经营，则由 FEMA 所辖的联邦保险管理局（FIA）来进行。“9·11”事件后，FIA 与其他部门合并为联邦保险与减灾局（Federal Insurance and Mitigation Administration，FIMA）。FIMA 的具体职责包括制定费率、规范承保范围、审核投保及理赔案件等。

6.1.3.2 商业保险公司参与销售：“自行签单计划（WYO）”计划

商业保险公司在美国国家洪水保险计划中的作用发挥，可谓一波三折。1977 年底，由于双方权责不明，矛盾重重，FIA 解除了与国家洪水保险协会的合作关系。1981 年，经过与几家大型保险公司和保险业协会代表的艰苦谈判，FIA 提出了“自行签单计划”（Write Your Own Program，WYO），试图重新发挥私营保险公司在国家洪水保险计划中的作用。1983 年 8 月，FIA 向广大私营保险公司发出了参加 WYO 计划的邀请。经过 30 多年的发展，目前私营保险公司和保险咨询公司已成为国家洪水计划的重要参与主体。根据 FEMA 的最新统计，目前美国已有百余家保险公司参与 WYO 计划。在 WYO 计划中，商业保险公司可以以自己的名义承保联邦洪水保险和理赔，同时获得费用补贴并将超出理赔的保费收入转移给联邦政府；FEMA 则负责赔偿超出保费收入的损失，制定费率、保障范围、限额和资格要求。

因此，NFIP 为消费者提供洪水保险的途径实际上有两个：一是通过直接与 FEMA 联系的 NFIP 直接计划（NFIP Direct Program）代理人购买；二是通过“自行签单计划”，从保险代理人或保险公司处购买（见图 6－1）。这两种途径收取的保费相同。

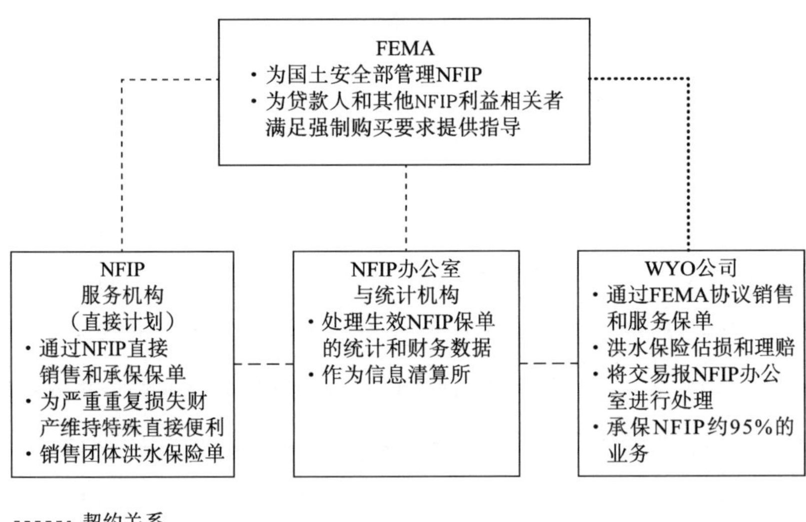

图 6－1 NFIP 保单的销售

资料来源：美国联邦紧急事务管理署。

6.1.3.3 社区参与下的个人购买：防灾减损与“强制”保险

在美国，参加国家洪水保险计划是以社区而不是以个人为单位的。其原因在于，若非以社区作为一个整体，仅单纯依靠个人是难以采取充分的防灾减损措施来管理洪水风险的。如前所述，1968 年《国家洪水保险法》规定只有参加了国家洪水保险计划的社区，才能购买由联邦补贴的洪水保险。而参加国家洪水保险计划的社区，必须采取限制洪水风险区开发、引导拟建项目避开洪水风险区、协助减轻洪水破坏等长期措施，加强洪泛区的土地利用与管理。1973 年通过的《洪水灾害防御法》将国家洪水保险计划由自愿性改为强制性，并对个人申请联邦资助进行了限制。但在计划的推行过程中，“强制性”的有关要求并未得到真正贯彻。针对这一问题，1994 年国会又通过了《全国洪水保险改革法》，规定如果财产所有者没有按照规定购买洪水保险，承保机构必须为其补办，并可向财产所有者收取相关费用；否则将面临民事经济处罚。目前，在全美范围内已有超过 20 000 个社区加入国家洪水保险计划，几乎所有参与社区里的个人都能购买洪水保险。对那些坚持不参加国家洪水保险计划的社区和个人，在遭遇洪水灾害后，无权享受联邦政府的有关灾害救济与援助。

通过分析我们可以总结出美国洪水保险计划运作的基本模式（如图 6－2 所示）：

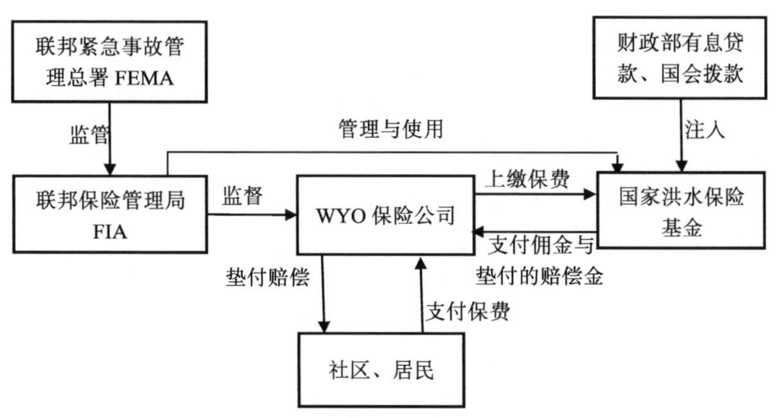

图 6－2　美国洪水保险计划运作的基本模式①

① 王和，王平著．中国洪水保险研究［M］．北京：中国金融出版社．2013.09.

可以发现，美国的洪水保险模式政府主导性强，在全国范围内强制推行洪水保险，集中管理，能够高效调节保险经费；利用了商业保险公司的专业优势和影响网络，大大降低了运营成本，而且商业保险公司只负责保单的承保和理赔垫付工作，不承担赔付风险，商业保险公司参与积极性高。但是也存在诸如风险完全由政府承担，国家财政压力较大，未能充分发挥商业保险公司损失分担、分散风险的优势。

6.1.3.4 洪水保险成效

根据 FIA 的统计数据，美国自从实施洪水强制保险制度以来，洪水保险规模急剧扩大，从 20 世纪 80 年代末期的 2 000 亿美元，扩展到目前的 18 000 亿美元。有效保单数量发展迅速，从 20 世纪 80 年代末有效保单不到 200 万单，飙升到 2015 年的 1 100 万单。美国洪水强制保险制度在整个洪水风险管理体系中，特别是 2005 年美国发生历史上最大的“卡特里娜”飓风之后发挥了重要作用。从其赔付率看，过去 30 年，每年的平均赔付率约为 18.3%，在洪水灾害严重的年份，如 1992 年和 2005 年，这两年的赔付率高达 59.1% 和 62.3%，较好地分散了洪水灾害后的经济损失，为灾后重建提供了强有力的经济支撑。从 1985 年起，美国的国家洪水保险计划（NFIP）实现了自负盈亏，不再需要用财政支出来补贴赔偿、运营等费用支出。

目前美国已将联邦洪水保险基金由 40 亿美元增加到 100 亿美元，洪水保险已覆盖全国两万多个可能形成的洪泛区，约有 260 万人持有洪水保险单，使美国洪水保险成为该国仅次于养老保险的第二大社会保险项目①。

① 周维伟，李春龙，陈飞，郇延诚．洪水保险的国际比较与借鉴［J］．中国水利，2019.04.

6.2　英国的洪水保险

英国是地处大西洋之中的一个岛国，境内河流众多，受温带海洋性气候影响，全年降雨充沛，英国全境都可能遭受洪水灾害。据统计，洪水造成的人员死亡占全部自然灾害死亡人数的75%，经济损失占40%①。英国的洪泛区有各种资产约220万处．处于危险威胁之下的居民超过500万人，初步估算这种洪水风险的总价值超过了2 200亿英镑②。近年来，随着全球气候变化，极端气候发生频率越来越高，英国洪灾也呈现出频率增加，破坏力增强的趋势。为了应对洪水灾害对生命和财产的威胁，英国对洪水风险管理与防洪规划进行了不断的探索和实践，走在了世界前列，取得了令人瞩目的成绩。

英国是一个保险市场非常发达的国家，英国保险业已经积累了相当丰富的承保经验，各种专业技术和管理手段十分发达，承保力量雄厚，是世界再保险市场的中心之一。这些因素使得英国十分注重洪水保险在防范洪水风险中的作用。经过长期的实践探索，英国形成了以市场化保险机制为基础的洪水保险模式，政府不参与洪水风险分担，商业保险自愿将洪水保险纳入标准家庭及小企业财产保险的责任范围之内，业主可以自愿在市场上选择保险公司投保，保险公司再通过再保险市场进一步分散风险。

6.2.1　组织机构

虽然英国的洪水保险市场化程度很高，政府不参与洪水保险的日常运

---

① 王涛．形成合力，推进洪水保险［EB/OL］．经济日报，2008.11.19.

② David Rooke，徐宪彪．英格兰和威尔士的洪水风险管理策略［J］．中国水利，2005.

营和管理，不承担有关经营和赔付风险，但是英国政府与保险业之间存在着密切的合作。英国保险协会与政府达成协议，政府承担投资修建防洪工程措施的职责，并向商业保险公司提供相关地区洪水风险评估、洪水灾害预警、气象研究及与洪水风险相关的信息和资料等。英国保险业认为，在标准保单中承保洪水保险，有助于在更为广泛的保险集合中分散风险，从而将洪水保险成本维持在尽可能低的水平上。加之，英国政府修建的洪水防御工程措施和积累的大量洪水风险资料等使得这些地区的洪水风险成为商业保险公司可以承保经营的可保风险。

6.2.2 法律法规体系

英国法律制度较完善，但由于其实行不成文宪法，故法律体系过于分散。2004 年 1 月通过的《国民紧急状态法》整合了已有的专门法律，重新构建了以该法案为中心的紧急状态法律体系。该法强调预防灾难是应急管理的关键，也明确规定了地方和中央政府对紧急状态进行评估，制定紧急计划，组织应急处置和恢复重建的职责。在这个基本法出台之后，政府又相继出台了《应急管理准备和响应指南》《应急管理恢复指南》《中央政府对突发事件响应的安排：操作手册》等法规和文件，使中央政府应急管理能力得到提高。

英国大约 10% 的财产位于泛洪区，另外，自 2000 年以来，11% 的新房产都建在洪水灾害地区[①]。大量资产以及洪水风险地区的开发管理都强调了强有力的规划控制的重要性，英国是城市规划立法非常完备的国家，2004 年，《规划政策声明 11：区域空间战略》《规划与强制购买法》和《城乡规划条例（区域规划）（英格兰）》先后发布，新的区域规划体制被完整的建立起来。2006 年，英国政府发布《规划政策声明 25：发展与洪水

① House of Commons Communities and Local Government Committee. Planning Gain Supplement. London：Stationery Office，2006.

风险》，将发展区域进行不同的洪水分区（见表 6－2），系统分析了英国面对的各种洪水风险，以及各级别的规划需要配备哪些洪水风险的评估等内容（见表 6－3）。

表 6－2 英国洪水分区

洪水区	定义	适宜利用的类型	特定地点洪水风险评估（FRA）要求	政策目标（开发者和地方政府）
Ⅰ	低概率 任一年河流或海岸型洪水几率低于 0.1%	所有土地利用类型	开发地点内，有 $1hm^2$ 以上的洪水脆弱区，应当被纳入到 FRA	通过开发形式和布局以及可持续排水技术的应用减少该区的洪水风险
Ⅱ	中概率 任一年河流型洪水几率在 0.1%—1% 或海岸性洪水概率在 0.1%—0.5%	与水能兼容的土地利用；较低脆弱性利用，如商店和办公室；较高脆弱性利用，如医院和家园；基础设施	该区的所有发展计划书都应附带 FRA	通过开发形式和布局以及可持续排水技术的应用减少该区的洪水风险
Ⅲ A	高概率 任一年河流型洪水几率在 1% 以上或海岸性洪水概率在 0.5% 以上	与水能兼容的土地利用；较低脆弱性利用，如餐馆；高脆弱性利用，如地下室或永久公园不被允许	该区的所有发展计划书都应附带 FRA	通过开发形式和布局以及可持续排水技术的应用减少该区的洪水风险；将已有开发迁徙到低概率洪水区；分配和维护洪水储备开放空间
Ⅳ B	功能性泛洪区——水淹到的土地或在洪水期间储备水的土地	与水兼容或需通过测试的基础设施，这些设施应满足：在洪水时仍能被用户安全使用，没有导致泛滥平原储存损失，不妨碍水流，不会增加其他地区的洪水风险	该区的所有发展计划书都应附带 FRA	排水技术的应用减少该区的洪水风险；将已有开发迁徙到低概率洪水区

表 6－3　　英国洪水风险评估

战略	洪水风险评估	分析
区域空间战略（RSS）	区域洪水风险评估（RFRA）	RSS 为地方开发文件（LDD）、地方交通规划和土地利用规划提供一个空间参考框架。RSS 对公众监督是开放的。RFRA 应告知 RSS 有关区域重大用途的考虑，包括大面积地块的认证以及确定某地块的标准来突出洪水问题，这些都是由地方政府利用 SFRA 应对。RFRA 应由洪水地图提供资料和由环境署和其他操作权威机构（流域管理规划、流域洪水管理规划和海岸管理规划）提出准备计划。在英国，有 90% 的土地在洪水区Ⅰ（最低风险），所以在区域尺度内，在这个地区发展将会有许多机会
地方发展框架（LDF）	战略上的洪水风险评估（SFRA）	LDF 是一个 LDD 的集合，应反映出委员会的战略规划政策及核心战略中应对洪水风险的方法。洪水风险应将横跨整个区域的土地利用类型详细配置作为要素考虑。SFRA 将比 RFRA 更为细化，并为全国各地方政府提供各种洪水类型的全面洪水风险评估。决策者利用 SFRA 来报告他们对洪水的认识，提炼有关洪水地图的信息，确定经过或来自本区域洪水风险的变化情况。环境署 2009 年出版的流域管理规划（RBMP）是欧盟水框架指令实施的一部分，而 SFRA 为 RBMP 做了很大的贡献
个体规划申请（IPA）	特定地点洪水风险评估（FRA）	LDD 要求开发者提交个体规划申请时，需要一并提交 FRA，并在规划中确定洪水风险区，在 FRA 中说明如何应对气候变化带来的洪水风险，否则申请可能被环保署拒绝。开发计划可能会对自身及周边地区的洪水风险产生影响，FRA 可以为其提供更多详情。在新的规划法中，已将 FRA 列为环境影响评估的一部分

建设管制和进行规划的出发点是建立一个完善有效的洪水风险评估体系，并贯穿于发展规划的各个阶段。评估可以分为很多层级，去支持不同规划文件和战略，如区域空间战略等。

在建立完备的洪水风险管理和规划体系的基础上，英国利用其保险业发达的优势，积极发展市场化的洪水保险机制。英国的洪水保险由商业保险公司承保并经营。政府和保险行业协会之间签署了一份“君子协议”——2002 年 9 月 25 日英国保险协会公布的《洪水保险供给准则》。根据协议，政府承诺简单有效的防洪体系，并及时提供有关风险水平和改建项目的准确信息，使洪水损失控制在可控的范围内；保险业则承诺为位于洪水风险区域的居民和小企业开办洪水保险，把洪水风险纳入居民家庭及小企业的财产保险责任之内。

6.2.3　运作模式

由前面的分析可知，英国的洪水保险采取市场化经营模式，即由保险公司提供洪水保险服务，保险公司根据政府提供的洪水风险历史数据和洪水风险图以及自身掌握的数据进行精算定价，没有统一的标准保费和免赔额。保险公司自愿将洪水风险纳入标准家庭及小企业财产保险单的责任范围之内，并通过再保险进一步分散经营风险，投保人可以自由在市场上选择保险公司进行投保。实际上，英国的洪水保险也是一种强制的“捆绑”保险，住户在购买住宅保险时. 必须强制购买另一个保单，这个保单里捆绑着包括洪水在内的所有自然灾害风险，且住户只有在购买了住宅保险时才能获得抵押贷款担保。

承保洪水保险的商业保险公司则主要通过再保险进行风险分散。由于政府不承担经营风险，也没有资金支持，保险公司的资金主要来源于保费收入、投资业务收入和再保险赔付。再保险作为风险二次分散机制在商业化的洪水保险体系中起着重要的作用。

我们可以总结出英国洪水保险计划运作的基本模式如图 6－3 所示。

6.2.4　洪水保险成效

英国捆绑式保险体制经过 60 多年实践证明较为成功。目前民众在购买家庭财产保险中捆绑购买洪水保险的比例接近 90%，在居民建筑物保险中

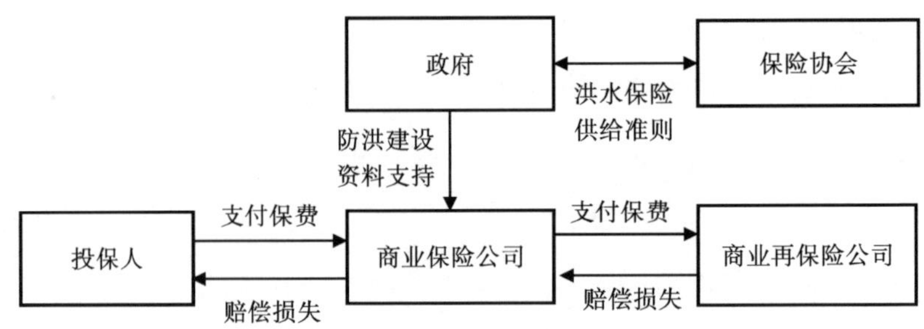

图 6－3 英国洪水保险计划运作的基本模式①

购买洪水保险的比例接近 70%，在农作物保险中捆绑购买洪水保险的比例达到 100%，企业在财产保险中购买洪水保险的比例也达到 85% 以上。英国居民家庭平均支付洪水保险保费 200—2 500 英镑不等，捆绑式销售极大地降低了洪水保险保费②。

6.3 法国的洪水保险

法国受多种自然灾害侵袭，其中洪水灾害最为严重。由于法国经济活动与河流有着很深的渊源，迫使法国政府长期致力于同洪水灾害的斗争。20 世纪 70 年代中期，法国政府开始尝试通过保险机制解决洪水和地震等巨灾风险，但直到 1982 年之前，法国的保险公司还拒绝为绝大多数自然灾害引起的损失保险。1981 年年底法国发生了严重洪灾之后，法国政府出台了《自然灾害保险补偿制度》，建立了自然灾害赔偿体系。该保险体系是双层的，一是政府针对不可保的自然灾害风险的保险体系；二是私人保险公司以一致的保费为公众提供灾害保险，然后选择将承保的灾害风险向国有再保险公司——中央信托再保险公司进行再保险。再保险公司提供全面

① 王和，王平著．中国洪水保险研究［M］．北京：中国金融出版社，2013.09.

② 周维伟，李春龙，陈飞，郇延诚．洪水保险的国际比较与借鉴［J］．中国水利，2019.04.

无限制的再保险方案。

6.3.1　组织机构

法国的洪水保险组织机构为国家和民间保险机构。法国保险公司的组织形式有国有公司、民营公司、联合体和外资公司四种。法国还建立了国有再保险公司——中央信托再保险公司（以下简称 CCR），代表政府提供全面性无限制的再保险方案。中央信托再保险公司由国家财政资助，当再保险费收入不足支付法定巨灾赔付时不足部分由国家财政支出；当再保险费收入超出法定巨灾赔付产生盈余时则以基金形式积累起来。中央再保险准备金耗尽时政府作为最后再保险人提供最终赔付保证。

根据《自然灾害补偿制度》，CCR 的主要任务是：（1）设计自然灾害再保险方案，并执行自然灾害业务核保、费率厘定及再保险合约管理事宜；（2）针对不确定风险暴露及财务风险补偿成本，研究具体的改善措施；（3）针对重大自然灾害事故，研究其重现期；（4）执行中央政府跨部门工作小组有关自然灾害业务的行政工作。除此之外，CCR 还承担着政府与保险业之间的桥梁和纽带作用，研讨补偿机制相关的修正或调整事宜。在此体系中，CCR 对于所有的承保自然灾害保险的保险公司而言，是绝对安全的保障和理想的分保人。保险公司都会视自身情况，自留部分承保风险后，选择 CCR 进行分保。

CCR 提供的再保险分为两层：（1）比例再保险：保险人分出某一比例的保险费给 CCR，一旦有损失发生，CCR 亦承担此比例的赔款。这一部分保险保障是基于再保险人与保险人同一命运原则，有效避免了可能产生的逆向选择。（2）止损再保险：承保保险人比例再保险未分出的部分，当保险人发生较高的损失时，确保将保险人的损失控制在一定范围之内。

法国洪水保险属于强制险，通过扩展现有商业保险公司财产险（包括火险、机动车辆险、营业中断险等）保单保险责任的方式来实现，即任何投保人购买财产保单都被强制要求购买自然灾害附加险，商业保险公司在保单上自动附加自然灾害保险费并实行单一费率[①]。

6.3.2 法律法规体系

1981年法国发生特大洪灾后，1982年7月国会通过《自然灾害保险补偿制度》。1984年法国颁布执行《农业灾害保险法》，对洪水灾害等实行强制保险，对保险责任、再保险、保险费率、理赔计算及许多具体做法都用法律给予确定。《自然灾害保险补偿制度》经过数次修改，扩大了强制承保范围和运作细则。法律颁布直接推动了洪灾保险制度在法国的建立，形成了以商业保险公司和政府共同参与的综合性风险保险体系。

6.3.3 运作模式

法国采取的是政府与市场合作的重大自然灾害保险模式。承保洪水、地震、泥石流、海啸、雪灾、旱灾以及飓风等自然灾害风险，范围相对较广，是一项综合性的巨灾风险保险计划。法国政府强制投保自然灾害保险，通过扩展商业保险公司现有财产险（包括火险、机动车辆险、营业中断险等）保单保险责任的方式来实现，即任何投保人购买上述财产保单都被强制要求购买自然灾害附加险。由于洪水保险是附加险，因此其承保对象十分广泛，几乎涉及生活的方方面面，不仅包括个人动产和不动产，例如，农作物、动物等还包括企业房屋及财产，甚至包括企业因经营中断导致的损失。

商业保险公司向投保人出售洪灾保险保单，商业保险公司随后实施再保险，即商业保险公司与中央信托再保险公司签订再保险合同转移相应的洪灾风险。

---

① 周维伟，李春龙，陈飞，郇延诚．洪水保险的国际比较与借鉴［J］．中国水利，2019.04.

6.3.4　洪水保险成效

法国政府并不直接参与洪水保险业务，而是采用政策支持和引导，并利用再保险方式解决商业保险公司面临的巨灾风险。同时，政府通过一些洪水防御措施，在土地利用、建筑标准、应急管理等方面提供防洪保障，降低洪水等级和洪灾损失。

自 1982 年法国巨灾保险建立以来，CCR 虽然积累了部分洪水保险基金，但面对日益增长的洪水灾害损失，尤其是巨灾赔付支出大大超过了 CCR 的支付能力。如 1995 年，上缴到 CCR 保费收入是 2 400 万法郎，但却支付了由 3 场飓风引起的约 6.5 亿法郎的赔偿。1982—1999 年，CCR 积累了约 330 亿法郎的储备，而到了 1999 年，CCR 处于破产的边缘，法国政府不得不再注入 10 亿法郎资金[①]。不过，自 2002 年法国《自然灾害补偿制度》修订以后，所有巨灾保险赔款都是从当年保费收入和中央再保险公司准备金中支付，至今未让政府承担最终赔付责任。这一点足以证明法国巨灾保险制度中损失赔偿的安全性与稳妥性。

6.4　发展中国家的洪水保险

部分发展中国家也在积极探索解决洪水灾害问题，探索适合自身国情的洪水风险管理模式，通过采取包括洪水保险在内的灾害风险转移机制进行洪水灾害的风险管理，并积累了一些有价值的经验，值得我们借鉴。

---

① 刘朝辉，胡新辉，王慧敏．国际洪水保险比较及对我国的启示［J］．水利经济，2008.5.

6.4.1 泰国的洪水保险

泰国地处东南亚地区中心，是海啸、台风和洪水等自然灾害多发的国家。泰国基本上每年都会发生洪涝灾害，尤其是在1942年、1978年、1980年、1983年、1995年、1996年、2011年发生过特大洪水灾害。其中以2011年最为严重，是泰国近五十年来最大的洪水灾害。随着经济发展，快速城镇化与土地开发，泰国洪灾损失呈现处快速增长趋势。

泰国于1960年就开始了防洪研究，开始主要采取修建堤坝、开辟分洪道等工程措施。1995年洪水灾害之后，泰国政府邀请日本政府以JECA技术合作项目的方式在湄南河流域开展综合治水总体规划的研究工作，引入了洪水保险等非工程措施。泰国目前推行的洪水保险主要采用标准保单的附加险形式予以承保，没有强制承保的规定。目前，泰国作为全球制造业基地，保险市场发达的外资企业绝大部分都投保了包含洪水责任的财产险和责任险。但是泰国国内的中小企业和洪水保险投保率则比较低，保障效果并不理想。

6.4.2 孟加拉国的洪水保险

孟加拉国位于恒河和布拉马普特河三角洲，其城市和城镇中心多位于主要河流的洪泛区，且海拔均比较低，是世界上洪灾最严重的国家之一，每年都有10%以上的国土被洪水淹没。据统计，20世纪下半叶，影响该国国土面积一半的洪水灾害就至少有8次，特别是1966年、1987年、1988年和1998年的洪水造成了巨大经济损失和人员伤亡。据公开报道，2007年7月至9月，孟加拉国遭遇两轮洪水袭击，全国2/3的地区受灾，造成1 000多人死亡，灾民人数达1 600万人。同年11月15日，强热带风暴“锡德”袭击孟加拉国南部和西南部沿海地区，造成4 000多人死亡或失踪，800 多万人受灾。

孟加拉国由于特殊的气候因素和地理环境，其防御洪水的工程措施难以发挥有效的作用。长期以来，孟加拉国探索通过洪水保险为灾民提供一定的灾害补偿。孟加拉国主要依靠小额信贷业务的普及来推动包括洪水风险保障在内的小额保险普及。1976 年，孟加拉乡村银行在 Jobra 村首次推行小额信贷业务，为该村贫困人口，尤其是贫苦妇女提供无担保的小额贷款。1983 年正式注册成立乡村银行，获得巨大成功。受此影响，其他小额信贷机构如非政府组织、社区合作金融组织、非银行金融中介、商业银行等相继发展。在开展小额信贷过程中，小额信贷机构发现意外死亡、疾病、自然灾害也是农村致贫返贫、影响贷款回收的重要因素，并开始提供小额健康保险和小额信贷保险等以保障其贷款组合。受乡村银行和其他小额信贷计划快速成功的刺激，孟加拉国最大的寿险公司 Deltahfe 在 1988 年推出了自己的小额保险产品，并被其他保险公司效仿。一些非政府组织和小额信贷机构也陆续涉足小额保险计划。通过小额保险这一载体，客观上为孟加拉国提供了较为广泛的洪水保险保障。

6.4.3　其他国家的洪水保险

菲律宾、印度尼西亚和印度也都是容易遭受洪水灾害影响的国家，洪水灾害损失也十分严重。因为都是发展中国家，它们的洪水风险承受能力不强，针对菲律宾和印度尼西亚两国实际，慕尼黑再保险公司分别在两国实行了洪水灾害小额保险计划，重点对容易遭受自然灾害影响的低收入群体进行洪水保险保障。印度则通过“Afat Vimo”民间小额洪水保险为农村地区普通家庭和小企业的财产和人身安全提供保险保障。

6.5 国外洪水保险对比分析

通过前面的分析，洪水保险制度已经成为一项非常重要的非工程性防洪措施和洪水灾害救济制度，但各国实行的洪水保险制度存在较大的差异。为了总结各国保险制度的特点和优势，本节将从保险对象与标的、保险责任、业务模式与组织体系、巨灾风险分散制度等方面，对美国、英国、法国等发达国家和孟加拉国、印度等发展中国家的洪水保险进行对比分析，以期为我国建立和施行洪水保险制度提供借鉴。

6.5.1 保险对象和标的

在保险对象及承保标的方面，各国基本上均是承保居民及小企业所拥有的房屋及室内财产，见表 6－4 所示。

表 6－4　各国洪水保险的保险对象和标的

国家	项目名称	保险对象	保险标的
美国	国家洪水保险计划	洪泛区内参加国家洪水保险计划的社区居民家庭和小企业	居民的住宅性房屋及室内财产 小型企业非住宅性房屋及室内财产 包括不超过 10% 的附属建筑物 不包括完全在水上的建筑与地下建筑及财产
英国	商业洪水保险	境内的普通居民和家庭性质的小企业	居民房屋及室内财产 小企业房屋及室内财产
法国	自然灾害一切险	境内的居民和企业	居民和企业拥有的财产，如房屋、室内财产等
孟加拉国	小额洪水保险	洪泛区的居民	居民房屋和室内财产
印度	小额洪水保险	限于农村地区普通家庭和小企业	居民财产 生命

6.5.2　保险责任

在保险责任方面，各国采用的方式并不相同。少数国家采用单灾因方式承保，如美国、孟加拉国，仅承保单一的洪水风险造成的房屋及室内财产损失；多数国家，如英国、法国、印度等国均采用多灾因方式承保，即在一张保单中，除了包括洪水风险外，还包括雪崩、地震和海啸等其他自然灾害，甚至将火灾、爆炸等意外事故也纳入到保险责任范围。具体见表 6－5 所示。

表 6－5　　各国洪水保险的保险责任

国家	项目名称	保险责任
美国	国家洪水保险计划	由于台风袭击、山洪暴发、江河泛滥、潮水上岸等，对建筑物及其内部财产所引起的摧毁、淹没、泡损、冲散、冲毁等导致的房屋损毁和室内财产损失
英国	商业洪水保险	将洪水纳入到了家庭和小企业财产险保单（商业险）的保险责任之内
法国	自然灾害一切险	由异常的自然力量造成的直接物质损失和利润损失，包括洪水、滑坡、沉陷、干旱、雪崩、地震和海啸。是否为自然灾害由政府认定
孟加拉国	小额洪水保险	仅承保洪水风险
印度	小额洪水保险	承保 19 种巨灾风险，其中包括洪水、地震、旋风、火灾等

6.5.3　保障水平与赔偿

在由政府主导洪水保险的国家中，通常实行法定的承保限额制，对保险标的规定最高承保限额，如美国国家洪水保险的最高承保限额为：居民住宅性房屋不超过 25 万美元，室内财产不超过 10 万美元；小型企业非住宅性房屋不超过 50 万美元，室内财产也不超过 50 万美元。在孟加拉国和印度，由于将洪水保险作为一种小额保险方式，因此采用低限额的承保方式。而在采用市场主导洪水保险的国家中，通常由保险当事人双方式协商确定承保限额。当然根据保险的基本原则，其限额不能超过保险标的的保险价值（重置价值或实际价值）。在赔偿方面，通常有免赔额的规定，以达到防灾防损和降低道德风险的目的（见表6－6所示）。

表6－6　各国洪水保险的保障水平与赔偿

国家	项目名称	保障水平与赔偿
美国	国家洪水保险计划	最高承保限额为：居民住宅性房屋不超过25万美元，室内财产不超过10万美元；小型企业非住宅性房屋不超过50万美元，室内财产也不超过50万美元。无论是房屋本身还是室内财产，在计算赔偿金额时均要扣除500美元的免赔额
英国	商业洪水保险	由商业保险公司承保，并由商业保险公司承担全部赔偿责任。居民家庭及小企业可就其财产自愿选择商业保险公司投保，由双方协商约定承保金额，通常有免赔额的要求
法国	自然灾害一切险	由政府保证，没有责任上限
孟加拉国	小额洪水保险	承保限额较低，由保险当事人双方约定。只有达到约定标准的洪灾才能获得赔付
印度	小额洪水保险	最高赔付可达9.5万卢比（约1.18万人民币），主要用于灾民的灾害重建工作

6.5.4　业务模式与组织体系

各国推行洪水保险的模式多种多样，有的采用完全的商业化模式，如英国，洪水保险由商业保险公司承保，并由商业保险公司承担全部赔偿责任。居民家庭及小企业可就其财产自愿选择商业保险公司投保。政府的主要职责不是参与洪水保险的经营和对洪水保险承担赔偿责任，而是投资防洪工程，建立有效的防洪减灾体系。有的国家采用限额内政府独立经营模式，如美国，洪水保险计划是由联邦保险管理局（FIA）管理和运作，洪水保险基金由国家统一管理，商业保险公司执行 NFIP 洪水保险计划，向洪泛区居民出售洪水保险，并在洪灾发生时及时办理有关赔偿手续和垫付赔偿资金，其保费收入上缴国家洪水保险基金，赔付也由国家洪水保险基金支付，保险公司不承担风险，仅按保单数量获取佣金。还有的国家采用政府有限支持的模式，由政府公共管理部门根据洪水每年造成的损失确定附加费率，并由政府作为再保险人对中央再保险公司进行担保。具体见表 6 – 7 所示。

表 6 – 7　　各国洪水保险的业务模式和组织体系

国家	项目名称	业务模式和组织体系
美国	国家洪水保险计划	限额内政府独立经营模式：限额内的承保风险全部集中在政府身上。商业保险公司负责限额内的洪水保险业务的具体承保与理赔，但不承担风险。美国联邦保险管理局负责管理洪水保险计划，并实施委托商业保险公司来销售洪水保险的 WYO 计划。通过一系措施“强制”投保洪水保险
英国	商业洪水保险	完全商业化模式：商业保险公司自主经营、自负盈亏，居民家庭及小企业可就其财产自愿选择商业保险公司投保。政府完全不介入洪水保险的经营，只与商业保险公司签订“君子协议”，承诺负责防洪工程的建设及向商业保险公司提供与洪水风险相关的信息和资料
法国	自然灾害一切险	政府有限支持的模式：议会通过法律，规定境内居民和企业在购买财产险的同时，可以以附加险的形式向商业保险公司投保自然灾害一切险；政府根据每年洪水造成的损失确定费率，并负责认定属于责任范围内的自然灾害。洪水保险由商业保险公司承保，并由商业保险公司承担全部赔偿责任。居民及企业自愿投保。中央再保险公司在国家的保证下对这些风险进行担保

续表

国家	项目名称	业务模式和组织体系
孟加拉国	小额洪水保险	非政府运营模式，由小额金融公司和商业保险公司负责运作。主要形成了两种模式：合作—代理模式，该模式下保险公司与小额金融公司或者非政府组织合作，共同开发小额洪水保险产品，其中保险公司负责承担风险和进行理赔，小额金融公司或者非政府组织负责市场开发、营销和保费收取；全责任模式，该模式下，商业保险公司负责风险承担、产品设计、产品销售、理赔、损失评估等所有工作
印度	小额洪水保险	由全印度减灾协会提供，并设立了名叫“营生救助”的基金，由该基金组织自愿者负责销售、核保和理赔及与客户的往来等工作。同时，该计划得到了印度灾害防御协会的技术支持，由印度的东方保险公司和人寿保险公司承保

6.5.5 巨灾风险分散机制

由于洪水属于巨灾的范畴，具有高风险性。为了有效分散洪水风险，各国均建立自己的巨灾风险分散机制。美国由于采用限额内政府独立经营模式，由政府承担全部责任，为了保障洪水风险的分散，建立了国家洪水保险基金，基金来源于财政注资和所收保费的结余。联邦政府给与基金免税支持。如果损失超过历史水平，或超过了基金总额，可以向美国财政部提出贷款的请求；如果损失超过了规定的15亿美元的限额，如果国会认为NFIP的请求是合理的，还可以授权提高该限额。英国的洪水保险基本上属于一种完全市场化的模式，由于该国保险发展的历史悠久，有发达的再保险市场，加之承保时的谨慎选择，使得英国各商业保险公司可以通过发达的再保险市场与分入公司签订再保险合同，以控制承保风险。而法国则通过中央再保险公司及政府担保等方式分散巨灾风险，具体见表6-8所示。

表 6-8　　各国洪水保险的风险分散机制

国家	项目名称	风险分散机制
美国	国家洪水保险计划	1969 年建立了国家洪水保险基金，基金来源于财政注资和所收保费的结余。联邦政府给与基金免税支持。在必要的时候也可以提供特别的拨款，若损失额超过基金总额，可向财政部申请贷款
英国	商业洪水保险	各商业保险公司通过英国发达的再保险市场与再保险公司签订再保险合同，以商业再保险方式分散风险
法国	自然灾害一切险	商业保险公司向政府设立的中央信托再保险公司分保巨灾风险，政府再作为再保险人对中央信托再保险公司进行担保
孟加拉国	小额洪水保险	商业保险公司可以通过购买再保险进行风险分散，但是由于孟加拉国保险体系落后，再加上国外再保险公司并不乐于进入其保险市场，因此小额洪水保险并没有很好的巨灾风险分散机制
印度	小额洪水保险	该项目并没有一个巨灾风险的分散机制，只有政府为该项目提供无息贷款资助以确保偿付能力充足

6.6　国际经验启示与借鉴

6.6.1　通过立法手段促进洪水保险制度的建立

通过立法来推进洪水保险制度的建设是目前世界各国普遍采取一种方法。如美国的国家洪水保险计划能够实施的先行条件就是国会通过了《全国洪水保险法》《国家洪水保险计划》《洪水灾害防御法》《洪水保险计划修正案》等一系列涉及洪水保险的法律，这些法律的通过有力推动了国家洪水保险计划以及国家洪水保险基金的建立；法国则是由议会通过法律，由法律明确规定鼓励或强制国内居民投保包含了洪水风险的巨灾保险计划，以提高投保率。可见，建立符合国情的洪水保险法律体系，对洪水保险的性质、运行模式等内容进行界定是建立洪水保险制度并确保其平稳运行的坚实保障。

6.6.2 政府主导或支持是洪水保险制度建立和运行的有力保证

从国外洪水保险运行情况来看，主要有三种业务模式：以美国的国家洪水保险计划为代表的限额内政府独立经营模式、以法国自然灾害一切险为代表的商业保险公司经营模式、政府有限支持模式和以英国洪水保险为代表的商业保险机构独立经营模式（这是基于英国政府确保防洪体系的建立、发达的保险市场等因素）。这三种模式最大的区别是政府对于洪水保险的参与度不同，政府独立经营模式的政府参与度最高，商业保险机构独立经营模式则是政府参与程度最低的。对我国而言，由于商业保险市场，尤其是再保险市场尚处于发展阶段，因此采取商业保险公司独立经营模式并不适宜。政府通过各种政策、措施给予洪水保险强有力的支持是洪水保险发展的基础保证。

6.6.3 一切从实际出发，建立与本国国情相适应的洪水保险体系

目前，美国、英国、法国等国的洪水保险体系已经运行多年，并渐趋完善，在应对洪水风险带来的损失方面起到了积极作用，从而在整体上提高了全社会的福利。成功的原因在于：各国多从本国的基本国情、本国保险市场发展水平出发，建立起“能解本国所需、能为本国所用”的洪水保险体系。美国的限额内政府独立经营的洪水保险体系与其政府财政实力较强、洪泛区人口较少等实际状况有着密切的关系；英国实行的完全商业化的洪水保险制度是以其国内非常发达的商业保险和再保险市场为基础的；

孟加拉国、印度等发展中国家则是基于当地较为流行的小额贷款制度、本国政府财政实力有限、农村人口多而贫困以及保险市场承保能力有限的实际情况，建立起了非政府的民间小额洪水保险。

6.6.4　建立巨灾风险分散机制

如上文所述，世界各国的洪水保险制度都分别建立起自己的洪水巨灾风险分散机制。美国的洪水保险计划主要是通过政府建立洪水保险基金来进行巨灾风险的分散；英国的洪水保险是利用其发达的再保险市场，购买再保险来分散巨灾风险；法国的自然灾害一切险则是采取政府兜底的方式来规避巨灾风险。无论采取何种分散方式，确保偿付能力充足、规避巨额赔付风险是洪水巨灾风险分散机制的核心内容——因为洪水风险具有波及范围广、损失程度大、同质性高的特征，一次巨灾的发生可能导致持续数年、甚至是数十年的洪水保险制度瞬间崩溃。因此，为了确保我国洪水保险制度的建立和运行的持久性、长效性，建立多层次、高效的巨灾风险分散机制是不可或缺的。

6.6.5　洪水保险需要科学编制洪水风险图

洪水风险图是实施全国洪水保险的基础依据，不仅用于确定参加的对象，而且用于判断风险的大小以确定保险的费率，是确保洪水保险科学、规范和健康运营的基础。如美国国家洪水保险计划在实施之初，由于缺乏统一标准的洪水风险图，不得不提出一个应急计划，导致洪水保险多年无法走上正轨。对于不同风险区域的居民家庭财产实行差别费率，有利于调动居民投保洪水保险的热情。这样不仅有助于扩大洪水保险的受益主体范围，增加保费收入，同时还能扩大保险基金规模，减轻财政资金应对巨灾风险的压力。

第 7 章

中国的洪水保险实践及不足

7.1　开展洪水保险的实践概述

在我国，洪水风险是最常见、最严重的风险之一。我国流域面积超过 1 000km^{2}的河流有 1 500 条，超过 10 000km^{2}的河流有 79 条①。迄今为止，70% 以上的城市、50% 以上的人口分布在气象、地震、地质、海洋等自然灾害严重的地区，三分之二以上的国土面积受到洪涝灾害的威胁，约占国土面积 69% 的山地、高原区滑坡、泥石流、山体崩塌等地质灾害频繁发生，洪泛区人口达 6 亿以上。尤其是长江、黄河、珠江、海河、淮河、辽河和松花江等七大流域和沿海沿湖的城镇和工业中心成为洪水威胁的重点。如此庞大的人群和财产暴露于洪水风险之下，人身和财产都将遭受极大的损失。面对频繁发生的洪水灾害，仅依赖国家财政安排的救灾资金难以弥补洪水灾害造成的损失。

保险作为一种互助补偿的经济制度，保险特别是洪水保险还具有政策性和救济性公共产品的特征，在自然灾害、意外事故发生而造成财产损失及人身伤亡时，能给予被保险人合理的经济补偿和保障，从而减少损失。开展洪水保险可以减少受洪灾区域居民和企业的损失，安定广大人民生活，稳定社会生产秩序，减轻国家负担。

7.1.1　洪水保险早期实践

新中国成立伊始，中国人民保险公司便在多个省市试办包括农业保险在内的财产保险业务，其保险责任大多都涵盖洪水灾害。由于当时的保险具有一定的行政色彩，保险的覆盖面比较广。因此在 1954 年的特大洪水

---

① 中华人民共和国年鉴社．中国国情读本 [M]．北京：新华出版社，2012. 01.

中，洪水保险较好发挥了损失补偿功能，为灾后恢复重建和稳定经济起到了积极作用。但总体而言，洪水保险在我国的发展却非常缓慢，1982 年保险业务恢复以后，各家保险公司也试点推广了洪水保险，试图推动洪水保险的普及。

我国早期进行的洪水保险试点大多数是以省为单位、零星分散进行的，其中比较有代表性的有：安徽省淮河行蓄洪区保险、浙江省海塘保险、湖南省的洪水保险和江西省的洪水保险。

这些洪水保险试点都是在二十世纪八九十年代，由当地省政府或中央有关部门牵头，由中国人民保险公司在当地的省级分公司开展的，同时当地政府也或多或少地为洪水保险的试点提供了财政资金支持。可以说，我国早期的洪水保险试点是一种在政府主导下的政策性保险。

早期的洪水保险试点所针对的并不是普遍意义上洪水风险，而是考虑当地所面临的特有风险，结合当地的经济社会发展情况，旨在利用洪水保险方式规避其本身特殊的洪水风险。以浙江海塘保险为例，它是对沿海已建成的标准海塘进行承保的工程保险。这一保险充分结合了浙江省海岸线长、沿海为开敞式海域等自然地理特征，考虑到风暴潮和台风一旦侵袭浙江沿海，极易造成海塘工程溃决的特殊风险状况，以及海塘工程修复成本高、难度大的工程特性；通过海塘保险，建立起一种在全社会范围内筹集资金的新途径，以解决海塘修复资金不足的问题，避免海塘工程不能及时修复而导致损失加剧。此外，早期试点的洪水保险所承保的保险标的各有不同，使得这一阶段的洪水保险试点承担了农业保险及其他保险的风险责任，其中最典型就是淮河行蓄洪区保险，其保险标的包含了行洪区的农作物。

从实施效果来看，早期的洪水保险试点都是在局部区域里进行试探性的探索，有成功的，也有失败的，但是这些试点对当地防洪减灾和灾后重建都产生了一定的积极效果。相对而言，比较成功的是安徽淮河行蓄洪区保险和浙江海塘保险。其中，安徽省淮河行蓄洪区保险在试点开展的三个阶段里（1986—1988 年，1992—1996 年，1997—2001 年）分别对淮河流域的 16 010 亩、214.5 万亩和 40 万亩农作物进行了承保，在试点期内的历次洪灾中都对洪区损失提供了保险赔偿，并且还建立了单独立账、专户存储的防洪基金，到第三阶段期满该基金累计额达 1 600 万元；浙江海塘保险在实施的 9 年时间里（1992—2002 年），累计收取保费 1 306.71 万元、累计赔付 2 193.47 万元，为海塘工程修复提供了可靠的经费来源，加快了标准海塘的建设，并以经济手段加强了海塘工程的管理，成为一项非常重要的非工程防洪措施。而江西省在 1992 年所试行的包括洪水风险的强制性自然灾害长效保险却并不成功，因为运营不善和保险公司无力维持而以失败告终，期间甚至还发生了部分地区状告保险公司“乱收费”、要求保险公司退保的混乱局面；虽然如此，在 1998 年的洪灾中，保险公司仍然履行了赔付责任，使参保者获得受灾赔款，帮助他们渡过难关。

虽然早期的洪水保险试点在部分地区获得了一定成功并积累了一些的经验，但由于各种原因相关的试点并未进一步推广，洪水保险直到 21 世纪初对于绝大多数民众而言依然是个冷门的事物。至今，洪水保险依然未能顺利铺开并与洪泛区管理有效结合，从而有效地控制洪泛区内经济的盲目发展和降低洪灾损失。

7.1.2　近期的巨灾保险实践

2014 年，《国务院关于加快发展现代保险服务业的若干意见》正式发布，确立了“建立巨灾保险制度，研究建立巨灾保险基金，巨灾再保险等制度，逐步形成财政支持下的多层次巨灾风险分散机制。鼓励各地根据风险特点，探索对台风、地震、滑坡、泥石流、洪水、森林火灾等灾害的有效保障模式[①]”的指导意见。随后，深圳、宁波等 7 个省市相继开展了巨灾保险的试点工作。巨灾保险试点地区均有洪水风险，有大量的洪水保险需求，在试点地区的巨灾保险制度中，洪水风险管理和洪水保险责任均占

---

① 参见《国务院关于加快发展现代保险服务业的若干意见》（国发〔2014〕29 号）。

据了重要地位，防范洪水风险也成为巨灾风险的重要组成部分。

笔者对宁波市、广东省、深圳市、四川省、云南省、黑龙江省、福建省等七个省（市）的巨灾保险试点情况进行了总结，具体情况见表7－1所示。总体而言，目前实行的巨灾保险试点主要分为三种类型：一是普惠低保型保险，特点是覆盖广、保民生、保基础、保额低，如宁波市；二是巨灾指数型保险，特点是根据设定的灾害指标进行赔付，如广东省、黑龙江省；三是修复恢复型保险，如福建省的海堤保险，是财产保险的一种特殊形式。此外，四川省、云南省是财政部、原保监会开展地震巨灾保险的试点省份，制度较为成熟，其中也涉及了地震引发的次生洪水灾害。

通过综合分析各地巨灾保险试点情况，笔者从以下几个方面对各地的巨灾保险试点情况进行了分析总结（见表7－1）。

7.1.2.1 政府承担的角色方面

在试点地区，几乎所有试点方案中都明确提出坚持“政府主导，市场运作”的基本原则，由政府部门组成协调管理机构，负责巨灾保险方案制定、明确巨灾保险工作目标、基本原则、主要内容、实施步骤和试点安排等。然后，再面向市场采取竞争性谈判方式招标，由保险公司与管理机构协调开展保险险种、赔付标准、赔付条件、保障范围、赔付方式和保险金额确定等工作。深圳市、福建省等地还引入了保险经纪公司，通过经纪公司在保险市场上选择合适的承保保险机构。需要特别指出的是，广东省和福建省的相关政府部门是投保人，也是被保险人。

可见政府在巨灾保险中承担着其他参与主体不可替代的重要作用，一方面政府积极倡导巨灾（含洪水）保险并提供财政支持用于保费补贴，另一方面政府积极协调各方力量，建立良好的防洪减灾体系，让基层政府在巨灾保险购买、理赔核保过程中积极参与，降低投保方面的道德风险和承保方的交易成本。

7.1.2.2 保险公司承担的责任方面

根据巨灾保险“政府主导，市场运作”的基本原则，保险公司在巨灾

表 7－1　　各试点地区巨灾保险基本情况表

调研地区	组织机构	制度安排	承保机构	保费筹资方式	保障范围	保障对象	保险金额	赔付情况
宁波市	市民政局、市金融办、市财政局、宁波保监局、市水利局（三防办）、市安监局、市环保局、市应急办、市气象局、市法制办、市审计局等部门和各区县（市）政府及开发园区管委会主要负责人为成员。领导小组办公室设在民政局	公共巨灾保险	以宁波人保为首席承保人，太平洋财险、人寿财险、平安财险、大地财险、阳光保险、阳光财险等组成的共保体	财政拨款	台风、强热带风暴、龙卷风、暴雨、洪水和雷击（雷击仅针对人身伤亡）等自然灾害及其引起的突发性滑坡、泥石流、水库溃坝、漏电和化工装置爆炸、泄漏等次生灾害造成的居民人身伤亡抚恤及家庭财产损失救助两个领域。2016 年起增加了因危化品爆炸、恐怖袭击等突发重大公共安全事件造成的人身伤亡抚恤和人员安置费用	灾害发生时处于宁波市行政区域范围内的所有人口（包括常住人口以及临时来宁波市出差、旅游、务工的流动人口）的人身伤亡抚恤，以及宁波市行政区域内常住居民（指拥有宁波市户籍或持有居住证的人员）的家庭财产损失救助	因台风、暴雨、洪水、龙卷风等自然灾害造成住宅进水 20cm 以上或房屋一定程度损毁的，居民家庭可获得 500—2 000 元不等的救助赔付，累计赔偿限额 3 亿元；造成人员伤亡的，可获得 1 万—10 万元的抚恤赔付，累计赔偿限额 3 亿元；因巨灾期间见义勇为导致伤亡的，再增加 1 万—10 万元的抚恤赔付；因发生突发公共安全事件造成人员伤亡的，可获得 1 万—10 万元的抚恤赔付，每人每天救灾安置费用 90 元，最高每人赔偿 90 天，累计赔偿限额 1 亿元	2014—2016 年共赔付 9 475 万元，其中人身伤亡抚恤保险 102 万元，居民家庭财产损失救助保险 9 373 万元
		巨灾基金	宁波人保等	居民自愿购买	补偿超过保险公司赔偿限额范围以外的居民人员伤亡抚恤和家庭财产损失救助			
		商业巨灾保险			依据合同			

续表

调研地区	组织机构	制度安排	承保机构	保费筹资方式	保障范围	保障对象	保险金额	赔付情况
广东省	财政厅、民政厅、水利厅（三防办）、保监局、各地政府及相关部门、保险机构	巨灾指数保险	人保财险、平安财险、太平洋财险	财政拨款	每个市选择一种自然灾害，涵盖台风、降雨、地震等造成的损失和人员伤亡；以台风等级和降雨量为触发条件	参保地方政府	当气象数据触发理赔条件时，保险公司直接进行赔付，不进行现场查勘；保险金额不超过4.2亿元	2016年以来累计赔付3.4亿元，其中在2018年的“艾云尼”台风中赔付超过2亿元
深圳市	市发改部门、市财政部门、市民政部门、市法制部门、市应急管理部门、市金融部门和深圳保险监管机构	政府主导，商业保险参与运作的巨灾保险	国寿财险深圳分公司	政府出资	暴风（扩展狂风、烈风、大风）、暴雨、崖崩、雷击、洪水、龙卷风、飑线、台风、海啸、泥石流、滑坡、地陷、冰雹、内涝、主震震级4.5级及以上的地震及地震次生灾害	当灾害发生时处于深圳市行政区域范围内的所有自然人，包括户籍人口、常住人口，以及临时来深圳出差、旅游、务工等人员	人身伤亡救助：每次事故责任限额人民币20亿元，每人每次事故责任限额人民币10万元（包含普通伤害、伤残和死亡）。 核应急救助：每次事故责任限额人民币5亿元，每人每次事故责任限额人民币2 500元。 住房损失补偿：每次事故责任限额人民币2亿元，每户每次事故责任限额人民币2万元。 法律费用：每次事故责任限额人民币10万元	2015年赔付730万元，2016年赔付50万元，2017年赔付29.3万元
		商业性个人巨灾保险		个人自愿购买	依据合同进行			

续表

调研地区	组织机构	制度安排	承保机构	保费筹资方式	保障范围	保障对象	保险金额	赔付情况
四川省	副省长任组长、省金融局、发改委、财政厅、民政厅、地震局、住建厅、国土厅、气象局等单位为成员单位；办公室设在保监局	城乡居民住宅地震巨灾保险	四川人保等41家单位组成的共保体	特殊优抚人群，财政全额承担；其他居民财政补贴60%保费，自己负担40%	破坏性地震（国家地震部门发布的震级M4.7级（含）以上且最大地震烈度达到Ⅵ度及以上的地震）振动及其引起的海啸、火灾、火山爆发、爆炸、地陷、地裂、泥石流、滑坡、堰塞湖及大坝决堤造成的水淹导致的住宅及室内附属设施损失	四川境内所有投保居民	城镇住宅，人民币5万元起；农村住宅，人民币2万元起；同一保险标的最高保额不超过100万元	自2015年以来，共发生过3次地震，分别因为震级不够、未投保和未发现损失而没有赔付
云南省	财政厅、地震局、住建厅、保监局和民政厅等	政策性农房地震巨灾保险（指数保险）	诚泰财险、中再财险、平安财险、大地保险、中华联合等组成共保体	由省、州、县三级政府财政全额承担试点保费	发生5级（含）以上地震及次生灾害造成的农村房屋的直接损失、恢复重建费用以及居民死亡救助	农村房屋和市区居民	根据不同震级分档从2 800万元到42 000万元不等，累计保险赔偿限额为42 000万元/年；居民死亡保险赔偿限额10万元/人，累计保险死亡赔偿限额为8 000万元/年	三年来，云南农房地震保险累计赔付7 953.76万元
		农房保险与农作物保险	依据合同					

续表

调研地区	组织机构	制度安排	承保机构	保费筹资方式	保障范围	保障对象	保险金额	赔付情况
黑龙江	省财政厅作为牵头单位，会同省气象、水利、农委、扶贫、保监、民政等部门	农业财政巨灾指数保险	阳光农业保险相互保险公司、瑞再保险	省级财政承担	对农业生产影响较大的干旱、低温、降水过多、流域洪水等四个自然灾害灾因	涵盖了黑龙江省28个贫困县（市）的所有耕地	保额23.25亿元	2016年，共赔付资金8 551.73万元；2017年共赔付8 093.58万元
福建省	水利厅、银保监局等	堤防保险	人保财险、国寿财险和大地保险分南北两个片区承保，华泰经纪	省县两级财政负担	福建全省3 300公里3—5级江海堤防由于台风、洪水等自然灾害遭受的损失	参保水利单位	每次事故赔偿上限为每县年保费的18倍，全年累计赔偿额度为每县总保费的30倍；累计保险金额92.9亿元	2018年赔付金额累计553.3万元

注：笔者根据各地实际调研结果整理而成。

保险中主要承担运作主体的角色。保险公司依据政府部门制定的巨灾保险实施方案，结合各地实际情况制定巨灾保险合同条款，明确保险条件（保险标的、保险金额/赔偿限额/责任限额、保费等）、赔偿触发条件、保费支付方式和理赔服务等。

试点地区均存在洪水风险，有大量的洪水保险需求，且试点地区的巨灾保险制度中，洪水风险管理和洪水保险责任均占据了重要地位，将防范洪水风险作为巨灾风险的重要组成部分。除黑龙江省针对农作物损失补偿和福建省针对堤防受损补偿外，其余五个试点地区的保险标的基本上都是因自然灾害（如台风、降雨、降雪、地震等）导致的居民家庭财产（主要是房屋等）损失救助和人身伤亡抚恤。部分省市（如宁波和深圳）还将核应急救助、公共安全事故责任救助、见义勇为抚恤等责任纳入到巨灾保险责任体系之中，建立了比较完善的巨灾保险责任体系。如宁波市对住房进水超过 20cm 的家庭户，给予每户 500—3 000 元不等的保险金赔付，对于造成人员伤亡的情况，最高给予 20 万元的保险金赔付。深圳巨灾赔付中，因台风、暴雨、洪水等导致的人身伤亡最高救助 10 万元/人次，住房损失补偿最高每户 2 万元。除承担损失补偿责任外，保险公司还利用自身风险管理专业能力和专业队伍，积极开展巨灾风险防范。

7.1.2.3　保险保障的效果方面

从保险保障效果来看，相对于原本仅靠政府直接救灾救助而言，由商业保险公司参与市场运作的巨灾保险不仅可以在灾害发生后，及时进行灾害勘察，快速响应，精准赔付，还可以利用保险公司自身专业的风险管理技术和专业队伍，事前进行防灾减灾宣传，开展风险防范，完善洪水等巨灾风险管理体系建设。这在一定程度上分摊了受灾地区居民的财产损失，同时也提升了风险高发区的居民的风险意识与抗灾能力，促使居民搬离高风险区域，进而减少今后的灾害损失，建立多方努力共同防灾减灾的公共服务体系。

从搜集的赔付数据来看，各地巨灾保险赔付情况相对政府支出保费而言略显不足。如宁波市共保体在2014—2016年共支付巨灾赔付9 475万元，其中人身伤亡抚恤保险102万元，居民家庭财产损失救助保险9 373万元。具体赔付情况为：2015年“灿鸿”台风支付救助款2 868万元；2015年“杜鹃”台风支付救助款4 922万元；2016年“莫兰蒂”台风支付救助款1 497万元，“鲶鱼”台风支付救助款96万元；另有数次小面积赔付支出。深圳市累积赔付800余万元，具体赔付情况为：2015年光明滑坡事故中赔付支出730余万元，2016年“妮妲”中赔付10万元，“天鸽”台风中赔付40余万元，2017年台风中赔付29.3万元。广东省2016年以来累计赔付3.4亿元，其中在2018年的“艾云尼”台风中赔付超过2亿元。云南省2015—2017年，农房地震保险累计赔付7 953.76万元。黑龙江省2016年，共赔付资金8 551.73万元；2017年共赔付8 093.58万元。福建省2018年赔付金额累计553.3万元。四川省三年来没有赔付。

在承保公司参与防灾减灾活动方面，宁波人保在各区域安装了水位桩，在每个区域都安排了联络员，可以及时采集水位信息，并上报给水利部门，可以做好防洪防汛的及时调度。广东和深圳每年都会举行防灾减灾培训和举行巨灾保险论坛，广东省政府还根据保险公司建议制定了灾害易发地区的移民搬迁计划等措施，动用各方力量来防灾减灾。四川省通过广播电视，向社会公众普及巨灾保险及防灾自救知识等。

7.2 洪水保险实践经验分析

7.2.1 早期洪水保险试点经验分析

总体来说，早期洪水保险的试点是有着非常重要的实践意义，为我国防洪救灾体系的优化发展进行了初步的探索，也为洪水保险制度的建立提供了宝贵经验。

7.2.1.1 政府参与、支持对于试点的顺利开展起着至关重要的作用

早期进行的洪水保险试点工作都是在政府的主导或财政资金的支持下进行的，政府不仅积极制定洪水保险的相关政策，组织保险公司作为承保人参与进来，并承担向群众宣传洪水保险以提高群众参保积极性和参保率的责任，有的还以保费补贴、注资洪水风险基金等方式为洪水保险提供了财政资金支持。例如，在安徽淮河行蓄洪区保险试点中，财政部、水利部、民政部等部门多次为淮河防洪基金的建立进行注资。正是政府对洪水保险试点的主动参与、支持，才使大部分的早期洪水保险的探索取得了阶段性的成功和积极成效。

7.2.1.2 商业保险公司的介入使得早期试点能够以商业化的方式运作和管理

在早期试点中，均是由中国人民财产保险公司（这是由二十世纪八九十年代中国保险市场的特殊市场状况所决定的）作为承保主体。由商业保险公司参与洪水保险试点，由其负责具体的承保、理赔业务和资金管理，这种模式使得政策性洪水保险提高了运作的效率和灵活性，减轻了政府的负担，也有利于充分发挥商业保险公司在核保、理赔、防灾防损等方面的优势，以规避洪水保险中所面临的一些问题。

7.2.1.3 防洪工程的建设和防洪救灾措施的实施必须与洪水保险制度相辅相成，共同协作

洪水保险不可能完全应对洪水灾害带来的所有问题，它只是对洪水风险进行分散的有效方式之一，必须与其他的防洪减灾措施统一规划。从早期试点中可以看到，许多早期的试点便是与工程性防洪措施紧密结合起来。其中最典型的是浙江海塘保险：一方面，海塘保险的开展有效解决了损毁海塘的修复资金难题；另一方面，海塘工程的建设有效降低了洪灾发生的频率，减轻了洪水保险的赔付责任，促进了保险防灾防损工作的开展。

7.2.1.4 群众防灾减灾意识的强化是早期试点得以实施的重要支持

群众防灾防损意识的强化对于洪水保险的支持主要体现为两个方面：一方面，群众防灾防损和保险意识的提高能够让群众充分理解洪水保险的重要价值，从而能够积极地加入到洪水保险体系之中——投保人的积极参与不仅意味着洪水保险政策实施的成功，也有利于实现洪水风险在不同的更多投保人之间进行分散，降低赔付压力；另一方面，对灾害风险有着充分认识的人们懂得在实际生活中和灾害发生时积极采取防灾减灾的措施，帮助降低损失频率和损失数额，这对于保险公司的防灾防损的开展和道德风险的规避是有力的支撑。

7.2.2 巨灾保险试点经验分析

我国巨灾（含洪水）保险制度建设已经迈出了关键的一步。各地积极实践的巨灾保险制度经过四年多的运行，积累了一些实践经验，能够为全国范围内建立洪水保险制度提供参考。总结起来有以下几个方面：

7.2.2.1 构建了政府和市场多方参与的防灾减灾救灾体系

试点地区政府通过购买保险服务，将市场和社会力量纳入到救灾体系之中，通过各方高效协同配合，充分整合各类防灾减灾资源，构建了政府、保险机构与社会组织多方参与的防灾减灾救灾体系，丰富和完善了政府处置灾害的方式和手段。一方面，通过发挥保险费率的杠杆作用和利用保险公司的风险管理职能，推动投保地区做好防灾防损工作，将事后的被动救济变为事前主动的风险防范，丰富和完善灾前、灾中、灾后全覆盖的灾害管理体系，提高全社会抵御自然灾害的能力，改变社会公众在灾害救助方面过分依赖政府的传统思维，提升社会公众应对风险的能力。另一方面，保险公司为落实保险赔偿责任，建立了一整套程序化、规范化、制度化的运营机制。保险公司在承保之后，把“防重于赔”的理念置于重要的地位，利用保险业先进的风险管理技术和经验为承保地区提供风险管理服务，积极参与防灾减损工作，向居民普及灾害防治工作。同时，保险公司还积极开展灾害研究分析，向政府及公众提供防灾减损、应急管理、灾害救助等方面的建议和对策，有效促进和推动了政府应急管理体制的健全。如宁波人保在全市易受灾地区布置水位桩，积极开展全市范围内的易涝点排查；深圳国寿财险每月都会组织业务员向居民普及防灾自救知识，每年开展巨灾保险论坛，针对如何防灾减灾广泛征求意见；四川省通过广播电视，向社会公众普及巨灾保险及防灾自救知识等。

7.2.2.2 促进了洪水风险管理体系的完善和政府社会治理职能的发挥

通过开展洪水保险，保险公司可将技术资料和成果与水利、气象等部门共享，从而促进洪水风险图等风险管理体系的完善。例如，宁波人保将受灾和赔付情况报送水利局，水利局将其与洪水风险图进行对比，一方面完善了洪水风险图，另一方面在赔付高的地区有针对性的加强工程措施，使水利工程建设更加精准高效，洪水保险的赔付额也逐年下降。保险公司还利用自身网点分布优势，在暴雨、台风等灾害到来之前，保险业务员可按照气象、水利部门通知，及时、准确告知群众躲避灾害、转移财物，减少因灾损失。

7.2.2.3 有助于减轻政府救灾压力，降低巨灾对财政和经济的冲击

首先是政府购买巨灾保险服务，能为辖区自然人提供人身伤亡抚恤保险救助和为辖区居民提供家庭财产保险救助。试点地区有的以政府作为投保人和被保险人（如广东省和福建省），灾害发生后，直接由保险公司赔付给地方政府，再由政府统一安排救灾；有的则直接通过保险公司支付给受灾群众（如宁波市、深圳市）。通过政府转移支付，使保险赔付资金全面覆盖受灾地区，特别是使那些没有保险意识或没有经济能力购买商业保险的群众从中受益，可以最直接减轻政府救灾的压力。其次是利用保险产品的杠杆效应，将财政支出保费转化为赔偿责任，赔偿上限一般是保险费的数十倍乃至百倍，进一步提升了保障程度。最后是实现了救灾资金预算化，通过巨灾保险制度，将应急的救灾财政资金转化为每年的巨灾保费财

政预算，放大财政支出的效应，形成常态化机制。以市场化和制度化的方式建立起应对巨灾风险的资金储备，减少灾年财政可能出现的收支不平衡，平滑因灾害引起的政府财政波动。

7.2.2.4 建立了“政府主导，市场运作”的巨灾（含洪水）保险模式

试点地区均成立了由财政、民政、水利、监管等部门组成的工作小组，负责巨灾保险的协调和推进。各地均以财政资金购买巨灾保险服务，并采取“政府主导，市场运作”的模式，将财政资金与保险保障深度融合，利用保险运作机制和保险杠杆放大效应，聚沙成塔，实现对受灾人群的损失补偿，从而促进政府职能转变，整合防灾减灾资源，减轻了政府防灾救灾压力。

7.2.2.5 发挥了保险保障作用和快速理赔优势，取得了“稳民心”的效果

调研地区普遍采取“广覆盖、保基础、保民生”的做法，利用保险理赔及时、覆盖广泛等优势，将洪水灾害与其产生的次生灾害统筹考虑，在巨灾发生后迅速赔付，为受灾地区补充救灾赈灾资金，在缓解“因灾致贫、因灾返贫”方面发挥了重要作用，达到灾后重建、安抚人心的效果。保险机构还充分利用自身风险管理的专业优势，按照事先确定的赔付标准对受灾标的进行查勘定损、理赔标准公开、定损结果公示、赔款支付到户，受灾群众能够得到及时、公开、透明的灾后救助，有效减轻了政府灾后救助中人力、物力及资金压力，较好地起到了“缓冲垫”和社会“稳定器”的作用。例如，深圳市、宁波市理赔资金在一周之内基本全部赔付至群众手中，有助于稳定灾民情绪和开展灾后自救。黑龙江省、云南省和四川省为最无力应对巨灾风险损失和难以避免因灾致贫的农村地区和农民群体购买保险服务，发挥保险综合扶贫作用，切实发挥了巨灾保险的补偿和保障作用。

7.2.2.6 开拓了利用保险业务创新解决实际问题的新思路

试点地区积极开展保险业务创新，一是结合水利普查、洪水风险图建

设、智慧水利与保险灾害统计测算、灾害平台建设，解决了标的物价值评价统计难、投保难的问题（如福建省堤防的价值确认），有的省份（如广东省、黑龙江省）还签订了再保险合同，进一步分散了风险。二是引入保险实现精准快速理赔，提高了救灾资金支付效率，为防灾工程措施抢修提供了“加速度”，解决了传统财政资金救灾全覆盖、切块下达、救援资金到账慢、存在扯皮与寻租等方面的问题。三是各地不断扩充保险责任，将洪水灾害与洪水次生灾害统筹考虑，或者将洪水灾害纳入自然巨灾统筹考虑，有的甚至将公共安全事故等一并纳入保险范围，保障责任进一步扩大。四是各部门通过“跨界”协作，解决了一些防灾减灾救灾以及水利（水务）难题。如通过购买堤防保险转嫁洪灾损失风险，将洪水风险和水利资产管理由水利部门一家管理转向政府市场“两手发力”。保险公司主动参与堤防巡查、堤情监控和工程修复，构筑了灾害防控的新防线，为解决水利老问题提供了新思路，创新了水利工程管理和维修养护的新模式。

7.3 现有的洪水保险产品分析

7.3.1 现有洪水保险产品情况

我国现有的洪水保险产品基本上可以分为两大类：一是政策性的洪水保险产品，如早期安徽淮河流域试点的农作物行蓄洪保险、浙江的海塘保险以及近年来各省市试点的巨灾保险。这类保险产品均是以洪水风险等作为承保对象，通过政府相关部门的参与，财政资金予以支持，采取政府鼓励和强制相结合的方式进行推广和运行。二是商业性的洪水保险产品，即由保险公司按照保险经营的基本原则设计和经营的洪水保险产品。这类保险产品不以单一的洪水风险作为保险责任，而是将洪水风险作为自然灾害的一种列入保险责任范围。

长期以来，中国的保险市场上没有单独的洪水保险产品，大多数洪水保险责任范围被综合型的财产保险产品所涵盖，如家庭财产保险、企业财产保险、汽车保险、农业保险和农房保险等。其中，家财险、企财险和车险是商业保险；农业保险和农房保险则是政策性保险。商业财产保险的保险标的为房屋、个人财产和机动车等类型财产，大部分覆盖了由于洪水导致的财产直接经济损失，其差异在于保险的除外责任（如表 7－2 所示）。对于家财险而言，将位于蓄洪区、行洪区、河岸，以及虽在河堤外但常年低于警戒水位线以下的地区由于洪水导致的财产损失被排除保险责任范围之外。对于车险而言，将由于车辆进水导致发动机损坏被排除在外。

表 7－2　　不同类型涉洪保险产品之间的比较①

	保险种类	保障范围	除外责任	政府补贴
商业保险	家庭财产保险	房屋室内财产	低洼地区以及防洪堤以外当地常年警戒水位以下的家庭财产因洪水造成的一切损失	无
	企业财产保险	房屋室内财产	对方露天的标的，暴风暴雨所致洪水造成的损失	无
	汽车保险	汽车	发动机浸水后导致的发动机损坏	无
政策型保险	农业保险	养殖业种植业	政府行蓄洪区的财产损失	
	农房保险	农房	个人财产损失	

资料来源：中国人民保险公司网站，www. picc，com；银保监会网站，www. cbirc. gov. cn。

长期以来，我国政策性洪水保险发展缓慢，而商业性洪水保险覆盖面又相对较低，使得我国洪水保险发展一直处于较低的水平。自 2014 年，新国十条提出之后，以巨灾保险试点为契机，我国与洪水相关的巨灾保险得到了政府的重视之后才有了较快的发展。

① 李晨光，张楠楠，郭丽军．洪水保险：需求，供给与公共政策［J］．保险研究，2015. 5.

7.3.2 洪水保险产品分类

目前我国保险市场提供的财产类保险产品如家庭和企业财产保险、农业保险、机动车辆保险、货物运输保险、船舶保险等，基本上都涵盖了洪水保险责任。

7.3.2.1 财产保险

财产保险是指保险人对被保险人的财产及其相关利益，在发生保险责任范围内的灾害事故而遭受经济损失时给予补偿的保险。一般而言财产保险的责任范围包括："火灾、爆炸；雷击、台风、龙卷风、暴风、暴雨、洪水、雪灾、冰雹、冰凌、泥石流、崖崩、突发性滑坡、地面突然下陷；飞行物体及其他空中运行物体坠落，外来不属于被保险人所有或者使用的建筑物和其他固定物体的倒塌等"。由此可见，洪水包括暴雨灾害均属于财产保险的责任范围。财产保险主要包括家庭财产保险、企业财产保险和工程财产保险三大类。每一类险种中均对洪水保险责任有明确的规定。其中企业财产险包括基本险、综合险和一切险。家庭财产保险包括基本险和综合险。

由表7-2可以看出，在企业财产保险中，洪水是作为除外责任的，即企业财产保险基本险不承担因洪水风险导致的损失，但可以在基本险的基础上，通过附加险的方式，附加暴风雨扩展条款和洪水扩展条款，从而囊括洪水责任。企业财产保险综合险和一切险均将洪水风险列为保险责任，并在主条款中约定，由于洪水风险造成保险标的损失时，由保险人负责赔偿。但也会对一些特殊的风险和标的明确除外责任，并在条款中进行明确，保险人对这些情况将不予赔付。

家庭财产保险也将洪水列为除外责任，但可以通过"龙卷风、暴风、暴雨、雪灾、冰凌附加保险条款"和"洪水附加保险条款"扩展洪水风险责任。与企业财产保险综合险一样，家庭财产保险综合险中包括了洪水风险责任，在主条款中约定，由于洪水风险造成保险标的损失时，由保险人负责赔偿，也明确了一些除外责任，保险人不负责赔偿。

工程险则采用一切险和列明风险两种类型的条款，并均将洪水风险作为保险责任。

7.3.2.2　农业保险

农业保险是指专为农业生产者从事种植业和养殖业生产过程中，对遭受自然灾害和意外事故所造成的经济损失提供保障的一种保险，主要包括种植业保险、养殖业保险和林业保险。国家规定，对符合条件的保险标的因洪水风险而遭受损失时，由保险人负责赔偿。

农业保险的保险标的是各种类型的农产品，洪水风险是被保风险之一。自2004年开始，农业保险作为基本的政策性保险开始试点。2012年农业保险的总保费收入达到240亿元，同比增长38%；覆盖1.83亿农民并向其提供相当于9 006亿元的保险保障。然而，商业财产保险和农业保险加在一起，总保费收入也才刚刚达到629亿元，仅占2012年GDP的0.12%。洪水保险的覆盖范围仍非常有限。

7.3.2.3　机动车辆保险

机动车辆保险是以机动车辆本身及其第三者责任等为保险标的的一种运输工具保险，一般包括机动车交通事故责任强制保险和机动车辆商业保险。商业保险包括基本险和附加险。基本险又分为车辆损失保险和第三者责任保险，其中车辆损失保险包括了洪水、暴雨等保险责任。

7.4　洪水保险发展存在的问题

7.4.1　早期洪水保险试点过程中存在的问题

早期的洪水保险试点尽管取得了一定成果，但其中所暴露出的问题同样应该得到我们的重视，认真总结其中的问题有助于避免类似问题的再次发生，为今后的洪水保险试点提供有益的借鉴和指导。

7.4.1.1　明确有效的法律法规缺失

在早期试点时期，政府一直没有出台相应的法律法规来规范洪水保险的试点工作，许多工作都是通过政府命令来实现，例如，淮河行蓄洪区保险的实施、防洪基金的征收和管理等一系列工作都是依据原水电部、财政部、原中国人民保险公司及安徽省政府出台的《关于在淮河干流南润段漫堤行洪保险试点的函》《安徽省淮河行、蓄洪区防洪基金征收、使用和管理办法》等行政命令来开展的，并没有相应的法律规范和保障，没有法律对洪水保险的定位、各方的权利义务、保费的征收管理等诸多方面做出规定。直至今日，我国对于洪水保险在法律层面上的表述仍然仅局限于 1998 年颁布的《防洪法》中的一条原则性的规定“国家鼓励、扶持开展洪水保险”。

7.4.1.2　群众对于洪水保险的认识不足，积极性不高，保费收缴困难

由于洪水风险的发生频率并不高，往往几年甚至十几年才发生一次大的洪水，并且遭受洪水灾害毁灭性打击的地区是有限的，这样容易导致人们对于洪水风险的淡漠。在投保者没有遭受灾害（无权获得保险赔付）时，便会主观认为保险是在“骗钱”“乱收费”，进而不愿意投保，从而导致洪水保险的需求不足和保费征收困难。这一问题在江西省进行洪水保险的早期尝试中尤为突出，由于对实施的自然灾害长效险及其保费征收的不理解，出现了群众状告保险公司“乱收费”、要求退还保费的问题。此外，早期试点多是在二十世纪八九十年代，当时保险业在国内恢复不久，整个市场普遍存在保险需求不大，群众保险意识不强，加之群众收入水平相对不高，这些因素更加加剧了洪水保险试点的困难。

7.4.1.3　风险过于集中，赔付压力大，使商业保险公司的承保动力不足

早期的试点都是在几个省份单独开展的，使洪水风险在时间和空间上

过于集中，这有悖于大数法则对于风险分散的要求；再加上洪水风险巨大，一次巨灾的发生便可能导致商业保险公司偿付能力不足，甚至因巨灾破产。因此，商业保险公司并不愿意承担这种巨灾风险。江西省进行的自然灾害长效险的尝试以失败而告终一个重要原因就是由于洪水保险责任点多面大，保险公司根本无法维持，宁愿退还保费也不愿继续承保。

7.4.1.4 洪水保险巨灾基金的资金来源过于狭窄，规模不足

在早期的试点中，淮河行蓄洪区保险曾尝试过建立防洪基金，该基金最主要的资金来源是原水利部（水电部）、财政部、民政部等中央有关部门的补助，占到了整个基金的2/3；剩余的1/3则来自对淮河堤防保护区居民和企业的征款。浙江海塘保险将历年的保费结余积累起来，但这仅是保险公司自身的巨灾准备金，规模很小。可以说，这样建立的巨灾基金规模不足且非常脆弱，一旦发生大灾将导致多年的积累入不敷出，根本无法应对巨灾补偿的需要。而其他试点则没有建立起相应的洪水保险巨灾基金。

7.4.2 巨灾保险试点过程中存在的问题

通过前面的分析我们可以看出巨灾保险试点工作取得了一定的成效，积累了一些宝贵的经验。但在多年的实践过程中，巨灾保险的运行和推广也存在诸多困难和问题。总结起来有以下几个方面：

7.4.2.1 缺乏财政支持的商业巨灾保险因逆选择严重易失败

调研中发现，一些地区水利部门、保险公司也开展过巨灾（含洪水）商业财产保险（如宁波、深圳），但是都未能持续，目前均已停售。究其原因，主要是在无财政支持的情况下投保人存在选择性投保。即，位于风险大区域内的人员愿意投保，风险小或无风险区域内的人员不愿意参加保险，这样保险公司承保的风险无法满足大数法则要求。其结果是，如提高保险费率，参与投保的人数就会减少；如降低保险费率则导致保险公司亏损。因此，多地试点的巨灾（含洪水）商业财产保险均告失败。实践证

明，巨灾保险作为公益性保险，必须有财政资金予以支持。

7.4.2.2　部分试点省市政府对巨灾保险的认识存在偏差，保险设计存在短期效应

试点地区的巨灾保险主要实行“政府主导，市场运作”的模式，由政府出资购买巨灾保险服务，保险公司根据各地巨灾的历史经验数据和模型测算保费，设定赔付条件。保险公司在设计巨灾保险的时候，是以一个较长周期、较大区域面积为基础进行费率或成本测算的。但实际在保险实施初期，由于实施地区区域面积有限，可能短期没有发生一定规模的赔付，致使政府对保险产生的效果存疑，短期保障的效果也不尽如人意。例如，深圳市巨灾保险在保险设计之初，考虑的就是 50 年、100 年一遇的大灾害，但是自实施以来，发生的保险赔付金额仅占投保保费的 10% 左右，财政部门提出了“财政支付的保险费是否值得”的疑问。甚至有地方政府认为这种财政转移支付没有意义，不如民政直接拨付救灾资金的老办法有效。

7.4.2.3　资金筹措和损失分散方式单一，部分地区财政投保积极性不高

国家允许地震巨灾保险试点计提专项准备金以应对巨大地震灾害，使得四川省财政的救灾支出得以平滑。居民自己承担少部分保费，政府支出大部分保费，居民和政府都有参与感，“得到的比付出的多”，双方都比较满意。但是，目前已开展的涵盖洪水责任的巨灾保险没有被允许计提专项准备金，也无法建立专项巨灾保险基金，承保的保险公司只能通过购买再保险分散风险，除宁波以外的其他省市，巨灾保险赔付率都很低，当地财政投保的积极性受到影响，认为保费未被合理利用。云南省甚至停止省级财政支持，宁可受灾时，回到财政提供资金，民政实施救助的老路子。此外，实行指数保险的地区，由于投保方为省财政，发生灾害后由保险公司直接将理赔资金赔付给地方政府，当地政府一般将这部分资金用于灾后重建、水毁工程维修等，而民政、水利等部门又向财政部门申请了此类资金，造成了资金重复安排，导致财政部门对巨灾保险制度整体满意度不高。有

的地方政府则因为财政资金紧缺，对试点期间赔付率不高的巨灾保险试点积极性有所下降。

7.4.2.4 洪水保险法律制度尚不完善，基金积累存在现实困境

我国政府虽然已经将巨灾保险（含洪水保险）作为防灾减灾的重要非工程措施在列入了《防洪法》，但实际上，除2016年原中国保监会、财政部出台的《建立城乡居民住宅地震巨灾保险制度实施方案》和2017年财政部发布的《城乡居民住宅地震巨灾保险专项准备金管理办法》外，尚无其他具体的与巨灾有关的法律法规制度出台。这就导致保险公司在承保过程中无法提取巨灾专项准备金和建立巨灾保险基金，试点期间政府财政资金购买的保费无法累积，也无法应对真正意义上的巨灾。虽然宁波、深圳等地试点建立了巨灾基金，但都存在着现实的法律和监管困境。

7.4.2.5 地区发展不均衡及制度设计不合理导致巨灾保险效果与预期不符

试点省市内部由于地理、人文、经济等差异巨大，发展极不平均导致实行单一制度的巨灾保险难以满足各地差异化的需求。这也就导致了洪水保险制度、产品设计等方面不可避免存在某种缺陷，部分地区保障效果不理想。如，广东省采取指数保险的形式，不考虑实际损失情况，只要气象指数达到预设指标就进行赔偿。2018年夏天在河源市出现气象指标达到预设指标，在实际没有发生较大损失的情况下，保险公司也了赔付4 290多万元。由于参保的每个城市需要选择一个灾因，如果导致灾害的灾因与投保灾因不符，也不能得到赔偿。此外，广东的巨灾保险还存在设计时没有邀请各主管部门（水利、住建等）参与、赔付方为地方政府而没有赔偿给群众、群众满意率低等问题。而黑龙江的指数保险由于指数设置过高，导致部分保险期间没有赔付支出或者赔付率较低。我们认为广东省和黑龙江省的巨灾保险存在指数失效、风险错配以及资金运用不合理等问题。

7.4.2.6 巨灾（含洪水）保险供需失衡，保险公司承保压力大

在调研中我们了解到，由于逆选择的存在，无财政支持的商业巨灾保

险很难持续开展，巨灾保险供需失衡严重。加之巨灾保险承保周期短，保险公司存在“赌博式投标”。目前调研的省市均采取周期式保险计划，每个周期一到三年不等，每一周期结束都要重新招标选择保险公司，使风险难以在时间维度上进行分散。由于各地区地理空间有限，尤其是宁波市、深圳市，难以实现在空间跨度上的风险分散，只能采用购买再保险的形式将大部分风险分散出去。再保险公司考虑到风险过大，从而提高再保险费率，谨慎承保。加之洪水巨灾保险的保费不能够积累和结余，如果某个周期没有发生赔付，那么该周期内参与投标的保险公司相当于以赌徒的身份赚了“快钱”，一旦下一个周期更换新保险公司承保，没有任何结余，一切都要从头再来。因此，如发生巨额灾害赔付，此周期内的承保保险公司可能无法全部赔付，甚至有破产的风险。

7.4.2.7　部分地区巨灾保险防灾减灾作用发挥不充分

在调研中发现，部分地区并未充分利用保险公司专业的风险管理能力，保险防灾减灾救灾作用发挥不充分。部分地区有些部门则各自为战，并未充分利用自身优势和特长，密切配合，形成财政支持下的多层次巨灾风险分散机制；还有部分地区由于保险机制设计不合理，导致赔付过少或赔付不精准，造成了资金使用的低效率，偏离了巨灾保险设计的初衷。调研中发现，除宁波、深圳、福建等地保险公司积极参与防灾减灾体系建设外，其余省市的商业保险公司仅处于承保阶段，地方政府未充分利用和调动保险公司专业的防灾减灾资源。

7.4.2.8　政企合作不够深入，信息共享机制不够完善

调研过程中发现，部分地区设计保险方案时没有邀请水利部门参与，造成保险设计与实际受灾情况不符，特别是实施指数保险的地区，气象灾因预测与水害灾情往往存在一定差异，且有的差异很大。实际上，很多地区水利（水务）、气象等部门已经绘制完成了动态洪水风险图，建设了洪水灾害预警系统，能够快速准确地明确灾情。但是这些气象、水文等重要信息无法与保险公司共享，导致保险公司依靠公开资料或自行获取数据的

基础上设计的保险方案与实际差异显著。此外，大部分水利部门对洪水保险了解不多，加之水利行业对于洪水保险尚无明确的指导性政策或制度，水利部门感觉无从着手，一些洪涝灾害发生少的地区认为洪水保险与本单位关系不大，参与的积极性不高。

7.4.2.9 洪水保险宣传力度不足，居民保险意识薄弱

试点地区保险公司反馈，目前除部分易受灾地区居民有强烈的巨灾保险意识外，大部分地区对巨灾保险的认识尚不充分，保险意识亟待提升。同时，政府和保险机构对巨灾保险（含洪水保险）的宣传还不够，这就导致了除政府统一为居民购买的巨灾保险服务外，商业巨灾保险尚难以顺利开展。尤其是部分贫困地区，民众尚停留在救灾“等、靠、要”的阶段，导致巨灾保险尤其是推行商业巨灾保险难度较大。

第 8 章

区域性洪水风险管理与保险

8.1 区域性洪水风险概述

洪水按其成因可分为暴雨、融化冰雪、风暴、河道冰凌、海地地震、堰塞湖溃决、地下水出溢等类型。此外，人工建筑物，如大坝、堤防等在外力作用下失事，也会引发洪水或加大洪水的量级。

按其形成的时间长短，洪水可分为突发和缓发两类。按其发生的地域，洪水可分为山丘区洪水、平原区洪水和海岸带洪水等。按其来源，洪水可分为内涝和外洪两类。按其发生季节，洪水可分为夏季（伏汛）、秋季（秋汛）、冬季和春季（春汛）洪水等类型。

根据中国水灾年表1840—1992年的统计，长江流域从总量上来看，发生洪水的次数最多、最频繁，洪灾发生频率为2年一次；其次为黄河流域，洪灾发生为3年一次；松花江流域发生的洪水次数最少，洪灾发生频率为6年一次。洪灾风险很大程度上与承灾体密不可分，在不同地形地貌地区和不同的流域水系发生的概率也大相径庭，造成的损失在荒芜山区和富裕平原间也相差甚远，根据不同承灾体的特征，选用科学的方法对承灾地区的洪水风险进行分析并进行洪水风险管理的区划，这对防范洪水风险具有重要意义。

8.1.1 复杂河网地区洪水风险[①]（以长江流域洞庭湖区为例）

复杂河网地区指水系河网众多且交错分布，水流流向关系复杂的区域。例如，长江中下游洞庭湖周边的复杂河网平原地区，从降雨空间分布来看，

---

① 石林. 基于GIS和HydraN的复杂河网地区洪水风险管理及水资源联合调度应用研究［D］. 长沙：湖南大学，2010.

长江中下游及洞庭湖平原地区降雨水平较高且全年降雨时间较长，且在汛期往往会受到高强度大范围的持续性致洪暴雨和长江上游的洪水注入；从洪灾的历史数据来看，16 世纪至 21 世纪，洞庭湖水系所在的湖南省境内记载的洪涝灾害共 453 次，平均每世纪发生近 100 次，洞庭湖周边的湖区平原属于高发区。

8.1.1.1 复杂河网地区的洪水风险成因

气象方面，洞庭湖冲积平原区域处于中亚热带向北亚热带过渡的气候带里，受东南季风、西南季风、副热带高压及西风带环流的综合影响，气候不稳定属于多雨区，且雨季较长。4—8 月，冷暖气团在湖南境内交会，集中了全年 50%—65% 的降水，伴随暴雨，最大降雨量超过 600mm。西南低涡也活跃于此，4 月和 5 月，西南低涡在北纬 27°和 33°之间向东移动，6 月到 7 月则在北纬 31°以南活动，到了两湖盆地则降水大大增加形成暴雨。

地形方面，洞庭湖以西，南邻沅江，且被海拔较高的起伏山地丘陵包围，中部地势较低，为全省的凹形大斜面的低洼中心，水流会快速从高向低汇流。地质方面，土壤多为中、细颗粒，渗透性不强，无法缓解长期暴雨，岩层多为花岗岩，极易风化，在被水流冲刷带入平缓地带容易造成砂石淤积河道，使行洪不畅，引起两岸洪水泛滥。另外，洞庭湖因为泥沙淤积产生大面积洲滩，并以每年 6 万亩的速度递增，并长出大面积芦苇，加速了泥沙沉淀淤积，导致洪水位不断抬升，河道行洪能力减弱，河流湖泊蓄洪调洪能力减弱。

河湖关系上，复杂河网地区河网众多，区域中有沅水、渐水、高水、低水等河流及柳叶湖、冲天湖、占天湖等湖泊水库，水体分布广且交错。在四水洪峰和长江洪峰相遇时易形成特大洪水，属于洪水发生的直接原因。

社会经济方面，洞庭湖冲积平原地区主要以农业为主，耕地面积占比超过 45%，且多为水田。洪灾多发地如常德市和武陵区，属于该地区的区域经济文化中心，人口密集，GDP 占该区域的 80% 以上，因此该地区在周边设置了多个蓄滞洪区以保护中心城区。

8.1.1.2　复杂河网地区洪水风险特点

（1）发生频率较高

洞庭湖有着平衡长江上游来水量的作用，调蓄长江洪水，减轻江汉平原受灾威胁，减少洞庭湖以下河段的去水量，但又因为洞庭湖同时承接“四水”，极易在雨季造成洪峰相遇导致的洪灾，而其气象、气候、地形及地质特点也致使其发生洪灾频率较高。

（2）连续性及持久性

该地区历史洪水发生高频且不间断现象明显，据历史数据统计，洞庭湖复杂河网地区的洪水灾害具有明显的周期性。每年 4—7 月来自南海的副热带高压气流与北方的冷空气相遇，长时间停留在长江流域一带，造成持久的降雨风暴，洞庭湖区往往需要长时间的排涝抗洪。并且，连续性的洪水灾害对堤防的冲击和对农田造成的累计损失，危害性远大于间断性的洪水灾害。

（3）全流域性及封闭性

洞庭湖水系呈向心状，湘、资、沅、澧水向洞庭湖汇聚，长江三口与四水洪水相遇是洞庭湖区洪灾的决定性因素，因此全流域性强。同时，在此时城陵矶水位较高，洞庭湖水受顶托，无法排入长江，水灾具有封闭性。

（4）损失极大

洞庭湖区域土地富饶、人口稠密，但由于人类活动和全球气候改变，该区域的水域面积逐渐减少，可用作调蓄的湖区多用作农业、居住以及工商业的发展。此外，该地区的防洪设计不合理、水利设施陈旧、水利信息系统并不完善，灾害脆弱性较强，一旦发生洪灾，损失严重。2012 年，洞庭湖部分河段发生超警洪水、局部暴雨山洪严重，整个湖区 1 868 个乡镇有 1 113 万人受灾，死亡 20 人、失踪 1 人，直接经济损失达到 116.18 亿元。2017 年 7 月的连续三次特大暴雨侵袭，使洞庭湖区受淹严重，特别是团洲乡受淹达 90%，造成极大损失。

8.1.2 平原地区洪水风险[①]（太湖流域为例）

以太湖流域为例，太湖流域的流域面积虽然仅占全国总面积的0.4%，但其在我国经济发展格局中占有重要地位，当前流域人口城镇化率接近80%，是全国城镇化程度最高地区之一。2017年太湖流域及东南诸河总人口14 248万人，占全国总人口的10.2%；国内生产总值（GDP）149 864亿元，占全国GDP的18.1%；人均GDP 10.5万元。其中，太湖流域总人口6 058万人，占全国总人口的4.4%；GDP 80 815亿元，占全国GDP的9.8%；人均GDP 13.3万元，是全国人均GDP的2.2倍。

太湖流域人口稠密，经济水平较高，但降雨丰沛、地势较低，洪涝灾害频繁。2017年太湖流域及东南诸河年降水量1 501mm，折合降水总量3 682.0亿m^3，水资源总量2 014.0亿m^3。其中，太湖流域年降水量1 244mm，折合降水总量459.0亿m^3，水资源总量206.9亿m^3。

8.1.2.1 太湖流域地区的洪水风险成因

气象方面，太湖流域属于亚热带季风气候，年降雨量较大，且降雨变率大，时空分布不均，5—9月的梅雨期和台风雨期集中了60%的雨量。梅雨期每年平均20天左右，从六月中旬至七月上旬，梅雨期较长时会形成梅雨型洪水，特点是总量大，时间长，范围广，影响全流域。台风影响一般在7—9月，有热带气旋和台风带来丰富的水汽，形成台风雨型洪水，特点是雨强大、历时较短、范围不大，但易造成局部洪水灾害严重。此外，全球变暖及水循环的加快，也改变了太湖流域的气候和水文特征，诱发了太湖流域的洪水风险。

地形方面，太湖流域的中心是太湖平原，占太湖流域80%的面积，是一个中间低四周高的大型蝶形洼地。太湖流域西高东低，平原区比长江流域出口的最高水位低2—3米，比杭州湾的最高潮汐低5—6米。由于流域

① 叶建春，章杭惠．太湖流域洪水风险管理实践与思考［J］．水利水电科技进展，2015.09.

地势平坦，水网密集因而水流速度慢，且会受到东海潮汐顶托，河网和湖泊的水位容易漫涨且不易消退，造成洪涝灾害。另外，河流的排泄能力较差，平原内部存在起伏丘陵，苕溪、荆溪、长江入湖，同时受到黄浦江潮汐影响，以致流域内降雨量稍大，就会在低洼地形成涝灾。

人为因素方面，人口增多、土地利用规模加大，挤占了湖泊空间，造成水位上涨。太湖地区影响较大的人为因素主要是圩田的修建。太湖的湖泊群对洪水有较大的调蓄作用，湖西的洮湖、滆湖可以调蓄西部洪水，湖东的淀山湖、阳澄湖、澄湖可以对太湖下泄的洪水进行二次调蓄。但由于围垦面积的扩大，降低了湖泊的滞洪调速作用，且造成了排水河道的淤积和出水流量的减少，均加剧了太湖流域的洪水风险。2017 年年末较年初，太湖蓄水量减少 5.462 亿 m^3，河网蓄水量减少 5.413 亿 m^3，8 座大型水库蓄水量减少 0.618 亿 m^3。

8.1.2.2　太湖流域地区的洪水风险特点

（1）洪水风险发生频率较高

太湖流域上游湖西和浙西区水系的支流大多呈树枝状排列，水系源短、流急、落差大、降雨回流快，易出现山洪暴发；下游平原河网地区河流纵横交错，与湖东湖群相连，入江河口受潮汐顶托，当上游区降雨量较强时，山洪直泄太湖，水位迅速上涨，中下游低洼的地势也会造成高水位持续时间长。全球气候变化的大趋势下，海平面上升，暴雨、洪水、大潮和台风同时相遇的可能性增大，洪水风险发生的频率也直线升高。2017 年，太湖水位有 137 天高于防洪控制水位，主要集中在 4—7 月和 10 月。

（2）平原河网地区洪涝难分使洪水风险防御较难

洪水期间，上游洪水和本地涝水在平原河道同时宣泄，河道水位迅速抬高，外河洪水位升高直接威胁平原圩区提防的安全，洪涝内外夹击，易引起破圩。另外，地区防洪工程建设虽然提高了城市和低洼地区的防洪除涝功能，但也切断了与湖荡连接的河道，减少了流域天然的雨洪蓄滞空间，加大了流域骨干河道、圩外河道的防洪压力。

（3）经济发展使洪水风险损失趋势上涨

属太湖流域的长江三角洲地区在我国综合实力较强，城市、人口、财富高度集中，一旦发生洪涝灾害，损失十分巨大。目前流域的防洪能力滞后于流域经济社会的快速发展。1954 年、1991 年及 1999 年 3 次流域性大洪水造成的直接经济损失分别为 10 亿元、113.9 亿元和 141.25 亿元。2013 年，“菲特”台风暴雨造成浙江、福建、上海、江苏等省市直接经济损失超过 300 亿元。随着经济水平的提高，太湖流域洪水风险所造成的损失也会呈增加趋势。

8.1.3 山区小流域地区洪水风险

8.1.3.1 山区小流域地区的洪水风险成因

山区小流域洪水是指由于短时间内受到暴雨的影响，山区洪水的突然暴发会对当地居民带来的财产损失和人身安全的威胁等。比如由于山区暴雨导致的泥石流、滑坡，轻则毁坏房屋、道路等，重则可能会导致水坝溃决。

首先，暴雨是我国山洪暴发的因素之一，其具有季节性、短历时降雨的强度变化。每年的 4—6 月暴雨区主要出现在南方各省；6 月和 7 月则是我国南方的梅雨期，持续数天的暴雨天气也是我国南方的主要暴雨季节之一；7—8 月则是华北最容易发生暴雨的时期，虽然暴雨日数少，但雨量大，也是造成华北洪水灾害的一个重要原因。

其次，洪水灾害发生区的地理位置也与风险事故的发生有着密切联系。例如地形对气流具有抬升作用，对于山区而言，山区坡度较陡，相对高度大，对气流的抬升作用就强，暴雨就会显著增强和持续；而对于地形坡度不大的丘陵区，如果流入山坡底层的空气相当潮湿，这种下湿上干的气层变为不稳定状态，释放出的大量不稳定能量会产生对流，增强降水。

8.1.3.2　山区小流域地区的洪水风险特点

（1）山区洪水的季节性和区域性强

我国的汛期主要在 4—8 月，这段时间是我国的暴雨洪水灾害多发期，历时短暂，暴涨暴落；在区域上，暴雨一般在坡度较陡的山区或者丘陵地区容易形成，并且山区河流的流域面积较小，一旦导致洪水灾害，虽然来势凶猛，但只影响局部地区。

（2）山区洪水具有突发性

我国山区地形极易促成短历时降雨，若处于汛期暴雨集中时期，发生洪水风险的可能性非常高。由于我国山区山高坡陡，流域面积小，河流储蓄能力低，洪水汇流快，往往几个小时就会造成灾害后迅速退去，山区人民措手不及，当地洪水的突发性让山区洪水预测变得更加困难。

（3）山区洪水的破坏力强

山区暴雨洪水灾害常常瞬间成灾，带来的人身和财产损失严重。由于山区的特殊地形，暴雨导致的洪水流速快，强大的冲击力对地面土壤和设施迅速造成破坏。例如 2018 年 8 月在甘肃会宁县四房吴镇的暴雨引发山洪，冲毁多处农田、道路、电力等基础设施。农作物成灾面积超过 200 公顷，直接经济损失达到 1 833 万元。

8.2　区域性洪水风险管理

8.2.1　复杂河网地区的洪水风险管理（以长江流域洞庭湖区为例）

8.2.1.1　复杂河网地区洪水风险管理现状

由于多年的洪水灾害侵害，洞庭湖地区现有一线防洪大堤 3 471 千米，但防洪大堤多为沙基堤，堤质不牢，穿堤建筑物老化，险工险段多，在长时间的高洪水位浸泡下，堤防若发生渗漏、管涌、滑坡、崩岸等情况，极有可能造成防洪大堤坍塌。

洞庭湖区安排蓄洪垸26个，蓄洪库容量约160亿 m^3，但实际上按计划分蓄洪水存在诸多问题，在洪水上涨危及重点堤坝、长江中下游城市时，必须降低水位确保安全。此外，一些人为因素也对蓄洪滞区的洪水风险管理职能产生了不利影响。一是局部地区盲目围垦以追求经济发展，区域内水域面积不断减少，调洪能力下降；二是城市化的进程带来的修路、建房、征地等导致洪水汇流规律改变、城市气温升高，影响了蓄洪滞区的减灾工能；三是蓄洪滞区的安全建设不到位，且运用方法不当，对于淹没频率不同的蓄洪滞区应当根据土地使用的周期性特点和经济发展特点制定不同的发展模式，否则很难发挥其蓄洪削峰的作用。

三峡工程的建成使洞庭湖区的洪水风险形势有所改善，拦蓄了上游来水，减少了洞庭湖的入水量，错开了长江水与四水洪峰相遇的时间，改善了长江水与四水相顶托的严重形势，但在特大洪水期间，防汛形势依然严峻。①

8.2.1.2　复杂河网地区洪水风险管理建议

(1) 提高水资源综合配置能力

洪水不仅是一种灾害，若合理利用，也是一种资源，可以用来灌溉农田、发电供能。因地理、气候、历史和社会经济发展等特点，实现洪水管理资源化，对复杂河网地区的水资源科学管理和利用，实现区域水资源可持续利用尤为重要，洞庭湖是长江中下游最重要的调蓄湖泊，洞庭湖区域最需要优先解决的便是提高水资源的综合配置额能力，引入多种辅助手段实现定性和定量相结合的优化调度决策功能，加强自身的工程性水利建设。

(2) 加大防洪工程建设力度

洞庭湖区防洪标准偏低，蓄滞洪区安全设施建设滞后，河道泥沙淤积

---

① 欧阳资生，甘柳．洪水灾害风险分析模型与洪灾保险应用研究——湖南省为例［M］．长沙：中南大学出版社，2016.

等问题严重，提高防洪能力仍然重要。一是要加强堤防建设，提高防洪标准。即要加高加固堤防，增强行洪能力，减少漫堤和溃堤的风险。但在实施时，要充分考虑其配套措施才能有效发挥防洪效益，例如应当同时提高泵站的排洪能力，涵闸的过水能力等；二是加大河湖综合整治力度，提高调蓄能力；三是加强排涝设施建设，并通过对洪水的预测和模拟排洪方案实现对泵站和涵闸自动化运行的优化调度调控。

（3）加强三峡工程对洞庭湖影响的观测

三峡工程对长江与洞庭湖的关系有了重大调整，但目前对洞庭湖的观测资料较少，应当加强对洞庭湖区域防洪方案的研究，监测洞庭湖地形、水沙、湿地、生态的变化，建立信息共享平台，以期能够准确预报洪水灾害。[①]

8.2.2　平原地区（以太湖流域为例）的洪水风险管理[②]

8.2.2.1　太湖流域地区洪水风险管理现状

2000 年以前，太湖流域控制洪水风险的方法主要是推动流域、区域防洪工程建设；2000 年之后，贯彻新时期治水方略，逐渐由控制洪水转变为洪水风险管理并取得了较好的成果。

（1）水利工程建设情况

目前，太湖流域已经建成了以环湖大堤、望虞河工程、太浦河工程、沿长江引排工程和杭州湾南排工程等综合治理工程为主，配合以上游水库、周边江堤海塘和平原区圩闸工程的防洪减灾工程体系，可防御 1954 年型 50 年一遇型流域性洪水。近年来太湖流域积极推进水利工程建设，并结合了流域水环境综合治理的方法，完成了望亭水利枢纽更新改造工程、常熟水利枢纽更新改造工程、走马塘拓浚延申工程等。

---

① 马新忠．三峡工程运行后对洞庭湖治理的思考［J］．中国农村水利水电，2009. 08.

② 叶建春，章杭惠．太湖流域洪水风险管理实践与思考［J］．水利水电科技进展，2015. 09.

（2）监测及预警工作及洪水风险管理研究情况

2005—2011 年，太湖流域开展了城市、水库、蓄滞洪区、防洪保护区等类型的洪水风险图编制工作，2013 年，开展了平原河网地区的洪水风险图编制工作，明确了在不同频率的设计降雨、历史典型洪水条件下的防洪保护区的洪水风险和风险损失。洪水灾害监测和预警方面，流域内各省市建成了实时水雨情监测预警系统、台风路径实施采集发布系统、防汛远程视频会商系统等。此外，太湖流域管理局也开展了太湖流域洪水资源化利用研究、太湖流域洪水风险管理情景分析研究、太湖流域圩区调度管理研究等科研项目研究。

（3）流域规划制定与制度建设情况

太湖流域组织制定了《太湖流域防洪规划》《太湖流域水资源综合规划》《太湖流域综合规划》和《太湖流域水环境综合治理总体方案》等流域性规划。2011 年，出台我国首部流域综合性行政法规《太湖流域管理条例》，规定了水域保护、圩区建设、预案制定、调度管理等洪水管理工作，并向公众普及和宣传防灾减灾知识；2012 年，颁布试行《太湖流域重要河湖管理范围内建设项目水利技术规定（试行）》；2017 年印发《太湖流域管理局简化整合涉水行政审批实施细则（试行）》。

8.2.2.2 太湖流域地区洪水风险管理建议

（1）进行土地利用风险管理

根据王艳艳、韩松等（2013）对太湖流域土地风险管理减灾效益的评估，土地利用风险管理是洪水风险管理的主要措施之一，可以通过避免在高风险区居住和发展生产的方式减轻或缓解洪水风险的影响。考虑太湖流域未来洪水风险因素进行建成区规划，加强土地风险管理，将对抑制太湖流域洪水风险增长起到重要作用。

（2）推广太湖流域洪水风险图的应用

要继续更新太湖流域洪水风险图，探索流域洪水风险管理规划、实时洪水风险预报，并推广洪水风险图在洪水保险、公众防汛台风险教育以及城市规划、城市应急管理、交通管理等其他领域的应用。例如对城市、交通等建设项目实行洪水风险评估等，在人口密集且避洪困难的区域，建筑物可以架空底楼让洪水通过。

（3）尝试风险共担的洪水风险管理模式

由于各地区经济发展和人口不平衡，经济较发达的地区抽排洪水能力较强，汛期内迅速将积水外排，加大了邻近地区及整个流域的防洪压力，因此解决洪水风险的转移和重新分布在洪水风险管理中十分重要。程晓陶提出“风险分担、利益共享”的模式，即任何地区不能无偿获得确保安全的权力，应当提供补偿资金分担风险。从流域整体上来讲，对外排的超出行洪能力的泛滥积水，必须采取一定的风险管理措施，例如增加区域内部调蓄、调整工程运行管理方式等。

（4）结合流域洪水资源化进行洪水风险控制

太湖流域的水资源十分紧缺，水资源开发利用率超过了 80%（国际公认合理限度为 40%）。2011 年，太湖流域管理局实施《太湖流域洪水与水量调度方案》，结合流域、区域用水需求，提高前汛期太湖防洪控制水位，在适度承担防洪风险的基础上，最大限度挖掘洪水资源的利用潜力，提高流域洪水保障水平。但由于太湖蓝藻往往在汛期爆发，此时太湖水位超过引水控制水位，洪水资源和防洪安全矛盾突出；汛末雨洪资源利用又受台风影响，因此洪水资源化中的风险防范和对策仍需要进一步研究和实践。

（5）加强洪水监测、预报和公众宣传

太湖流域应当完善水情信息采集系统和工程监测系统；加强与气象部门的沟通，加快对中短期天气、水雨情和台风暴潮的预测预报，加快洪水预警预报系统的建设。此外充分利用学校、网络、报纸等渠道进行防洪减灾的宣传教育，增强公众的自我防范和自救意识和能力。

8.2.3 山区小流域地区的洪水风险管理

8.2.3.1 山区小流域地区的洪水风险管理情况

山区小流域洪水不同于大江大河等平原的洪水风险，其通常受暴雨天气影响，发生灾难地区范围较小，发生时间短。并且，随着我国近年来工业化进程的加快，山区的经济也发展迅速，使得山区资产和人口密度呈增加趋势，这也为山区流域洪水的风险防范加大了难度。因此，在治理大江大河的同时，也要重视山区小流域地区的防洪除涝问题，降低山区人民由于洪水灾害带来的财产损失。并且，随着我国山区城镇化发展进程的不断加快，我们在洪水管理的实施中也要充分考虑山区的经济发展，不能一味地严防死守，还要合理利用洪水资源，选择既能控制洪水又适宜当地居民的有限管理模式。

山洪具有突发性、水量集中、破坏力大等特点，并且季节性强，4—8月是我国的山洪集中期，在区域上，山洪多发生于山地丘陵地带。因此，针对七大江河的洪水修建的水库等防洪工程并不适用于山区小流域的洪水风险，我国主要实施山洪预警平台、山洪风险图等非工程措施。

(1) 监测预警技术研究情况

预警指标可分为雨量预警指标和水位预警指标。雨量预警指标的基础是根据成灾水位反推流量，由流量反推降雨，重点通过分析成灾水位、预警时段、土壤含水量等，计算得到防灾对象的临界雨量，根据临界雨量和预警响应时间综合确定雨量预警指标，并分析成果的合理性。水位预警指标采用上下游相应水位法或由成灾水位直接分析确定。

截止到 2016 年，我国山洪灾害防治项目建设取得了丰硕的建设成果。构建了专群结合的山洪灾害监测预警系统，全国 2 058 个县都建设了山洪灾害预警平台，并且还有 1 个国家级、7 个流域机构、30 个省级以及 305 个地市级的山洪灾害监测预警信息管理系统。通过前期的项目建设，山洪灾害防治区监测站网密度基本达到规划要求，基本解决了基层山洪灾害防御监测手段设施缺乏的问题，部分边远地区雨水情传输时间缩短至原来的八分之一。

虽然前期已建立了适合我国国情的山洪灾害监测预警系统和群测群防体系，但我国在山洪灾害防治工作总体上仍处于初级阶段，经济社会发展对山洪灾害防治提出了更高要求。此外，限于投资规模，我国防洪工程仍有部分未完成。有关部委提出在 2020 年前进一步巩固提升山洪灾害防治非工程措施，利用大数据、云计算等新技术，实现山洪灾害监测预警数据的同步共享、互联互通。

（2）洪水风险图的编制情况

由于洪水影响因素众多和人类对自然界认知的局限性，目前无法预知未来洪水发生的确切时间和真实过程。于是针对某一风险的洪水，分析和计算洪水淹没区域及相应的经济损失，并按一定的规格在流域地形图上描绘和标明便得出洪水风险图。洪水风险图可以使人们更直观地了解和认识到灾难性洪水发生后可能的水文后果和灾害损失概况。

总的来说，国内外在洪水风险图的绘制和使用上都达到了良好的效果，但目前我国的洪水风险图的绘制主要针对大江大河流域。山区小流域由于地理上的分散，风险事故发生时间短促等原因，针对此地区研究制定出来的洪水风险图并不多。况且，风险图是为政府决策和管理服务的，必须要有一个统一的标准，使得洪水风险图的编制规范化，保证其实施起来的可靠性。随着社会经济的发展，山区小流域地区对标准的洪水风险图的需求也日益迫切，山洪暴发的破坏力只能通过预防来减轻。但由于不同行业和个人对洪水风险图的利用都有相当程度的差别，比如公众关注洪水的发生时间和风险大小，保险行业关注风险损失等，那么在洪水风险图的编制中也要考虑不同需求，提高其使用效率和适用性。

8.2.3.2　山区小流域地区的洪水风险管理建议

山区小流域地区的洪水风险不能消灭，只能通过各种手段预防，而这种洪水风险也与山区人民的生活息息相关，要持续巩固强化各种预警系统，达到经济社会发展所要求的水平。针对小流域山洪的实际情况，主要有以下建议：

（1）提升山洪风险评估技术

若要进行洪水风险管理，首先要进行洪水风险评估。一般而言，在进行山洪灾害分析评价时，应当根据山洪灾害现场调查成果以及当地防洪减灾、地区发展规划等实际需求，筛选和确定分析评价对象。

由于城镇化的快速发展，山区人口密度大幅增加，加上人们越来越关注如何加快生产建设，忽视了土地的不合理利用，山洪风险也随之增加。这种风险带来的损失不容小觑，因此，与其他大江大河的洪水风险管理一样，山区小流域洪水风险管理也需要在其风险评估技术上加大投资力度，收集以往的洪水事故资料，为山区小流域土地利用、减灾措施制定等提供科学依据。

（2）逐步完善山洪监测预警系统

通过前期山洪灾害防治项目建设，虽然适合我国国情的山洪灾害监测预警系统初步建立，在重点山洪河道防洪治理措施等方面取得了一定经验，但我国山洪灾害防治工作总体上仍处于初级阶段，山洪灾害防治规划确定的任务尚未全部完成。

在逐步完善山洪监测预警系统的过程中，也要适应经济社会发展对防灾减灾工作的要求，以往我们注重关注灾后救助措施，呼吁各界关注受灾地区人民，在尽量向灾前预防措施的转变中，更要加大防灾减灾的宣传。并且，一些地区配备的监测预警系统已逐渐超出正常使用年限，一些人口密集区域对监测预警系统的能力也有了更高要求，我们也需要不断强化监测预警系统的功能。

（3）发展洪水风险管理的保险模式

对于一般山区居民，经济实力较差，风险意识较弱，往往顾及不到利用保险来规避自身所面临的洪水风险。并且，洪水保险是一个特殊的险种，它针对洪水高发区域，不同于一般商业保险以盈利为目的，洪水保险只能是政策性、非营利性的保险形式，需要国家的大力支持，不仅需要对保险公司进行一定的资金支持，也需要进行广泛宣传，加大保险力度，采取一定的强制措施。

对于洪水保险的经营模式，可以由政府出资建立洪水保险基金，筹集来源于社会、被保险人、政府等各方的资金作为保险金，政府在其中还要对保险基金的使用运营进行监管。一旦发生保险事故，如果保险公司无法承担巨额的保险金时，再由政府财政拨款给予补贴。

8.3　区域性洪水保险

8.3.1　按流域划分的区域性洪水保险分析

8.3.1.1　流域管理情况

流域是以集水区域划分的一种地域，是包含了水、土地、生物等自然要素和社会、经济等人文要素的环境经济复合系统。通常流域是指由分水线（岭）所包围的河流或湖泊的集水区，包括地面集水区和地下集水区。流域面积是研究流域的重要参数，是指流域地面分水线和出口断面所包围的面积，又称集水面积，其大小会对河流和水量大小及径流的形成产生影响。流域管理系统具有准公共物品属性、跨界外部性、整体性、关联性及地域分异性等特征，存在上下游和不同利益群体之间的利益矛盾冲突。[①]流域管理是在区域管理的基础上增加了信息处理交流机制的制度安排。目前国际上的流域管理机构主要分为水资源理事会、流域委员会和流域监督管理局等，我国的流域管理制度是将流域与区域相结合的管理制度，由水

① 王和．从流域经济学视角看洪水保险［J］．中国金融，2011（09）：62－63.

利部门等行政部门对流域管理局和流域水资源保护局进行管理和监督。

8.3.1.2 基于流域经济学的区域性洪水保险

（1）流域经济学

流域经济指在特定的流域范围内发展的经济活动，是以特定的流域作为载体的。由于一个流域有着相同的环境特性，之间存在内在联系，当发生自然灾害特别是洪水灾害时，会直接影响整个流域的发展。当洪水灾害发生时，整个水系的水位均上升，同时带来的次生灾害在短时间内也会影响流域的经济状况，若没有合适的灾后救助制度，一旦遭遇洪水灾害，其恢复再生产的能力减弱，对国民经济则会产生重要影响。

流域经济学主要研究流域内经济的发展与结构变化、流域内水资源的开发及其对该地区经济的影响和该流域内不同区域的经济发展状况的影响。流域经济学的基本任务是：在充分认识水资源开发利用中的客观经济规律的基础上，按照流域经济发展的客观要求，合理地开发利用和有效地治理保护我国的水资源，促进流域经济的发展，为社会主义现代化建设服务。①

（2）流域经济学与洪水保险

对洪水保险研究时，要考虑流域经济的特征，从流域洪水风险管理的角度出发，通过洪水保险引入相关机制，推动防洪标准的建设。洪水保险还可以动用保险公司先进的抢险救灾技术与资金，并调节流域内、区域内经济协同发展，引导洪水风险大小不同的地区合理有序开发。区域性洪水保险作为具有外部性特征的准公共物品，可以通过技术措施正向促进流域内风险较高的地区增强风险意识和建筑物的防灾标准及灾害补偿标准，为流域内受灾居民恢复生产生活提供支持。

8.3.2 按洪水风险图分类的洪水保险分析

洪水风险图是根据历史上实际发生洪水进行实测或调查资料编制的用

① 张思平．流域经济学初探［J］．学习与思考，1984（2）：24－27.

图形的方式，直观地表示出洪水的淹没范围、水深分布、人口伤亡、资产损失等风险信息。早在 1997 年，原国家防汛抗旱办公室对编制洪水风险图提出相关要求，先后下发了《洪水风险图编制导则》和《洪水风险图编制技术细则》。全国洪水风险图项目组根据受洪水威胁区域的特征将洪水风险图分为防洪区（防洪（潮）保护区、蓄滞洪区、洪泛区）、城市、水库等。①

8.3.2.1　防洪区的洪水保险

防洪区，是指洪水泛滥可能淹及的地区，分为洪泛区、蓄滞洪区和防洪保护区。洪泛区、蓄滞洪区和防洪保护区的范围，在防洪规划或者防御洪水方案中划定，并报请省级以上人民政府按照国务院规定的权限批准后予以公告。② 在中国，有 100 万平方公里国土、5 亿亩耕地和 6 亿人口面临洪水的直接威胁，防洪区的安全保障是关系国计民生的大事。③

我国受洪涝威胁的平原地区约 80 万公方公里，其中 77 万平方公里集中在七大江河中下游和沿海地区，早已高度开发利用。④ 因此，在《防洪法》中，我国受洪水威胁的区域统称为防洪区，并加以细分。《防洪法》规定，洪泛区与蓄滞洪区的土地利用主要为农林牧渔方式，城镇与工业发展受到严格限制，非防洪基础设施建设需依法进行洪水影响评价。防洪区地区往往土地肥沃、地势平缓，有发展工农业的良好条件，如何最大限度利用好这些土地，分散风险以及为此区域经济发展提供有效保障就成了急需解决的问题。

防洪区可以通过实施洪水保险的方式来分散风险。原因有以下几点：第一，该区域由于地理环境原因，就有较大的洪水风险；第二，该区域具有发展生产的先天自然条件，具有较高的保险价值；第三，该区域已经高

---

① 全国洪水风险图项目组．洪水风险图编制问答［M］．北京：中国水利水电出版社，2015.

② 《中华人民共和国防洪法》第二十九条。

③ 刘诗白，邹广严．新世纪企业家百科全书·第 1 卷［M］，中国言实出版社，2000（625）．

④ 王虹，李辉，张大伟．洪水风险管理法律法规机制建设的比较研究［M］．北京中国水利水电出版社，2016（12）：210.

度的开发利用，人口和资产密度较高，具有广泛的保费来源。同时防洪区洪水风险具有三大特点：不可消除性——洪水的风险可以在有限的范围内有代价地被降低，但是风险却是不可完全消除的；相对可预测性——相比地震、海啸等巨灾，洪水灾害发生频率具有一定的规律，因此，洪水灾害具有相对可预测性，使其损失具有更强的可控制性；巨灾特性——虽然洪水灾害本身具有一定的可控性，但洪水灾害仍具有风险集中、突发性强、损失巨大的巨灾共性。① 洪水保险应该覆盖该区域的全部居民和企业，在推行初期应该实施低保费、低保额、广泛覆盖的承包原则，鉴于洪水保险的低概率、高损失特征使其很难满足一般保险的大数法则，尤其是在局部区域，因此，需要在一个广阔的范围内、较长的时间段内分担风险，才可能使洪水保险的费率得以降低。

8.3.2.2 城市区域的洪水保险

城市属于防洪保护区的一部分。但是，由于城市在面临的洪水风险方面有较大特殊之处，本书将城市单列并予以分析。

城市地面受人工改造的影响较大，不透水地面多，雨水汇流快；大量修建的下穿道路和地下建筑增加了积水区域；部分天然水系被人工涵洞或排水管代替，排水能力不足，甚至被完全截断。因此，城市地区在一定程度上也更容易受洪水影响。

城市的洪灾致灾因素多而复杂，除易受河道漫溢或溃决洪水淹没外，还容易因暴雨引起内涝，甚至两种类型洪水组合共同造成城市洪涝灾害。②

近年来，我国城市频繁遭受洪涝灾害的影响。根据国家防汛抗旱总指挥部办公室统计，2008 年以来，我国每年遭受洪涝灾害的城市都在 130 座以上，2010 年 30 个省区市遭受不同程度的洪涝灾害，258 座县城和城市市区进水受淹，2013 年洪涝灾害总体偏轻的情况下，县级以上城市受淹 234

---

① 人保财险灾害研究中心．城市洪水灾害风险与管理［J］．中国保险报，2015.01.

② 全国洪水风险图项目组．洪水风险图编制管理与应用［M］．北京：中国水利水电出版社，2016.04.

个。城市由于财产、人员相对集中，洪涝灾害造成的损失非常的严重，如 2010 年浙江兰江“6·20”洪水造成兰溪市直接经济损失 29.89 亿元；2012 年北京市“7·21”洪水造成 79 人死亡，直接经济损失 118.4 亿元。城市洪涝灾害防治已经成为我国防洪减灾的工作重点。

由于城市所在位置不同，受洪水的威胁各异：沿河流城市主要受河流洪水以及决堤、溃坝的威胁；地势低平的城市，除受河湖洪水威胁外，还受市区暴雨的涝害；位居海滨和河口的城市，受潮汐、风暴潮、地震海啸、河口洪水等威胁；依山傍水的城市，除河流洪水外，还受山洪、山体塌陷或泥石流等危害。① 由于其灾害成因不同我们可以分两种情况：沿河城市、滨海和河口城市以及依山傍水的城市由自然灾害及上游决堤溃坝引起的损害。

城市洪水保险还具有两大属性：一是可保性，即特定区域的、频繁发生的洪水风险不是严格意义上的可保风险。因此，必须在区域防洪设施达到一定标准、并确保较大的保险覆盖面的基础上，洪水险才能较好地符合保险大数法则，具备较强的可保性；二是准公共产品属性，城市洪水保险是一种具有明显的公益性、社会效益高的产品，也具有私人产品的性质，是一种准公共产品。这种特性决定了洪水保险单靠商业保险公司达不到应有的效果，必须实行政府主导、政府与市场相结合的机制②。

城市内涝可以界定为短时间强降水或连续性降水超过城市排水能力造成城市大面积积水灾害从而影响正常的城市运行。内涝的主要表现为降雨强度大，范围集中，强降雨可能形成积水，连续降雨时间比较长也有可能形成积水。③ 导致城市排水能力差的主要原因十分多样，主要包括城市热岛、大气污染及区域性极端气候变化加剧了多重效应的叠加耦合，导致城市的强降雨、城市规划不合理、城市建设配套设施不完善、城市管理不协调等

① 李国豪．中国土木建筑百科辞典：城市规划与风景园林［M］．北京：中国建筑工业出版社，2005.04.

② 人保财险灾害研究中心．城市洪水灾害风险与管理［J］．中国保险报，2015，2（005）．

③ 李红玉．城市内涝成因及其防治对策［J］．中国建设信息，2013（17）：17.

方面原因。[①] 由此表明，城市内涝的根本原因是城市的规划管理出了问题，通过更加科学方法的对城市内涝问题进行整合解决、构建更加合理的管理制度或者增加城市中的临时蓄滞洪水的场所，可以有效地解决城市内涝问题。

8.3.2.3 水库区域的洪水保险

水库，是指用坝、闸、堤、堰等工程拦截水流、用以蓄水并对径流起调节作用的区域。

按水库所在位置划分，水库可分为：山谷水库、湖泊洼地水库和平原水库。按所承担的主要任务划分，水库可分为：防洪水库、发电水库和灌溉水库等。多数为多目标开发的综合利用水库，单一目标的水库较少。[②]

随着科学技术的不断发展，基于现在的技术水平，大型水库出现溃坝事故的概率很小，以丹江口水库为例，丹江口水利枢纽是我国中南地区仅次于三峡工程的综合利用水利工程，承担着下游广大地区的防洪和兴利任务，该水利枢纽工程按照千年一遇洪水设计，万年一遇洪水加20%洪水校核。在汉江流域内，丹江口水库以下，以襄阳为界[③]，可以明显地划分为两大地貌单元。襄阳以上河道基本处于山区和丘陵区，河道及河谷地带蓄滞洪能力有限。襄阳以下两岸地形开阔，地势平坦，堤防较多，具有众多的分洪民垸，因而蓄滞洪作用明显。沿河两岸分布着襄阳、钟祥、沙洋、张港、仙桃、汉川、武汉等城镇。[④]

除此以外，我国仍有很多建于20世纪50年代至70年代的水库，这些水库普遍存在防洪标准低、工程质量差等安全隐患，加上管理维护不善、工程老化严重等影响，造成病险水库的大量存在。这些病险水库大坝不仅不能正常发挥工程效益，工程本身已成为安全度汛的薄弱环节，同时也影

---

① 王伟武，汪琴，林晖，龚迪嘉，张圣武．中国城市内涝研究综述及展望［J］．城市问题，2015（10）：24－25.

② 农业大词典编辑委员会．农业大词典［M］，中国农业出版社，1998：1551－1552.

③ 原为襄樊，2010年11月26日，经国务院批复同意，已更名为襄阳。

④ 全国洪水风险图项目组，洪水风险图编制管理与应用［M］，中国水利水电出版社，2016（4）.

响着下游人民生命财产、基础设施和生态环境的安全，一旦失事，溃坝洪水的危害十分巨大。

在洪水风险图中的水库这一区域通过洪水保险来分散风险有如下问题：

第一，保费过高。保费也称保险费，是投保人为取得保险保障，按保险合同约定向保险人支付的费用。通常保费 = 保险金额 × 保险费率，由于水库的维护，监测等已经投入大量费用，且水库较高的造价也导致其较高的保费，所以从投保的成本角度看，水库本身不太适合作为投保对象。除此之外，当保险公司对其风险进行评估的时候，对保险公司的专业性要求也较高。

第二，水库本身不易纳入洪水保险的承保范围。2011 年水利中央一号文件颁布以来，我国大规模的加强水利设施投资，病险水库基本上都进行了除险加固，现实中水库发生溃坝的概率很低。在过去造成水库溃堤的因素主要是不符合设计标准的微小型水库，乡村建设日常无人管理，溃坝原因包括管涌导致的内部侵蚀、工程技术不足和重视程度不高、地基的破坏导致一连串的倒塌，或由于坝基保护不足造成了破坏等。符合设计标准的水库，从各地实践来看溃坝概率极低，不易纳入洪水保险的保障范围。

8.4　区域性洪水保险制度

8.4.1　区域性洪水保险制度运作模式

8.4.1.1　基本思路

基于公共品收益范围理论与我国洪水区域性的现实情况，同时借鉴国外洪水保险和我国洪水保险的实践经验，认为我国的洪水保险制度应当以流域为主结合省级行政区划为推进单位，也可以以省级区划为主结合流域来推进，并依托地方各级政府、流域各级管理机构和保险公司，按照准公共品管理模式，建立具有中国特色的政策性保险商业化运作的洪水保险制度。

我国的洪水保险制度应当分地区、分流域优先建立。第一，我国各地差异大，一些省面临严重的洪水风险威胁，一些省没有这方面的风险，如果在全国范围内推行洪水保险制度，那些基本不遭受洪水风险威胁的地区对此不会有积极性，强制推行效果会不尽人意。第二，各个流域的洪水风险特点并不相同，各个省的经济情况差距也较大。第三，如果是全国性平均用力推行洪水保险制度，难以照顾到千差万别的地方特殊性，则存在较大困难，甚至事倍功半。第四，各个流域结合省级行政区划的实际情况，可以更好地制定适宜的洪水保险制度，理论上虽然分流域会比分省更有规模效应，但由于我国区域间的协调机制的产生和顺利运转需要时间来达成，流域与省相结合为单位则可行性较高。如果流域难以统一的情况下，也可以省级先行但这种情况可能会有资金规模不大、抗风险能力不强的问题，在分省模式下，洪水保险的具体问题如保障水平、费率、政府补贴的金额与方式等，均可以在省内得到相对统一、合理的解决。

8.4.1.2　各级政府的责任

对中央政府而言，其有责任支持洪水保险制度在各省的建立：一是将建设洪水保险作为一项政策目标和任务，对各省提出建议和要求。二是通过保费补贴的方式给予资金支持。三是协助各省分散风险，可以建立流域或跨流域洪水保险共同体，解决流域行政分属性与流域管理统一性的矛盾，由于流域区和行政区不一致，在区域开发管理中往往会出现矛盾，各行政区为追求各自的最大化利益，使全流域发展治理问题难以达成共识，而仅各省进行洪水保险管理则会面临抗风险能力不强的问题，构建流域保险共同体，成立独立于各级政府的流域保险机构对洪水保险进行管理，可以促使各行政区在全流域利益角度进行决策。地方政府应与保险公司合作，根据当地的实际情况对洪水保险进行财政补贴和开展公众宣传等。

8.4.1.3　保险公司的责任

保险公司作为洪水保险的经办人，应当利用自己的专业优势积极介入，如招标、特约、合同、联办等，具体的工作职责定位于销售洪水保险、查勘、定险、理赔，同时积极参与相关的防灾减灾工作。保险责任上，在一定范围内承担赔付责任，具体形式取决于与省政府之间的谈判①。

8.4.1.4　资金筹集体系

洪水灾害损失的特征决定了单一资金供给主体无法承担全部的风险补偿，因此需要构建政府财政拨款、企业与居民家庭投保以及洪水保险基金运营收益等的多元资金筹集体系。对洪水保险基金，可以建立“流域洪水保险基金”，由基础基金、保费基金和其他基金三部分组成。其中，基础基金收集可以按流域洪水风险暴露情况，以及出现期最大可能损失的概率和损失情况确定，结合流域洪水风险暴露区域经济总量和人口分布情况，分配确定各省应缴纳的基础基金；保费基金则是按照流域洪水风险情况风险区划情况来确定保险条款和费率，保险公司在开展洪水保险业务过程中收取保费，并由保险公司按保费一定比例缴纳的资金；其他基金则是通过接受社会捐赠、发行洪水巨灾债券、巨灾彩票、紧急融资等方式筹集资金，作为应急补充。

8.4.2　区域性洪水保险制度实践

8.4.2.1　蓄滞洪区洪水保险制度建设

蓄滞洪区是我国江河防洪系统中不可缺少的组成部分，对蓄滞洪区，一方面要求其在超标准洪水发生时行蓄洪水，牺牲局部，保护全局；另一方面蓄滞洪区的群众要生存发展，但其生产发展会受到洪水威胁，由此形

---

①　卓志．巨灾风险管理与保险制度创新研究［M］．成都：西南财经大学出版社，2011.

成了复杂的矛盾，必须依靠政府支持才能实现这些的确的发展[①]。洪水保险作为一项重要的非工程措施，对原有的蓄滞洪区分洪补偿的政策具有取代和优化提高的作用。

长江流域蓄滞洪区多分布在长江中游的湖北、湖南、江西和安徽四省，防洪区的范围较大，人口众多，符合洪水保险的大数法则，可采取政府、社会、个人等共同参与筹集保险资金的方式，首先按该区域洪水保险政策性和公共性的强弱，确定财政补助资金在保费中的比例，然后中央、地方政府按照事权责任大小分摊该比例部分资金保费，保险保障地区的企业和个人按照保险受益情况和投保内容缴纳一定比例的保费，共同承担保险费用，做到风险分摊。

（1）保险实施方式

我国蓄滞洪区洪水保险应以政府主导，市场参与的方式开展洪水保险，保险公司为保险承保人，保费采取中央政府和地方各级政府、受益区、蓄滞洪区企业和单位、个人等共同出资的方式，建立洪水保险的风险分摊机制，筹集洪水保险基金，基金由专门成立的政府非营利机构专门管理，并负责实施洪水保险基金的筹集使用和管理。

（2）承保对象

蓄滞洪区内单位和居民只要按规定缴纳了一定保费，就可以获得洪水保险巨灾保障。由于在分洪实施前，居民一般能转移大部分可移动资产，所以分蓄洪区洪水保险应将房屋不动产、农作物等纳入保险主要范畴。保障水平分为全额保险和部分保险。

8.4.2.2　城市洪水保险制度实践（以宁波市、深圳市为例）

（1）宁波市洪水保险制度

宁波市为推动国家保险创新综合试验区建设，充分发挥巨灾保险在防灾减灾中的重要作用，形成多层次巨灾风险分担机制，促进经济社会发展

---

① 付湘，刘宁，纪昌明. 我国蓄滞洪区洪水保险模式研究［J］. 人民长江，2005（08）：72－74.

和保障人民群众生产生活，宁波市政府根据《中共中央 国务院关于推进防灾减灾救灾体制机制改革的意见》要求，在全市范围内实施了包含洪水保险的公共巨灾保险措施。宁波市的公共巨灾保险措施方案，有如下主要特点：

①运作模式。宁波市的公共巨灾保险，采取的是综合保障措施。第一，保障对象具有综合性。依据宁波市巨灾保险实施方案，宁波市的公共巨灾保险既保障巨灾受害人的人身损害，也保障巨灾受害人的房屋财产损失。另外，条款规定如果有受公共巨灾保险保障的人员，在公共巨灾保险保障范围内的风险发生时因见义勇为造成人身伤亡的，按照人身伤亡抚恤赔付标准的 1 倍超额增发抚恤赔付金。第二，保障方式具有综合性。依据宁波市巨灾保险实施方案，宁波市的公共巨灾风险分散方案共分为四个层级，分别是：层级一，政策性巨灾保险；层级二，巨灾风险保险准备金；层级三，建立地方巨灾基金；层级四，巨灾再保险。宁波市的这四项巨灾风险分散措施，共同形成一个较为完善的体系，对巨灾中的受害人予以较为全面的保护。

②保障范围。公共巨灾保险的保障范围包括台风、强热带风暴、龙卷风、暴雨、洪水和雷击（雷击仅针对人身伤亡）等自然灾害及其引起的突发性滑坡、泥石流、水库溃坝、漏电和化工装置爆炸、泄漏等次生灾害造成的居民人身伤亡抚恤及家庭财产损失救助两个领域。2016 年起增加了因危化品爆炸、恐怖袭击等突发重大公共安全事件造成的人身伤亡抚恤和人员安置费用。

巨灾基金补偿超过保险公司赔偿限额范围以外的居民人员伤亡抚恤和家庭财产损失救助。

③保险主体。保险人。依据宁波市巨灾保险实施意见，公共巨灾保险由政府统一向保险机构购买，购买所需保费由政府财政统筹安排。按照政府采购有关规定确定承保机构。目前，宁波市的公共巨灾保险，由中国人民财产保险股份有限公司具体承保。

投保人和被保险人。依据宁波市巨灾保险实施意见，由宁波市政府委托宁波市民政局与承保机构签订公共巨灾保险合同。实际上，该公共巨灾保险合同的投保人是宁波市民政局，被保险人是合格的“保障对象”。依据宁波市巨灾保险实施意见的规定，合格的保障对象分为两种情形，首先，针对人身损害的情形。在人身损害的情形下，合格保障对象为公共巨灾保险保障范围内的风险发生时处于宁波市行政区域范围内的所有人口，包括常住人口及临时来宁波市出差、旅游、务工的流动人口。其次，针对住房损失的情形。在住房损失的情形下，合格保障对象为宁波市行政区域内常住居民，即拥有宁波市户籍或持有居住证的人员。

按照保险合同规定，被保险人有权在发生保险事故的情形下，享有保险金请求权。

④保险金额。因台风、暴雨、洪水、龙卷风等自然灾害造成住宅进水20 厘米以上或房屋一定程度损毁的，居民家庭可获得500 元—2 000 元不等的救助赔付，累计赔偿限额3 亿元；造成人员伤亡的，可获得1 万—10 万元的抚恤赔付，累计赔偿限额3 亿元；因巨灾期间见义勇为导致伤亡的，再增加1 万—10 万元的抚恤赔付；因发生突发公共安全事件造成人员伤亡的，可获得1 万—10 万元的抚恤赔付，每人每天救灾安置费用90 元，最高每人赔偿90 天，累计赔偿限额1 亿元。

⑤赔付情况。2014—2016 年共赔付9 475 万元，其中人身伤亡抚恤保险102 万元，居民家庭财产损失救助保险9 373 万元。

（2）深圳市洪水保险制度

深圳市从2014 年5 月开始正式实施巨灾保险制度。深圳市民政局与中国人民财产保险股份有限公司深圳市分公司签署《深圳市巨灾救助保险协议书》，由市政府出资3 600 万元向保险公司购买巨灾保险服务。首期保单保险期间为2014 年6 月1 日至2015 年5 月30 日，保障灾种覆盖了地震、台风、海啸、暴雨、泥石流、滑坡等14 种灾害，救助项目为因巨灾造成人身伤亡的医疗费用、残疾救助金、身故救助金及其他相关费用。具体内容如下。

①运作模式与承保主体。采用政府主导，商业保险参与运作的巨灾保险与个人自愿购买的商业性个人巨灾保险的模式，承保机构为多个承保机构共同承保。包括中国人寿财产保险股份有限公司深圳市分公司、中国太平洋财产保险股份有限公司深圳分公司和华泰财产保险有限公司深圳分公司。其中人保财险深圳分公司为首席保险机构。三家公司的分保比例为55%、40%、5%。

②保障范围与保障对象。保障范围包括暴风（扩展狂风、烈风、大风）、暴雨、崖崩、雷击、洪水、龙卷风、飑线、台风、海啸、泥石流、滑坡、地陷、冰雹、内涝、主震震级 4.5 级及以上的地震及地震次生灾害。

保障对象包括当灾害发生时处于深圳市行政区域范围内的所有自然人，包括户籍人口、常住人口，以及临时来深圳出差、旅游、务工等人员。

③保险金额。人身伤亡救助：每次事故责任限额人民币 20 亿元，每人每次事故责任限额人民币 10 万元（包含普通伤害、伤残和死亡）。应急救助：每次事故责任限额人民币 5 亿元，每人每次事故责任限额人民币 2 500 元。住房损失补偿：每次事故责任限额人民币 2 亿元，每户每次事故责任限额人民币 2 万元。

④赔付情况。2015 年赔付 730 万元，2016 年赔付 50 万元，2017 年赔付 29.3 万元。

8.4.2.3　水库区域洪水保险制度实践

水库是流域防洪工程体系的重要组成部分，对水库防洪超蓄保险机制进行研究对减轻政府财政负担，促进水库库区的流域防洪体系完善有重要意义。浙江省对防洪工程建设一直重视，并在主要的江河流域形成了“上蓄、中防、下排“的防洪治涝格局，浙江省也积极探索提升流域整体防洪能力的非工程措施，提出通过保险手段挖掘水库防洪能力。水库防洪超蓄保险机制可以将灾后重建完全依赖于政府通过市场化行为转移风险，提高政府救灾救济的行政效率，降低行政成本，解决灾害救助的公平问题，对水库防洪超蓄保险制度的探究是浙江省践行新时期水利工作方针的一次实践。

（1）总体思路

水库防洪超蓄保险是水库按照批准的调度原则进行防洪调度，出现超蓄造成库区房屋和农田等财产损失的，由保险共公司按事先约定承担经济补偿责任。水库防洪超蓄保险是具有政府抚恤、救助性质的政策性保险。[①]

（2）保险方案

①保险范围和保险对象。水库防洪超蓄保险的保障范围为大中型水库库区因洪水位上涨可能的淹没范围。保险对象为水库库区因拦洪超蓄可能发生淹没损失的房屋和农田等。

②保险责任和保险标准。保险责任：保险人承担因水库水位上涨造成的库区承保范围农村住房和农田受淹损失的适当补偿责任，不承担投保人故意或者重大过失行为造成的损失。

保险金额参考浙江省类似农业保险和巨灾保险，初拟当发生房屋进水（进水深度超过20cm），家庭财产损失救助额度3 000元/户；农田淹没情况下，财政许可范围内每亩1 500元。

③保险费率。将水库不同特征水位和频率挂钩，由于水库防洪超蓄保险缺乏数据积累，可以按照历史损失率法，即全省所有水库建库以来某一特征水位下淹没的保险标的数量除以总数量的多年算术平均值，或是设计损失率法确认。

④理赔方式。根据水库征地水位线作为起付水位，划定不同水位线对应不同赔付金额的依据，以水库监测的最高水位线对应的赔付标准由保险公司支付赔款。赔款通过政府按照补偿细则分配给受灾农户。

⑤参保方式。由于水库防洪超蓄保险具有非营利性，参保方式采用政府统保模式，即由当地政府财政资金承担辖区内大中型水库的保费，同时采用省级资金给予一定比例补助的半强制性措施，增加地方投保积极性。

---

① 马俊，刘俊威，吴善翔．构建浙江省水库防洪超蓄保险制度的设想［J］．水利发展研究，2017.07.

第9章

中国洪水保险制度建设

中国灾害种类多，地区差异明显，一步到位建立涵盖多灾因的巨灾保险制度难度较大，较为可行的路径是优先解决当前迫切需要解决的突出问题，从单一灾害着手，首先建立专项巨灾保险制度，然后逐步研究建立包括多灾因的综合性巨灾保险制度。考虑到中国洪水灾害发生频率高，危害范围广，经济损失大，且洪水保险是国际巨灾保险制度的主要内容之一，可以选择洪水灾害为主要灾因，以洪水保险制度为主体，逐渐将地震等自然灾害纳入保障范围，建立涵盖多灾因的巨灾保险制度。

9.1　洪水保险制度建设目标

9.1.1　完善洪水灾害风险管理体制机制

通过完善洪水灾害风险管理的体制、机制、法律制度体系，包括完善洪灾行政管理体制、洪灾工程防御机制、防汛应急管理机制、洪灾风险转移和救助机制等，有助于进一步完善现有洪水灾害风险管理制度，提升制度绩效，有效地规避风险、分担风险、承受风险，提高化解和承担洪水风险的能力（参见图 9 - 1 所示）。规避风险，就是要以预防为主，防患于未然，采取永久性或临时性的有效措施，将水灾弱势群体与重要易损资产安置或转移到可能的洪水位以上或洪泛区之外。分担风险，就是要公平地对待风险转移，除国家财政承担必要的责任外，要根据利害相关因素在不同区域以不同形势合理分担风险，建立洪水保险制度，利用市场机制分散洪水风险。承受风险，就是通过经济、社会与生态等综合分析、权衡利弊，将洪水灾害风险控制在一定的程度之内，既不可能也没有必要控制所有量级的洪水，并准备承受超标准的洪水风险。修建防洪工程时标准要适度，还要考虑风险管理的要求避免一味转移风险。同时要注重非工程措施建设，完善洪水风险管理的法律法规体系和风险补偿机制，探索建立洪水保险制度，从而减少和化解洪水风险，将洪水灾害损失降低到最低程度。

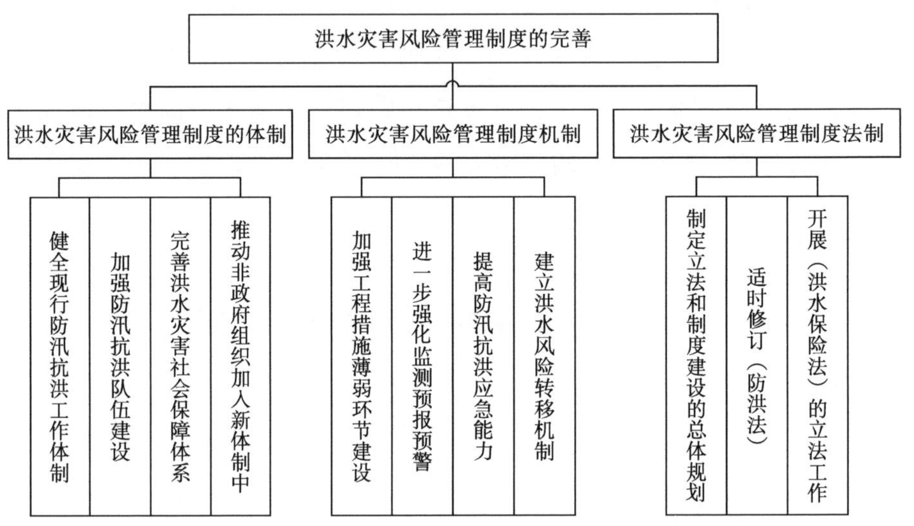

图 9－1 洪水灾害风险管理制度的完善

9.1.2 建立洪水保险制度体系

保险作为社会活动风险管理的基本方式，基本功能是对承保标的因灾害事故而遭受的经济损失进行补偿。从这种意义上说，保险对损失的补偿具有一定的确定性，与财政拨款民政救济相比，洪水保险制度更具优越性。中国应建立与中国保险市场发展水平相适应的洪水保险制度体系，加强保险在洪水风险转移中的作用，平滑重大洪水灾害对国家财政的临时性冲击，实现对洪水风险的多层次转移，做到既能应对一般年份的常规洪水灾害，也能应对特殊年份的超常规洪水灾害。借鉴国际保险市场特别是发达国家的洪水风险转移经验，发展洪水保险和再保险，择机发行洪水巨灾债券，通过洪水保险制度来完善政府的灾害救助，将洪水灾害产生的损失在时间维度上进行分摊，在空间维度上将中国洪水灾害损失通过纳入国际保险市场和资本市场来化解分摊。

9.1.3　建立全国洪水保险管理机构

建立我国洪水保险制度，推进洪水保险相关事宜进展，需借鉴国外的管理体制和管理经验，解决因部门分割、责任不清而造成的管理无序问题，需要建立全国性的洪水管理机构。在管理机构建设方面，可以由水利部牵头，联合财政部、银保监会、应急管理部、农业、气象等部门联合设立“全国水利保险管理机构”。

作为国家洪水保险管理机构，该机构主要负责制定包含全国洪水保险政策、起草洪水保险的法律法规，制定洪水保险的整体规划，设计保险产品类型、保险费率、赔偿方式、赔偿标准等，管理全国洪水保险基金运营以及信息管理系统建设等工作。内设不同的职能部门，主要包括政策法规、产品设计、资金运营、风险监管以及审计监督相关的部门机构。同时，在国家水利保险机构的组织领导之下，设立下省级以及流域水利保险管理机构，负责省级和流域洪水保险的推动和组织工作。

9.1.4　制定或出台洪水保险法规

国际上普遍采用立法先行的方式确立洪水保险制度，在政策和制度的指导和规范下，开展符合国情的洪水保险制度。没有规矩，难成方圆。缺乏政策的引领以及制度的支持，洪水保险将很难推行，因此立法先行是符合中国国情和国际经验的洪水保险发展要求。

近年来，中国在洪水保险理论研究和实践探索两方面均取得了丰硕成果，洪水保险立法的各项条件基本具备。一方面，地方试点为全国性洪水保险立法打下良好基础。2014 年以来，深圳、宁波等地相继开展巨灾保险

（含洪水责任）试点，积累了一定经验；另一方面，国家各有关部门、研究机构、市场主体也积极开展洪水风险相关研究，在洪水保险基础理论、国际比较、制度设计、风险融资等方面取得一定进展。

综合理论与现实需求，需修订一系列现有的法律法规文件，如《防洪法》《防洪标准》等，使之能够全面反映洪水风险管理理念，促进洪水管理措施的落实，体现洪水风险管理办法，形成以风险管理理论为指导的中国洪水风险管理的法律法规体系。研究开展适合中国国情的《洪水保险法》或《巨灾保险法》。明确各个参与主体的地位与职能、权利与义务，规范洪水保险的投保模式和具体条款，让洪水保险施行真正做到有法可依。

9.2 洪水保险制度建设原则

在构建中国洪水保险制度时，参考国外洪水保险计划，结合国外实施经验以及中国基本国情，应遵循以下原则：

9.2.1 政府主导，市场运作

洪水风险具有风险集中、突发性强、损失巨大的特点，难以完全依靠市场运作独立承担，加之目前洪水保险相关政策和制度环境有待完善，洪水风险分散机制匮乏，全社会洪水保险意识不强，客观上要求我国洪水保险必须坚持政府主导的原则。政府要在立法保障、政策制定、组织推动、财政补贴、税收优惠、规范标准、风险控制等方面给予强有力的政策支持和引导，鼓励居民、企业等主体自觉投保，扩大保险覆盖面，增强其抵抗洪水风险的能力，推动我国洪水保险业务的发展。同时，为提高运作效率，控制运行成本，减轻财政负担，充分利用保险公司销售承保和理赔服务网络和技术优势，发挥金融市场风险分散功能，政府应吸引商业性保险机构参与，实行政府主导，市场运作的运作模式。

9.2.2　基本保障，广泛覆盖

所谓基本保障是指保险责任应满足灾后企业、个人恢复生产、生活的基本需要，同时又能有效防止风险，减少推行成本。洪水保险施行必须遵循基本保障原则，其原因一方面在于政府的财力有限，中央和地方财政用以支持洪水保险发展的保费补贴水平不可能太高，而洪水灾害造成的损失却很大，在洪水风险面前，居民和企业都极具脆弱性；另一方面，若实现充分保障，灾后损失由洪水保险完全承担，则会减低居民和企业的防灾减损意识，诱发心理风险和道德风险。

广泛覆盖则是指在洪水风险较大的地区，通过强制或者半强制手段全面实施洪水保险，以确保全社会洪水风险的有效化解，确保投保总体符合大数法则，实现利益共享和风险共担，避免逆向选择。此外，基本保障也能扩大洪水保险的覆盖面，进而达到洪水风险在更多的主体间分散的目的，保证洪水保险制度的可持续性。

9.2.3　保费共担，风险分散

由于洪水保险的准公共品产品特点，考虑到我国目前洪水保险需求巨大，但是有效购买力不足，加之社会洪水保险意识偏弱，为推动洪水保险发展，应借鉴政策性保险开办经验，采取投保人自己缴纳一部分保费、地方财政补贴一部分，中央政府划拨一部分的保费分担方式，由政府和投保者等主体共同承担保费，建立多方筹资机制。这样既减轻政府的财政负担，又可以通过自担一部分保费的方法，培育和提高投保者的保险意识。

在风险分散机制方面，充分调动各级政府、保险公司、再保险人、投保人等的积极性，成立洪水保险基金，分层分散风险，最终建立起全方位、多层次的风险分散体系和反应及时、协调有效的风险化解机制。同时应鼓励洪水的风险分散机制创新，开发洪水债券等风险证券化产品，通过资本市场更大范围地分散风险。

9.2.4 统筹规划，稳步推进

洪水保险机制度的建立是一项长期的、系统性的工程，涉及面广，影响范围大，为保证该机制的整体性和持续性，需要在充分借鉴国外先进经验，总结我国洪水保险试行经验的基础上，明确洪水保险的发展目标和模式，制定试点方案、中长期规划，统筹安排，稳步推进，确保洪水保险制度的科学性和可操作性。在总结试点经验的基础上，不断改进，逐步完善，扎实稳步推行至全国。

9.2.5 结合实际，持续发展

中国幅员辽阔，地区差异巨大，不同地区的经济水平、经济结构、社会发展水平不同，在推行洪水保险时，各地可以在统一制度框架下，立足于当地的具体情况，确定适宜的洪水保险实施细则和相关支持措施，通过与民政救灾、防洪政策的有机结合，保证洪水保险制度有效、持续进行。另外，洪水风险对偿付能力要求很高，提供洪水灾害的保险保障必须要综合考虑政府财政负担、保险市场承保能力、再保险市场和资本市场的承受能力以及投保人的支付能力。

9.3　洪水保险制度运作模式

9.3.1　“政府主导，市场参与”的政策性保险

根据我国实际，洪水保险应采取“政府主导，市场运作”的政策保险模式，提供基本保障，覆盖最广泛的区域和群体，由财政补贴和投保人共同分担保费，设立洪水保险基金，通过再保险、发行巨灾风险债券等方式在金融市场等更广范围内分散风险，必要时由政府财政再予以补贴，保障洪水保险制度的可持续。

普通的商业保险是“千家万户帮一家”，以整体赢利为目的，属于商业行为。而洪水灾害一旦发生则影响区域广，所致损失巨大。如果没有国家的鼓励和扶持，群众与地方政府对参加一般商业性洪水保险的积极性不会很高，一旦发生大灾，保险公司又面临着巨额赔付，因此一般商业保险公司根本无力单独开展洪水保险。再者，由于中国洪水风险分布的地域性差异很大，只有把洪水保险作为重要政策，采取一定的强制性措施，并辅以相关的鼓励、扶持措施，才能使洪水保险得到积极开展并持之以恒，从而使洪水保险成为有效的洪水风险管理的手段。

洪水保险是一项长期性的惠民措施，但由于道德风险和逆向选择的存在，若完全交给商业保险机构则容易导致保费过高，民众无力购买，若保费太低，商业保险机构又不愿意承保。因此需要采取“政府主导，市场参与”的运作模式。这是一种政府与商业保险公司共同为巨灾风险提供洪水保险的模式。商业保险公司承担和管理洪水巨灾风险，采用市场化的运作方式，形成全国性或区域性的保障体系；政府为商业保险公司提供相关的

财政税收优惠政策，帮助建立洪水风险基金和洪水再保险组合，做好防灾防损工作，完善洪水保险评估系统，尽早制定《洪水保险法》，完善证券市场，为扩大洪水保险资本提供良好的融资渠道等。

9.3.2 地区间采用差异政策

中国地域辽阔，各地差异巨大，很难一次性在全国范围内建立巨灾保险制度。国家层面应出台一个基本框架，在一个基本原则和框架内，各地可以结合自身实际情况制定地方实施细则。可以效仿广东省“一地一案”的方式[①]，照顾不同地域和经济水平差异，确保洪水保险制度具备可操作性。

9.3.3 采用强制或半强制保险

在洪水保险施行过程中，“强制”是一个关键，推广阶段至少是半强制，这个阶段要设计好价格杠杆、费率杠杆，以及救济与救助方式的改革，以此配合好强制或半强制的实施。另外，还应有税收优惠等激励条款来配合。这方面，美国的巨灾保险经验值得借鉴，国内的“交强险 + 机动车商业险”的经验也有参考价值。

9.3.4 三方共同负担保费

洪水风险具有区域性特征，因此特定的低风险地区居民往往缺乏参加洪水保险的动机。除了高风险区域以外，经济实力欠佳地区的居民也因为缺乏保险意识，或者因为财力约束而不会选择购买洪水保险。同样的，倘

① 广东省巨灾指数保险，每个参与城市可自主选择一种灾因，选择暴雨或者台风，届时暴雨或台风的气象指数达到标准线，即能够得到赔付。

若保费全部来源于政府，那么地区居民可能存在因为覆盖洪水保险而不履行保护、转移行为的道德风险，并且财政也可能将洪水保险视为一项负担。因此，洪水保险费难以完全由一方承担。较为可行的方法是，洪水保险费由中央财政、地方财政和居民个人（或企事业单位）三方共同承担。因为共同承担保险费，三方对于洪水保险都比较关注，并且居民个人得到的赔付多余任何一方缴纳保险费所对应的保险额度，三方的满意度都将提升。洪水保险还可以根据保障内容，进一步细分为强制与自愿投保的保险责任。

9.4　洪水保险制度机制设计

“政府主导、市场运作”模式是中国洪水保险制度的基本选择，这一模式在不同的发展阶段有一定的差异，但是在本质上是一致的，那就是在政府的扶持下，运用市场化的运作手段，以实现分担洪水风险损失为目的而设计的制度机制。洪水保险制度涉及的内容很多，下面主要讨论法律体系的构建、保费补贴、风险分散机制的设计以及支持体系等方面的问题。

9.4.1　构建洪水保险法律体系

完善的洪水法律法规是洪水保险制度正常运作的基石，也是洪水保险制度获得成功的保证。但中国迄今为止还没有制定出专门的关于洪水风险分担的法律法规。仅在个别的法律中体现出国家对于洪水风险分担的积极态度，如《关于保险业改革发展的若干意见》指出要建立国家财政支持的洪水风险保险体系，国家颁布的《防洪法》及《防震减灾法》等法律也明确表示国家鼓励并扶持开展相关保险业务，但对如何建立国家财政支持的洪水风险分担机制并没有做任何规定。因此中国的最高权力机关应首先制定一部《洪水保险条例》，规定洪水保险制度的具体内容，明确水灾保险的主体，提供一系列的交易规则，界定人们行为的选择边界，约束人们之间的关系，从而减少交易费用，分散巨灾风险所带来的损失，不仅有利于洪水保险市场的发展，对整个社会经济制度也能起到很大的保障作用。《洪水保险条例》应该包括以下几个方面的内容：

洪水保险制度的立法原则应借鉴《保险法》的基本原则，如可保利益原则、最大诚信原则、近因原则、损失补偿原则等。除此之外，洪水保险立法还应着重体现以下三个原则。

第一，总体补偿原则，即以整个社会为核算单位。洪水保险的开展，应着眼于保障国民经济的顺畅运行，着眼于社会效用最大化，而不是追求个人效用最大化或是企业利润最大化。所以应将洪水保险的政策性亏损计入社会总成本当中，运用社会后备基金来加以补偿。

第二，公共选择原则。鉴于洪水保险社会效益高而自身经济效益低这一特性，洪水保险应在一定程度上借助于公共选择原则，而不是对洪水保险实行强制性保险。

第三，政府有限介入原则。即国家对洪水保险应给予经济上、法律上和行政上必要的支持。在经济上，国家和地方各级财政应进一步增加相关投入，建立和完善洪水保险基金。在法律法规上，尽快制定出台洪水保险法以及相配套的切实可行的法规条例，使洪水保险活动的开展有法可依。在行政手段上，则应制订适合中国国情的洪水保险制度并加以有效的监督执行，协商处理好洪水保险与其他各方面的关系。但政府的介入需要把握合理限度，避免个人和保险公司产生严重的依赖心理，对洪水保险制度的发展产生负面影响。因此政府应秉持有限介入原则，以防止道德风险的发生为前提。

9.4.2 组织制度安排

与一般的商业性保险相比，洪水保险更为复杂。洪水保险制度成功与否，在很大程度上取决于是否建立起一个权责分明、完整有序的组织架构。该架构应由领导机构、监管机构、运营主体组成，其他有关部门进行业务协助（如图9－2所示）。

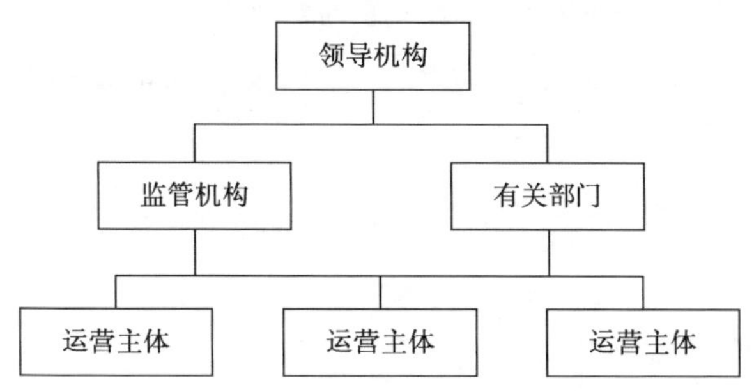

图9－2　洪水保险的组织架构

9.4.2.1　领导机构

领导机构应包括中央及地方两级，由于短时间内，我国不可能成立类似于美国联邦保险管理局那样的领导机构，因此在洪水保险试行初期可以建立领导小组、工作小组或联席会议，负责洪水保险政策的制定及业务的推动。

（1）中央领导机构

对于洪水这样的巨灾风险，在大范围内加以分散是关键，因此需要在全国建立起统一的洪水保险框架。在试点过程中，洪水保险的一个主要问题是缺乏中央层面的领导机构，由此带来了各地洪水保险政策措施的不统一，“各自为政”，洪水风险无法在全国范围内分散，部分受灾严重的地区因为财政压力面临中止的风险。鉴于此，在洪水保险试点中，应该建立中央领导机构，由银保监会、水利部、财政部、发改委、民政部、气象、地质等部门人员组成。将来，在各方面条件成熟时，也可参照美国设立联邦保险管理局经验，在中央政府层面设立风险管理委员会，将洪水风险与其他巨灾风险一并纳入该机构统筹进行风险管理。

中央领导机构的主要职责：

①对洪水保险进行统一规划，确定洪水保险的目标、性质、保险范围、

费率等框架性内容。

②研究制定保费补贴等各种支持政策及建立巨灾风险分散机制。

③与其他部门合作绘制洪水风险图，建立洪水保险基础数据库。

④制定保险机构开展洪水保险业务的资格条件。

⑤对各地试点进行指导、跟踪、评估，保证各试点地区（省级）间的信息交流畅通。

⑥促进洪水保险法规、条例的出台，以规范、指导和推广制度化的洪水保险体系。

（2）地方领导机构

鉴于各试点地区的经济和社会发展水平及各地不同的发展战略，在洪水保险试点中必须坚持因地制宜原则，各地根据当地实际进行分散决策。实际上，地方层面的领导组织是落实洪水保险试点工作的最主要机构，而且建立成本低，管理体制更有效率。目前洪水保险试点省（市）多成立了包括财政、水利、银保监、农业、气象、金融办、保险公司等各相关单位在内的领导机构负责洪水保险推进和管理。牵头和总体协调机构在各省并不相同，有的是财政部门，有的为水利部门，有的则设在发改委或金融办。

地方领导机构的主要职责职责：

①根据当地实际情况，依照国家洪水保险法律，制定切实可行的试点实施方案及细则，包括保险对象、保险标的、责任范围、保障水平等。

②负责指导、组织、协调试点工作，制定洪水保险的具体运行管理制度。

③在中央的框架安排下，自行确定保费补贴原则、比例及建立巨灾风险分散机制。

④确定洪水保险业务开展模式。通过招标或邀请招标等方式，选择符合条件的商业保险公司或共保体。

⑤对洪水保险试点进行跟踪、检查，建立工作月报或季报制度，实时掌握试点进程及工作动态。

⑥对洪水保险进行宣传，培育良好的市场环境。

9.4.2.2　监管机构

在洪水保险施行中，需要建立一个独立的监管机构，以保证试点业务开展的合规性，维护被保险人的利益。在试行阶段，可由银保监会及下属机构（各省监管局）对洪水保险实施进行监督，配合中央及地方领导小组的工作。监管部门的主要职责包括：

（1）对地方试点开办的洪水保险的险种、费率厘定等实施监督职权。

（2）对保险机构经营洪水保险业务的资格进行审查。

（3）监管保险机构的偿付能力。

（4）对市场中的不规范行为、损害被保险人利益的行为等进行监管。

（5）协同中央及地方领导机构对洪水保险执行情况进行评估、检查。

9.4.2.3　有关部门

洪水保险试点涉及多个部门，只有各个部门相互配合、支持、协作，才能保证试点的成功。

（1）财政部门

财政部根据财政收入状况，匡算财政补贴年度规模和种类，参与洪水保险计划制定，并按计划要求及时划拨补贴款项，同时负责补贴资金的专项管理、监督、审核工作。地方财政部门根据中央财政的补贴安排、当地的洪水风险及经济发展水平确定当地的补贴方案，负责补贴资金的预算、筹集、分配及资金的管理、审核工作。

（2）水利及应急部门

水利及应急部门除了组织防洪抢险、修复水毁工程外，还应该加强对洪水风险区的管理，通过洪水风险区划、土地利用、制定建筑物防洪标准、绘制洪水风险图等提高洪水风险管理水平，减少洪水造成的经济损失。同时，还须做好洪水灾害的统计工作，为洪水保险提供支撑。

（3）发改委

发改委参与拟订洪水保险的总体发展计划，使之与社会发展和国民经济发展的政策相衔接，负责洪水保险发展中的综合协调问题。

（4）民政部门

在目前许多省份开展的农房保险试点中，民政部门为主要参与者，或者是主导者。洪水保险试点中，也可充分利用庞大的民政部门基层机构、人员及民政救灾的网络、数据，开展洪水保险的展业、承保工作，并在灾后与民政救济、损失评估有机结合起来。

（5）气象、地质部门

气象、地质部门对于灾前的预警，可以有效减轻洪水损失，也可指导洪水保险业务的开展。其中，建立气象、地质、水利、保险公司间的信息沟通机制，共享信息，对于防灾防损、提高洪水风险管理水平至关重要。

9.4.2.4 运营主体

无论洪水保险采用何种业务模式，均须依赖于商业保险公司（或共保体）作为运营主体，负责洪水保险的具体条款拟订、承保、理赔、防损等。

建立洪水保险承保准入机制。为保证洪水保险试点的顺畅展开及稳定发展，经办洪水保险的保险公司应具备一定的条件：如已取得保险监督管理部门批准，可以经营洪水保险业务；具备相当业务经验；机构网络设置健全；信誉良好，具备一定资金实力，能够承受一定的洪水巨灾风险等。对洪水保险认识程度不高、缺乏组织协调、对提供虚假材料骗取保费补贴、强保、骗保、虚假理赔、不能及时支付赔付资金以及增加居民负担的保险公司，应及时取消其参加洪水保险的资格。建立退出机制，约束、规范、促进保险公司的业务开展。

9.4.2.5 风险管理委员会

在洪水保险施行中，选择商业保险公司还是共保体形式可由各地区的领导机构决定。可以根据市场化和经营主体多元化的原则，从国内综合实力强，服务优质的保险公司中遴选，鼓励有积极性、有资质、有信誉、服务网络完善的保险公司参与洪水保险业务。也可以采用共保体形式，以解决市场供给能力不足的问题，同时可以集中各保险公司的技术力量、机构网络、人员，提高效率。共保体应制定统一的章程，实行“单独建账、独立核算、盈利共享、风险共担”的管理核算制度。

另外，各国的经验表明，需要建立一个核心机构来经管洪水保险。从中国的现实情况和国际经验来看，由政府建立一个洪水风险委员会，负责管理，并对地震、洪水、台风等洪水保险所涉及部门的工作进行统筹协调，以提高工作效率。应由银保监会牵头，联合水利部、地震局、应急管理部、财政部、民政部等各部委以及商业保险公司和学术界代表联合组建。洪水风险委员会应归银保监会管辖，以保持独立性，主要职责是负责日常运作。还需要建立中国洪水保险基金，负责基金的积累和运营。

具体的设想如图 9－3 所示，各商业保险公司负责承保洪水保险，根据其自身偿付能力自留一定比例的保费，然后将剩余部分通过购买再保险的方式将洪水风险进一步向国内外再保险市场进行分散，与此同时还应该通过洪水风险证券化手段将洪水风险向实力雄厚的资本市场进行转移。洪水保险基金扮演的是最后付款人的角色，当发生极端巨额损失时，负责承担超出承受能力部分的损失。为了鼓励洪水保险的发展，对于经营洪水保险业务的和各商业保险公司还应给予必要的税收优惠。

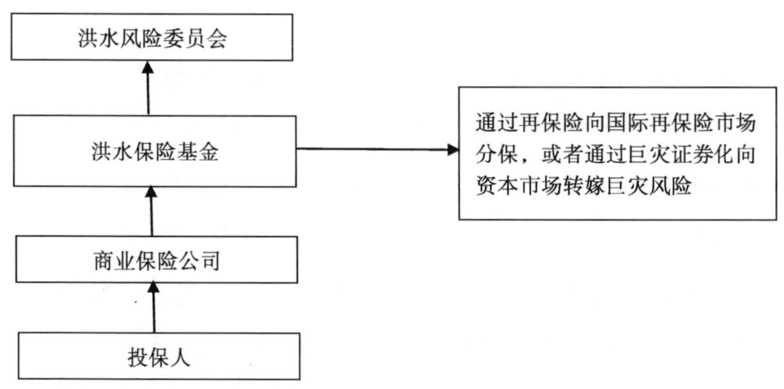

图 9－3　中国洪水保险组织制度安排设想示意图

9.4.3 保费补贴机制

根据各国洪水保险的实施经验，政府必须参与到构建洪水保险制度的过程中，其中一个显著表现便是政府对洪水保险投保人进行保费补贴，以鼓励投保。当前中国城乡收入差距过大以及社会保障体系的不完善导致对洪水保险需求不足，倘若国家和地方各级财政能为参加洪水保险的公众提供保费补贴，使投保人实际支付的费率低于按照风险高低原本应收的费率，必然能极大提高洪水保险投保的积极性，扩大洪水保险的覆盖范围，从而确保洪水保险制度的成功运作。

9.4.3.1 补贴标准

洪水保险保费补贴额和补贴率主要取决于纯保费率、洪水保险的保障范围、政府的政策目标和财力、投保人对洪水保险产品的购买能力。一般来说洪水保险产品的纯保费率越高补贴越多，纯保费率越低补贴越少；保障范围越小补贴越多，保障范围越大补贴越少；政府对洪水保险越重视又有财力，补贴就越多，相反就越少；投保人投保愿望越强烈又有支付能力补贴就少，相反补贴就多。

保费补贴的多少是不能随意制定的，应该在政府补贴与投保人愿意参与在自愿投保条件下之间寻找一个平衡点。从国外的情况来看，各国都根据本国的情况制定相应的保费补贴政策。中国洪水保险的保费补贴也应该在参照国外数据的基础上，结合中国的实际情况，根据不同地区的经济发展状况和人民的富裕程度，实施差异化保费补贴政策，具体来说东部经济发达地区的保费补贴比例应低于中部地区和西部地区，对于弱势群体如下岗失业人员、孤寡老人、残障人士等政府应给予的保费补贴，以维护社会和谐。

9.4.3.2 补贴对象

补贴对象的选择关系到保费补贴能否真正发挥其作用，促进洪水保险的发展。补贴对象可以有两种选择，第一是直接给予投保人保费补贴，第二是对经营洪水保险的洪水保险基金和各商业保险公司补贴。第一种补贴方式能够极大激发投保人投保的欲望，从而扩大投保范围。但是如果监管不严，在补贴资金下发的过程中可能会出现挤占、挪用的现象，甚至出现侵吞补贴资金和拖欠补贴资金的现象。而且这个过程相当漫长，耗时耗力，效率低下。第二种补贴方式能避免上述缺陷，所以我国洪水保险保费补贴的对象应该选择洪水保险基金和各商业保险公司，保费补贴最后在优惠性的洪水保险费率中得到体现。但是这需要监管机构加强监管，确保广大投保人能最终享受到保费补贴。

9.4.4　风险分散机制

在各国洪水保险制度的建设中所要面对的一个共同的问题就是偿付能力问题。由于洪水风险所造成的损失非常巨大，特别是社会经济日益发展的今天，一次洪水事件可能导致的经济损失是一般经济体甚至是国家难以承受的。因此构建水保险制度所要面对的一个重点问题就是偿付能力的解决方案，所以必须构建一个多层次的风险分散机制，主要包括洪水保险基金、洪水再保险和洪水风险证券化等。

9.4.4.1　洪水保险基金

洪水保险基金是集政府支持与市场参与等多方资源，为应对洪水巨灾事故发生而积累的专项基金，可用于大额的洪水灾害赔付，实行单独建账、长期积累、专款专用，确保洪水保险的可持续经营。其资金来源主要包括保费提取并逐年积累、财政支持（中央财政和地方财政的配套资金、防洪预算资金、特别国债等）、其他渠道（基金投资收益、巨灾债券、社会捐赠等）。可设立专业机构管理洪水保险基金，或者委托合适的机构进行托管。基金运营和使用接受地方领导小组和监管机构的监督。

9.4.4.2　洪水再保险

再保险又称为“保险的保险”，国外经验表明再保险是防范和化解洪水风险的有效手段。洪水再保险的核心思想是保险公司将承保的风险部分或全部转移给再保险公司，使洪水风险在更大的范围内进行分散，以使洪水风险符合大数法则，将不可保的洪水风险转换为可保风险。

一旦发生重大自然灾害，保险公司往往要承担巨额赔偿责任，对其资本金要求较高，因此必须拓展有效的再保险渠道。国家首先要引导保险公司向有资本优势的国内外大型保险公司购买再保险，其次要设立政策性的再保险机构，无条件接受洪水再保险公司的再保险。最后，设置若干层次的超赔分保。商业性再保险合同只就分出公司的自负责任额以外部分承担责任，政策性保险公司只就分出公司的自负责任额和商业性再保险公司责任额以外部分承担责任。

再保险公司需要加强风险建模以及对于灾害的损失评估机制研究。完善的风险评估机制对再保险的风险管理至关重要，将影响到洪水保险产品的定价等方面，也是建立保险业完整的风险管理体系所不可或缺的一环。由于地震等巨大自然灾害的不可预测性较强，目前对基于计算机模拟的风险建模依赖性越来越大。2007 年 3 月中国对外推出了首个中国地震风险模型，此模型让中国走出了以往单凭资料和经验来估计地震风险的传统做法，开始运用反应谱技术结合经验和理论模型来预测未来地震造成的破坏程度和损失。但是与国际上知名巨灾风险建模公司如美国保险服务公司相比，中国在洪水风险建模方面仍然较为落后，因此还需加强和国外知名洪水风险建模公司的合作。

并且，再保险公司还应该加强专业人才队伍建设，提供有力保障。高素质、高技能的人才一对再保险的发展至关重要。从国际再保险市场的发展趋势来看，再保险业务的技术含量越来越高，对再保险人的精算水平、创新能力和风险管理技能等要求也越来越高。特别是航天保险、核保险、电子产业、信息产业、网络保险等新兴高科技领域，都需要熟悉和了解相关领域风险性质和特点的专业人才。因此，要加快再保险专业人才队伍建设，通过保险公司自主培养、与高等院校合作培养、再保险公司或行业协会组织开展专业技能培训、国际人才交流等方式建立多层次、多形式的再保险专业人才培养机制。重点加强再保险精算、再保险核保核赔和再保险产品研发等方面的培养力度，另外还应加强再保险监管队伍建设，努力建设一支与中国再保险市场发展相适应的专业化监管队伍。

9.4.4.3　洪水巨灾债券

传统的洪水再保险虽然能在一定程度上对洪水风险进行分散，但是存在许多弊端，并不能完全规避洪水风险所带来的威胁。近年来，国际市场出现了多样化的新型洪水风险融资工具，即洪水风险证券化，它利用资本市场来分散和化解风险，为洪水风险管理提供了新的解决方策。

德鲁飓风以后，全球再保险公司的再保险承保能力下降，出现洪水再保险供给量不足和洪水再保险费率上升的现象，保险业被迫开始积极寻求资本市场的支援，从而大大促进了洪水风险证券化的发展。随着我国资本市场的快速发展，我国证券市场初步具备了为保险市场消化和分散洪水风险的能力。

洪水巨灾债券是当今洪水风险证券化应用最广泛的一种形式，也是最成熟的一种方式。鉴于我国期货市场和期权市场还远不成熟，我国可以首先发行洪水巨灾债券，等时机成熟再发展洪水期权和洪水期货等洪水风险证券化的其他形式。世界上最早出现的洪水巨灾债券是年日本发行的可赎回地震债券。目前的洪水巨灾债券多数是关于地震、飓风、暴风雪等自然灾害的，如 2000 年全球最大的再保险公司德国慕尼黑再保险公司作为洪水风险的发行机构，进入资本市场发行了 3 亿美元的洪水巨灾债券，有效地减轻了其对美国的飓风、加州的地震和欧洲的暴风雪等洪水承担的风险。

洪水巨灾债券交易过程一般需要通过一个特设机构（如图 9 - 4 所示）与保险业务分出公司签订再保险合同，同时在资本市场上向投资者发行洪水巨灾债券来转移再保险合同的风险，将发行洪水巨灾债券所募得的部分价款存入抵押信托机构。

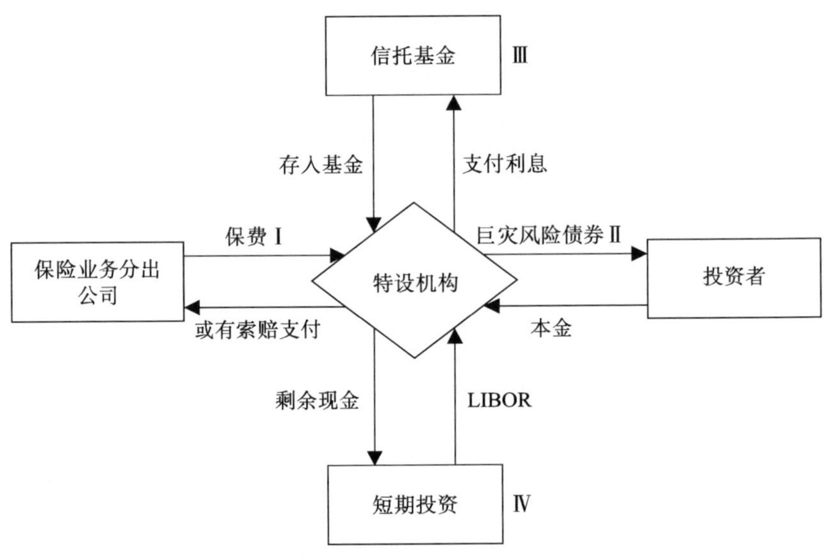

图9-4 巨灾风险债券交易过程示意图

9.4.5 洪水保险制度支持体系建设

任何制度都是一个系统工程，需要方方面面的支持。构建中国洪水保险制度同样也是如此需要我们为它构建一个完善的支持体系，以确保它的正常运转。

9.4.5.1 防灾减灾体系建设

从长远看若要使洪水保险制度能持之以恒，除了保险公司的承保能力得到大幅提高外，最重要的条件是要大力进行防灾减灾，使洪水损失最终在一定程度上具有可控性。所以洪水保险体系中一个永恒的主题是鼓励实施防灾减灾措施。中国洪水保险制度能否成功实施，先决条件是能否彻底贯彻防灾减灾措施。洪水减灾措施可以从以下两方面实施：

第一，政府主导防灾减灾。美国国家洪水保险计划的社区减灾计划通过考察社区是否采取防灾减灾措施、是否改善洪泛区土地管理和使用规则作为该社区参加洪水保险计划的先决条件，这对地方政府形成了双重压力，不加强防灾减灾措施，社区就失去了参加洪水保险的资格，也失去了获得联邦政府灾后救济的资格，当地官员从而失去选民的支持，从而形成了政治压力。

在英国的洪水保险中，政府不参与洪水保险的经营管理，也不承担保险风险，它的主要职责是投资防洪工程并建立有效的防洪体系，这样才保证了英国以市场为主的洪水保险制度的顺利实施。

因此中国政府也应承担起防灾减灾的重任，制定综合防灾减灾规划，并在行政单位和领导的政绩考核中加入对其洪水防灾减灾措施实施情况的考察，确保防灾减灾措施能得到深入贯彻。

第二，鼓励个人防灾减灾。可以通过对个人根据建筑物的防灾标准实施洪水保险的费率优惠，并且控制低标准建筑的最高赔偿限额来鼓励个人减灾。也可以对洪水保险的赔偿规定一定的免赔额来减少道德风险，鼓励防灾减灾。另外，国家还应通过财政补贴等方式支持投保人采取对财产进行加固等防灾措施以及促使高风险区居民远离高风险区。有关部门还应组织好全国防灾减灾日活动，全面增强公众防灾减灾意识和能力，让老百姓充分了解防灾减灾的意义。

9.4.5.2 政府部门监管体系建设

任何制度的运行都是有成本的，洪水保险制度也不例外，由于洪水保险市场特有的逆选择、道德风险等缺陷所导致的市场失灵，洪水保险制度的运行成本可能远大于一般制度的运行成本。因此我们应该把这个运行成本控制在合理的范围之内。方法可以是完善洪水保险制度的设计，增强其规范性和约束性。

9.4.5.3 完善资本市场

洪水保险制度的发展特别是洪水保险的风险管理离不开资本市场的发展和完善。资本市场为洪水保险和再保险提供资金来源，同时洪水保险基金和洪水风险证券化也需要资本市场的支持。但是中国资本市场目前还不是很发达，债券市场存在结构性缺陷，主要是政府及金融机构债券为主，而与经济活动的主体企业和居民相关的债券则严重缺乏，股票市场则存在严重的制度性缺陷，被称为为“政策市”，其价格发现、合理配置资源功能被严重扭曲，期货市场也存在严重的制度缺陷和法律缺陷，缺少发展期货市场所需要的制度环境，发展严重受阻。因此需要大力发展中国资本市场，为中国洪水保险制度提供多样化的风险管理手段和方法，有效规避洪水保险市场的风险。

9.4.5.4 提高居民保险意识

为保证巨灾保险试点工作的顺利开展，促进巨灾保险发挥出应有的作用，提高居民的保险意识同样十分重要。一方面，提高参保率是巨灾保险得以顺利推行的基础因素；另一方面，提高居民的保险意识也是为了更好地运用大数法则，实现风险充分分散的必要条件。由于各种原因，中国居民的保险意识尤其是巨灾保险意识并不强。要提升居民保险意识，降低逆选择风险，一方面需要不断加强保险教育和宣传，让居民意识到巨灾风险的严重性；另一方面要通过合理的机制设计来防范逆选择和道德风险。

9.5 洪水保险产品

9.5.1 保障对象

根据国际管理和实践经验，洪水保险的保障对象应为：保险保障范围内的风险发生时，处于某一行政区域内的所有人员（包括常住人员以及临时出差、旅游、务工的流动人员）的人身伤亡抚恤以及某一区域内常住居民的家庭财产损失和小企业的财产损失。

9.5.2　保险标的

根据洪水保险的目标和保险基本原理，并结合已在多地开展的洪水保险试点的承保标的，将洪水保险的保险标的确定为几大类：

（1）房屋。此类财产是居民的基本生活资料，是洪水保险中最主要的保险标的，其中房屋须是居民自有的、用于生活居住的房屋。一户多宅者，洪水保险只负责一宅参保。房屋的附属建筑物、室内装潢、简陋屋棚、无人居住的房屋、违章建筑不能承保。（2）居民人身。（3）室内基本生活财产。（4）个体工商户及小微企业的基本生产、经营财产，包括固定资产、流动资产等维持其生产、经营的必备财产，但不包括汽车等交通工具以及尚未交付使用或验收的工程。

9.5.3　保险责任

根据保险合同中所承保的风险多寡，有综合险和单一险之分。前者在一张保单中保险人可以承保多种风险责任；后者则只承保一种风险责任。总体而言，综合险对被保险人的保障较为充分，只要是保险责任范围内的损失均可以赔付。但是相对单一险而言，综合险的费率较高，保险人的经营难度较大。例如，一些风险的精算数据比较缺乏，无法进行准确定价。单一险只承保单灾因风险责任，不能完全满足被保险人的保障需求，但费率较低，易为被保险人所接受。此外，在举证责任方面，若采用单一险，则被保险人负有举证责任，证明损失是由特定风险所致，而在综合险中，则由保险人负责举证，证明损失是由保险责任范围之外的除外风险所致。

考虑到洪水保险的政策性特征以及被保险人的可接受度，并结合政策性农房保险、农业保险、试点地区洪水保险的承保责任，建议洪水保险的保险责任应该采用单一险方式。具体可以确定为：因遭受洪水及其次生灾害引起的保险标的直接损失。由于房屋等保险标的除面临洪水风险外，还受台风、火灾、爆炸等其他风险的威胁，保险公司可以在上述基本责任之上，开发商业性的附加险，如台风、火灾、爆炸等扩展条款，以满足投保人的风险转嫁需求。

9.5.4 除外责任

洪水的成因是多种多样的，洪水保险并不能承保所有原因的洪水责任。下列原因所致的洪水责任，不应包括在保险责任之内：

（1）因地震、战争破坏导致的洪水损失。

（2）投保人、被保险人及其代表的故意或重大过失行为。

（3）政府行蓄洪等行政行为。

（4）保险标的的内在或潜在缺陷、正常水位变化、霉烂、受潮、锈蚀、渗漏。

（5）水箱、水管爆裂。

（6）因遭受保险事故而引起的各种间接损失。

9.5.5 保险金额

保险金额是保险人承担责任的最高限额。一般而言，政策性保险实行低保障原则，以保障被保险人灾后的基本生活、生产为出发点。在试点的洪水保险中，以深圳市为例，每户住房保险金额为 2 万元，人身事故限额为 10 万元。同样，国外的洪水保险也多实行限额制，如美国。

我国洪水保险也不应该对洪水风险损失给予全额保障，而应从低保障起步，实行限额控制。限额控制的优势在于：第一，与农民等主体的投保能力相适应。农民的支付能力有限，若实行全额保障，则保险费必将增加，将会制约一部分农民参保，无法达到广覆盖的目标。第二，限额控制是防范被保险人道德风险的有效管理措施，将被保险人自身的风险责任限制在其能够承受的合理界限内，以激励其积极防损减损的目的。第三，可以减轻政府的补贴负担。在经济发展水平和税率平均水平一定的前提下，政府的财政收入规模是有限的，政府的很多财政支出项目又都具有很强的刚性，与此相适应，政府所能动员和投入的洪水保险资金也必然是有限的。这就决定了政府不可能对由洪水等巨灾导致的任何规模的损失都全部进行赔偿，而只能在一定限度内进行赔偿；相反，若保障标准定得高，则导致政府补贴额度增加，负担加重。第四，保证保险公司的财务稳定性。洪水保险的费率不仅与所保财产的性质、建筑物的结构等因素有关，而且还与灾害发生的区域、灾害的强度、波及的范围等因素有着更为紧密的联系，这些因素是很难在计算或估计期望损失率时准确地加以把握。这样，就极有可能出现实际发生的损失率超过事先计算或估计的期望损失率的情况。正因为如此，由于洪水等巨灾的“平均损失超过期望损失的可能性比较高”，使保险公司在承保任一风险载体时都需限制最高保险金额，否则将使保险公司承担无法预期的损失，威胁其财务稳定性。

未来各地区可以根据当地的具体情况确定保险金额标准，在确定时应考虑如下因素：

（1）当地灾后的民政救济补助水平。由于各地在遭受洪水损失后，国家及当地政府会给予一定的补偿，补偿标准不一，但无论如何，被保险人所得到的政府救济补偿与自保险公司处得到的保险补偿不能超过标的实际价值的 90%，以避免诱发道德风险、减少逆选择情况的发生。

（2）试点地区的经济发展水平、物价水平等。各地的经济发展水平不一，物价水平有所差异，因此同类标的在不同地区的价格体现也不相同，试点地区可根据当地的情况确定标的的具体保险金额额度，以切实满足被保险人的灾后重建重置需求。

（3）以保险标的的实际价值为基础。对于房屋、室内财产等标的而言，保险金额可以以标的的重置价值为基础确定，也可以按照其实际价值确定。前者是重新建造或购置与原来标的同类型、同型号、同性能所需支出的费用，有利于充分保障被保险人的利益，迅速恢复灾后生产、生活，但是保险人不易控制风险。后者可以减少道德风险，有利于保险人控制风险，但是不能充分满足被保险人的需求。考虑到洪水保险所承保的标的的分散性、多样性、复杂性，建议在确定保险金额时以标的的实际价值为基础。对于人身保险责任而言，建议采取定值保险合同。

（4）标的类别。受洪水风险威胁的财产种类繁多，在试点中，需要对不同类别的保险标的分别确定保险金额上限，每类保额不得相互串用，以达到控制风险的目的。

（5）对超过限额标准的价值部分，政府不予保费补贴。若有投保需求，投保人可向保险公司投保商业保险，也鼓励保险公司开发与试点洪水保险相衔接的险种或条款，以满足被投保人的需求。

9.5.6 赔偿方式

9.5.6.1 采用定值保险与免赔额相结合的赔偿方式

一般而言，财产保险的赔偿方式有：比例赔偿方式（分为：不定值保险和定值保险）、第一危险（损失）赔偿方式、固定限额赔偿方式、免赔额（率）赔偿方式。

洪水灾害损失的影响广，而作为主要保障对象的居民居住地域分散，洪水保险单金额小而数量庞大，加之保险标的种类繁杂，这些无疑都使保险公司的经营管理成本成倍递增，加之可能产生的道德风险，使得洪水保险的定损、赔偿工作极为复杂。因此，在赔偿标准上，须遵循“简便易行”的原则，以利于洪水保险的成功推行。

虽然不定值保险是许多财产保险所采用的赔偿方式，极具公平性，但是对每一标的损失均须评估其价值，对于分散且繁多的洪水保险标的而言，将大大增加其理赔成本，加大理赔难度。第一危险（损失）赔偿方式将实际损失分割为二个部分，只要是保险金额限度内的损失，保险人全部承担责任，不再评估事故发生时保险标的的价值，在操作中简单易行，但是由于前述洪水保险的“低保额”限制，且洪水所造成的损失多为部分损失，因此即使保险金额很低，也能得到十足赔付，易使保险人所承担的责任与所收取的保险费不相匹配，从而削弱洪水保险的经营基础。

基于此，建议在洪水保险试点中将定值保险与免赔额赔偿方式结合起来。值得指出的是：该免赔额特指洪灾发生后各级政府部门的救灾补偿款，如果被保险人所得到的救灾补偿款已经全部弥补了其所遭受的洪灾损失，则保险人不再承担赔偿责任，否则，将使被保险人获得额外利益；如果救灾补偿款不能弥补洪灾损失，则保险人按下述方式承担赔偿责任：（1）全部损失。全部损失时，最高赔偿金额以各类标的的分项保额扣除救灾补偿款为准。发生全部损失经一次赔付后，保险责任即行终止。（2）部分损失。部分损失按损失程度和分项保险金额，并扣减救灾补偿款为准。

9.5.6.2　确定损失级别及衡量标准

洪水所造成的损失量大面广，保户分散，逐一进行现场查勘、逐一定损的成本很高，标的定损标准不易统一，尤其发生大灾时定损难度更大。为了节约成本和解决定损争议，建议将标的（主要是房屋）损失程度分为几种不同级别，如分为全部损失、严重损失、中度损失和一般损失，全部损失即损失程度100%，严重损失即损失程度为80%，中度损失即损失程度为50%，一般损失即损失程度为20%。同时，为了准确确定标的所属的损失级别，应制定不同类别标的的全部损失、严重损失、中度损失和一般损失的衡量标准，如宁波试行的洪水保险补偿标准。

9.5.6.3　建立损失先行赔付机制

洪水灾害涉及面广，标的种类繁多，定损、估损难度大且需一定周期，但是生产生活具有时效性，赔付快慢关系着生产能否迅速恢复。因此，考虑到居民生产、生活自救急需资金，建议保险公司引入洪灾损失先行赔付机制，在损失或责任难以完全确定的情况下，对能够确定的损失部分先行赔付，如先行赔付估算损失的50%，其余部分在定损后再行赔付，以支持受灾主体迅速恢复生产、生活，减轻巨大经济损失所造成的资金压力。

9.5.6.4 建立纠纷解决机制

洪水保险的标的众多，专业性比较强，在定损评估时难度较大，一方面要求保险公司加强定损专业人员的培训，解决定损的及时性和标准的一致性问题；另一方面可以在地方政府，如市、县两级政府，建立水利、农业、农机、民政等部门和保险机构的技术力量组成理赔定损专家小组，协调解决理赔定损中的疑难问题，并在有关部门设立仲裁机构，引入仲裁机制处理理赔服务纠纷，在防范道德风险的同时，方便快捷地解决理赔矛盾和争端。

9.6 洪水保险费率

9.6.1 洪水保险费率构成

保险费率一般由纯费率与附加费率两部分构成。纯费率的确定基础是保险标的在特定风险下的期望损失率；附加费率的确定基础则是风险溢价，经营管理费用开支、纳税、利润以及安全因素等。

在实务操作中，一种更为常见的方式是先确定总保险费，而后确定保险费率。保险费率与保险费、保险金额之间的关系如下：

保险费率 = 保险费/保险金额

9.6.2 洪水保险费率厘定原则

对于洪水保险而言，获取损失额度的数据更为便利，因此可以采取先确定总保险费，后根据保险金额确定费率的方式。

与其他险种一样，首先，根据洪水损失历史数据确定某一地区的期望损失，从而确定洪水保险的纯保险费。其次，根据保险合同设计内容的不同，考虑经营管理成本（因为试点洪水保险属政策主导下的保险，因此利润因素忽略不计），确定洪水保险总保险费。第三，根据保险标的风险特征的不同，对总保险费进行风险调整。以房屋为例，某地区房屋的风险影响因素通常包括：洪水风险暴露程度、防洪标准、标的建筑结构等。最后，根据保险费率公式确定洪水保险费率。

洪水保险作为准公共品，不能定价虚高，并且政府承担大部分保费，因此需要秉承“微利经营”的费率厘定原则。

9.6.3　费率厘定应考虑的因素

保险费率应综合考虑致灾体和承灾体两个因素，保险标的所在区域的洪水风险特征即保险标的的易受洪水灾害影响的易损性。通过历史洪水经验数据，结合气象、水文数据以及地面高程数据，实现洪水风险区划管理，并根据实际情况不断修定完善，从而实现从致灾体角度对洪水风险的衡量。同时，还要从承灾体的角度考虑保险标的易受洪水损害的易损性。

另外，还可以根据地方政府采取的积极预防措施，实现对洪水的减量管理的情况，给予相应的费率优惠，从而实现市场化的正向激励，促进相应区域内的风险管理水平和防灾减损能力的提升。

9.7　洪水保险制度保障体系

因为洪水灾害具有破坏性大，造成的损失严重等特点，洪水风险属于巨灾保险，因此需要尽可能广泛的分散风险，构建洪水保险制度多层次的保障体系。

9.7.1 设计长期的洪水保险产品

国际经验表明，洪水保险是转移洪水风险的最佳方式。洪水保险的开展，最大的问题就是如何提高保单覆盖面或者说提高洪水保险的参保率。参保率低是由以下两个原因导致的，一是人们的风险意识淡漠，大多数人认为洪水风险离自己比较遥远，或者在近几年不会发生大的洪水灾害事件，从而缺乏购买动机；二是人们不愿意为是否发生存在不确定性的风险事件支出高额的保费。长期的洪水保险可以很好地解决以上两个问题，这种保险产品在一段固定的时间期限内（5 年、10 年或 20 年）以固定的费率提供保险保障，如果业主在保单到期前搬离，那么保单将以同样的费率自动转给新的业主。长期洪水保险中的“长期”是相对于“一年期”保单而言的，“长期”既可以是 3 年、5 年，也可以是 30 年、50 年，根据当地洪水发生频率的高低，“长期”洪水保险的年限有所变化。具体而言，如果当地洪水发生频率为 50 年一次至 100 年一次，则长期洪水保险的年限也相对较长，为 50 年期保单；如果当地洪水发生频率为 10 年一次至 50 年一次，则长期洪水保险的年限也相应减少，为 20 年期保单，依此类推。相对于 1 年期的洪水保险，人们更愿意接受长期保险。以 20 年期的洪水保险为例，人们从心理上认为，在 20 年内发生洪水灾害的概率比在 1 年内发生洪水灾害的概率大得多，事实上也是如此；从经济性上看，20 年期保单的保费也远低于 1 年期保单的保费连续缴纳 20 年的总额。

中国开展长期洪水保险应遵循“政府扶持、市场运作，保障基本、责任共担，突出重点、区域有别，试点先行、逐步完善”的原则。

在次序上，可以在洪水风险高的区域和城市先行试点，逐步在全国推行。由于中国尚未绘制出全国范围的洪水风险图，在此之前，可以采用历史洪灾数据作为长期洪水保单年限设定的依据。受到气候特征和地貌特征两个因素的影响，中国的洪水灾害大都发生在东部沿海及珠江、长江、淮河、黄河、海滦河、辽河和松花江等七大流域。中国可以在七大流域优先开展长期洪水保险试点，以各流域洪灾发生的频率为基础来厘定保险费率。例如，在长江流域开展 2 年期的洪水保险，在海滦河流域开展 20 年期的洪水保险等。待洪水风险图绘制完成后，再依据全国各地各流域洪水风险的等级高低，开发出不同年限的长期洪水保单。

在方式上，采取政府与市场合作。政府负责全国大江大河流域洪水风险图的制作与洪水风险区域等级的划分，授权一家或几家实力强、运营状况好、风险管理水平高的大型商业保险公司负责保单的销售与理赔，保费的制定采取精算费率，国家给予一定的财政补贴，政府颁布法律将长期保单的销售与住房抵押贷款捆绑在一起，这样既可以迅速地扩大保单覆盖面，也可以避免财产所有者在获得贷款后就取消保单，或者在一些年份没有大洪灾发生就停止购买洪水保险的局面发生。

在具体运作上，具有销售长期洪水保单资质的商业保险公司与银行贷款部门合作。银行负责保单的销售，并按比例提取佣金，保险公司负责保单的理赔，承担洪水风险，同时，保险公司可以通过再保险分散部分洪水累积风险。

9.7.2　建立国家强制性洪水保险基金

国家要在洪水保险基金中扮演重要角色。财政提供部分资金，并吸纳社会资本进入。洪水基金由政府进行管理和运营。在洪水基金累积的初始阶段，洪水基金的积累可采用多种形式。以地震灾害基金为例，这里可以借鉴交强险的作法，在居民购房时，开发商或是购房者要支付一定的税费，可抽取一部分作为洪水基金；或者要求各地方政府每年缴纳一定数额的洪水基金；或者广泛调动社会力量，通过捐赠的方式积累洪水基金。政府相关部门可以将投保人加以分类进行价格补贴及采取相应的鼓励投保措施。对投保的农民可以直接进行价格补贴，并根据投保金额采取分级补贴率。对于投保的企业，可根据企业的不同性质，进行价格补贴或者税收上的减免。另外，地方政府提取洪水基金数额的比例要根据地区差异和城乡差异区别对待。经济发达地区要高于经济不发达地区，经济贫困落后的地区，则可不提取巨灾基金。

9.7.3 安排合理的洪水风险再保险

国际经验表明，洪水风险再保险一般由政府或商业再保险公司提供。中国洪水保险的再保险安排可采用事故超赔再保险的形式，将较高层次的风险转移给政府，这一政府再保险项目可以由中国再保险集团公司代为办理，同时也可以向国内外的再保险公司寻求商业再保险服务；或者由政府成立专门的洪水再保险公司，负责长期洪水保险的再保险业务，并将洪水风险进一步在国际市场上进行分散。目前，由中国财产再保险股份有限公司下设自然灾害风险管理部门，负责长期洪水保险的再保业务是较为现实的选择，该部门的职责应包括设计洪水再保险方案，负责洪水保险的核保与费率厘定，管理再保险合约事宜，提取洪灾损失准备金，并相机在资本市场上寻求洪水风险分散的机会以应对特殊年份的重大洪灾损失等。

9.7.4 研发可行的洪水风险转移新技术

作为一项典型的“非传统风险转移技术”，洪水风险证券化是目前国际上重要的洪水风险融资工具，从长远来看，这类工具也应该成为中国洪水风险管理体制建设的重要内容。目前国际上应用最多的洪水风险证券是洪水债券，通过发行洪水债券，保险公司可以将部分洪水风险转移给债券投资者。但是洪水风险证券化交易成本高，发行要求严格，手续繁琐，需要依靠外部中介人，而且中国目前还不具备发行洪水债券的条件。虽然“侧挂车”和行业损失担保在操作成本和灵活性上更具有优势，但是也存在着流动性低、起步晚等不足，许多技术问题尚待解决，此外，中国发行洪水风险证券在制度环境、市场环境和技术环境方面都存在着极大的障碍。尽管困难重重，但是在全球气候变暖、极端洪水事件频发的大趋势下，利用资本市场转移洪水风险是大势所趋。当前应做好以下准备工作：政府层面上，政府应当尽早出台一套完善的法律法规，为洪水风险证券的发展提供法律保障；并且，在目前分业监管的格局下，需要研究洪水风险证券协调监管的问题，明晰监管的责任边界，避免“多头监管、无效监管”的局面出现；市场层面上，应当加紧完善中国的金融市场，发展多样化的金融衍生品，规范市场交易规则，为投资者创造一个公平的交易环境，并大力发展会计、审计、律师事务所等中介服务机构，加快发展中国的资信评级机构，为发行洪水风险证券创造有利条件；技术层面上，应加快搜集各地历年洪水发生情况以及洪水损失分布等相关资料，建立一套完整的洪水风险数据库，为洪水模型的运算、洪水损失的评估和洪水产品的定价提供数据支持。此外，加强洪水风险证券的理论研究，培养相关专业人才，为中国洪水风险证券的发行提供理论支持和人才队伍也是必不可少的。

参考文献

[1]《中国水利年鉴》编辑委员会编. 中国水利年鉴1999 [M]. 北京: 中国水利水电出版社, 1999. 12.

[2] George E. Rejda, Michael J. McNamara 著, 刘春江译. 风险管理与保险原理（第十二版）[M]. 北京: 中国人民大学出版社, 2015. 08.

[3] Scott E. Harrington, Gregory R. Niehaus 著, 陈秉正, 王珺, 周伏平译. 风险管理与保险 [M]. 北京: 清华大学出版社, 2005.

[4] 鲍文. 灾害保险的国际比较与借鉴 [J]. 理论月刊, 2010. 06.

[5] 曹永强, 李培蕾, 黄林显, 赵娜. 我国开展洪水保险的基本思路 [J]. 水利发展研究, 2007. 08.

[6] 曹愉. 防洪的非工程措施 [J]. 水利经济, 1987. 03.

[7] 柴化敏. 淮河流域防洪体系中的洪水保险分析 [C]. 北京大学中国保险与社会保障研究中心（CCISSR）. 变革中的稳健: 保险、社会保障与经济可持续发展——北大 CCISSR 论坛文集·2005, 2005.

[8] 柴化敏. 构建淮河流域蓄滞洪区洪水保险的再保险体系 [J]. 经济研究导刊, 2008. 05.

[9] 柴化敏. 资本资产定价模型在洪水保险费率厘定中的运用 [J]. 农村经济与科技, 2007. 08.

[10] 常浩, 王春峰, 房振明. 随机金融市场环境下的最优再保险——投资策略 [J]. 控制理论与应用, 2019. 02.

[11] 陈秉正. 国外非传统风险转移产品介绍 [J]. 保险研

究，2000. 10.

[12] 陈枫．我国建立巨灾保险制度的可行性研究 [J]. 长春理工大学学报（社会科学版），2011. 07.

[13] 陈明之．我国巨灾保险经营模式路径选择研究 [J]. 西南金融，2019. 07.

[14] 陈少平．洪灾保险的经济学分析与中国洪灾保险模式探讨 [D]. 南昌大学，2008.

[15] 陈莹，尹义星，陈兴伟．19 世纪末以来中国洪涝灾害变化及影响因素研究 [J]. 自然资源学报，2011. 12.

[16] 程晓陶，尚全民主编．中国防洪与管理 [M]. 北京：中国水利水电出版社，2005.

[17] 程晓陶，吴玉成等著．洪水管理新理念与防洪安全保障体系的研究 [M]. 北京：中国水利水电出版社，2004.

[18] 程晓陶．2002 年 8 月欧洲特大洪水概述——兼议我国水灾应急管理体制的完善 [J]. 中国水利水电科学研究院学报，2003. 12.

[19] 程晓陶．风险分担利益共享双向调控把握适度——三论有中国特色的洪水风险管理 [J]. 水利发展研究，2003. 09.

[20] 程晓陶．关于洪水管理基本理念的探讨 [J]. 中国水利水电科学研究院学报，2004. 03.

[21] 程晓陶．探术人与自然良性互动的治水模式——二论有中国特色的洪水风险管理 [J]. 水利发展研究，2002. 01.

[22] 程晓陶．新时期大规模的治水活动迫切需要科学理论的指导——一论有中国特色的洪水风险管理 [J]. 水利发展研究，2001. 04.

[23] 崔占伟．洪灾风险损失评价与计算分析 [J]. 陕西水利，2019. 07.

[24] 段开龄著．风险管理论文集 [M]. 贵阳：贵州出版社，1992.

[25] 段志华，尹雅清，包振茹，王艳丽．天津市蓄滞洪区保险机制建

设探索［J］. 水利经济，2008. 05.

［26］付湘，刘宁，纪昌明．我国蓄滞洪区洪水保险模式研究［J］. 人民长江，2005. 08.

［27］付湘，王放，王丽萍，纪昌明．洪水保险研究现状与发展趋势分析［J］. 武汉大学学报（工学版），2003. 01.

［28］付湘，王丽萍，边玮编著．洪水风险管理与保险［M］. 北京：科学出版社，2008.

［29］甘小荣．洪水保险问题探讨［J］. 中国防汛抗旱，2007. 03.

［30］高海霞，王学冉．国际巨灾保险基金运作模式的选择与比较［J］. 财经科学，2012. 11.

［31］国家防汛抗旱总指挥部办公室．关于印发全国防办主任会议文件的通知［Z］. 2003.

［32］何霖．日本巨灾保险之进程与启示［J］. 灾害学，2013. 02.

［33］何小伟．国际巨灾保险供给中的公私合作模式及其借鉴［J］. 浙江金融，2012. 07.

［34］洪文婷．洪水灾害风险管理制度研究［D］. 武汉大学，2012.

［35］胡辉君．国外有关洪水保险的实践及对我国的启示［J］. 中国水利，2005.

［36］胡新辉，王慧敏．洪水保险理论基础及保费影响因素分析［J］. 人民黄河，2008. 11.

［37］胡新辉，王慧敏．我国洪水风险可保性研究［J］. 人民黄河，2008. 06.

［38］胡新辉，王慧敏．洪水保险供给不足之对策探讨［J］. 人民长江，2008. 08.

［39］胡新辉，王慧敏．洪水风险保险市场失灵研究［J］. 水利经济，2008. 02.

［40］华红安．我国水灾知多少［J］. 水利天地，1996. 03.

[41] 黄崇福，郭君，艾福利等．洪涝灾害风险分析的基本范式及其应用［J］．自然灾害学报，2013. 04.

[42] 黄为．在洪水风险管理中推行洪水保险制度的思考［J］．水利水电快报，2005.

[43] 黄伟纶．我国古代的水文科学［J］．水文．1984. 04.

[44] 黄绚．洪水灾害评估中遥感和地理资讯系统的应用［J］．中科院地理所资源与环境信息系统国家重点实验室年报．1993—1994.

[45] 黄英君，江先学．我国洪水保险制度的框架设计与制度创新——兼论国内外洪水保险的发展与启示［J］．江西财经大学学报，2009. 02.

[46] 姜冯辉，卫怡兰．洪灾承保中的工程解决方案［J］．保险理论与实践，2016. 07.

[47] 姜付仁，王建平，廖四辉．美国洪水保险制度运行效果及启示［J］．中国防汛抗旱，2014.

[48] 蒋卫国，李京，陈云浩，盛绍学，周冠华．区域洪水灾害风险评估体系（Ⅰ）——原理与方法［J］．自然灾害学报，2008. 06.

[49] 蒋卫国，李京，王琳．全球 1950—2004 年重大洪水灾害综合分析［J］．北京师范大学学报（自然科学版），2006. 05.

[50] 蒋卫国，李京，武建军，邓磊，宫阿都．区域洪水灾害风险评估体系（Ⅱ）——模型与应用［J］．自然灾害学报，2008. 06.

[51] 蒋永辉，蒋思聪．关于建立我国洪水保险制度的思考［J］．中国保险，2012. 09.

[52] 金菊良，魏一鸣，付强，等．洪水灾害风险管理的理论框架探讨［J］．水利水电技术，2002. 09.

[53] 金菊良，魏一鸣，杨晓华．基于遗传算法的神经网络及其在洪水灾害承灾体易损性建模中的应用［J］．自然灾害学报，1998. 02.

[54] 金菊良，魏一鸣，杨晓华．基于遗传算法的洪水灾情评估神经网络模型探讨［J］．灾害学，1998. 02.

[55] 寇继虹，王丽萍等．美国洪泛区管理机构及洪泛区管理沿革[J]．水利水电科技进展，2004.08.

[56] 兰景涛．洪水灾害损失评估指标体系研究[J]．中国人口·资源与环境，2013.

[57] 李晨光，张楠楠，郭丽军．洪水保险、需求、供给与公共政策[J]．保险研究，2015.05.

[58] 李冲，朱平安，王慧彦．我国建立巨灾保险制度探析[J]．自然灾害学报，2010.02.

[59] 李江艳．我国巨灾风险债券定价研究[D]．重庆大学，2014.

[60] 李瑾．巨灾保险制度国际比较：理论困境、政策突破及中国启示[D]．南京大学，2011.

[61] 李俊奇，杨擎柱，Fang xing 等．美国洪水保险计划发展及其经验分析[J]．中国给水排水，2019.03.

[62] 李立国、陈伟兰主编．灾害应急处置与综合减灾[M]．北京：北京大学出版社，2007.

[63] 李林涛，徐宗学，庞博，等．中国洪灾风险区划研究[J]．水利学报，2012.01.

[64] 李隆玲，任金政．我国洪水灾害现状及区划特征[J]．中国水利，2014.07.

[65] 李新．巨灾保险证券化研究[D]．山东大学，2009.

[66] 李逸波，陈宝峰．政府参与我国洪水保险的理论分析[J]．金融教学与研究，2006.01.

[67] 李逸波．我国洪水保险模式研究[D]．中国农业大学，2005.

[68] 李子耀，陈垡．深圳市台风保险风险分散问题研究[J]．上海市经济管理干部学院学报，2018.06.

[69] 梁昊然．论我国巨灾保险制度的法律构建[D]．吉林大学，2013.

[70] 林宇. 美国的灾害紧急救援管理 [J]. 安全与健康, 2003.

[71] 刘朝辉, 胡新辉, 王慧敏. 国际洪水保险比较及对我国的启示 [J]. 水利经济, 2008. 05.

[72] 刘京生. 对我国洪水保险若干问题的思考 [J]. 保险研究, 1999. 04.

[73] 刘庆红. 蓄滞洪区洪水保险与再保险研究 [D]. 武汉大学, 2004.

[74] 刘世强. 我国洪水灾害风险研究综述 [J]. 农业科技与信息, 2019.

[75] 刘新立. 中国巨灾综合风险管理中保险的角色 [J]. 保险研究, 2008. 07.

[76] 刘研. 巨灾债券运行中的风险及其对策研究 [J]. 保险职业学院学报, 2018. 02.

[77] 卢程伟, 周建中, 江焱生等. 复杂边界条件多洪源防洪保护区洪水风险分析 [J]. 水科学进展, 2018. 04.

[78] 陆秀娟. 巨灾风险可保性与我国巨灾保险发展研究 [D]. 南京信息工程大学, 2014.

[79] 罗添元, 姜昕, 聂强. 风险、收益与巨灾保险组合的供给能力分析 [J]. 西部金融, 2017. 11.

[80] 吕娟, 凌永玉与姚力玮. 新中国成立 70 年防洪抗旱减灾成效分析 [J]. 中国水利水电科学研究院学报, 2019. 08.

[81] 马德富, 刘秀清. 论自然灾害的社会属性及防灾减灾对策——兼论发展防灾减灾农业 [J]. 农业现代化研究, 2007. 05.

[82] 马俊, 刘俊威, 吴善翔. 构建浙江省水库防洪超蓄保险制度的设想 [J]. 水利发展研究, 2017. 07.

[83] 马树建. 政府主导下的我国极端洪水灾害风险管理框架研究 [J]. 灾害学, 2016. 04.

[84] 米建华，龙艳．发达国家巨灾保险研究——基于英、美、日三国的经验 [J]．安徽农业科学，2007.

[85] 欧阳资生，甘柳．洪水灾害风险分析模型与洪灾保险应用研究：以湖南省为例 [M]．长沙：中南大学出版社，2016.

[86] 潘红英，甘雨粒．当前国际再保市场动态介绍及分析 [J]．上海保险，2004. 09.

[87] 秦德智．洪水灾害风险管理与保险研究 [M]．北京：石油工业出版社，2004.

[88] 丘幸，丘汀萌．论我国洪水保险制度的建立 [J]．中国防汛抗旱，2007. 04.

[89] 裘四娥．灾害带来的正面效应 [J]．生命与灾害，2007. 3.

[90] 任金政，万军，张亚南．我国洪水保险政策需求分析及框架构建 [J]．经济问题探索，2012. 09.

[91] 任黎鸿．方兴未艾的保险衍生品及证券化工具 [J]．保险研究，1997. 12.

[92] 施成熙等．中国大百科全书大气海洋水文 [M]．北京：中国大百科全书出版社，1987.

[93] 石林．基于 GIS 和 HydraN 的复杂河网地区洪水风险管理及水资源联合调度应用研究 [D]．湖南大学，2010.

[94] 史培军，王静爱，周俊华，等．中国水灾风险综合管理——平衡大都市区水灾致灾强度与脆弱性 [J]．自然灾害学报，2004.

[95] 隋韬，黄敬宝．我国巨灾保险不足的原因与对策 [J]．区域金融研究，2011. 02.

[96] 孙祁祥，郑伟，孙立明，李海涛，锁凌燕．中国巨灾风险管理：再保险的角色 [J]．财贸经济，2004. 09.

[97] 孙祁祥著．保险学（第五版） [M]．北京：北京大学出版社，2013. 03.

[98] 孙钰祥. 中国洪水指数保险初探 [J]. 保险职业学院学报, 2017.03.

[99] 谭婧. 新型洪水模型在洪水风险分析和洪灾保险中的应用 [J]. 水利水电快报, 2017.03.

[100] 陶正如, 陶夏新. 巨灾保险衍生品 [J]. 自然灾害学报, 2007.04.

[101] 陶正如. 巨灾保险衍生品优势分析 [J]. 防灾科技学院学报, 2015.03.

[102] 田玲, 刘沐泽, 王季薇. 洪水风险下的我国洪水保险定价研究 [J]. 武汉理工大学学报 (社会科学版), 2015.02.

[103] 田玲, 骆佳. 供需双约束下中国巨灾保险制度的选择——长期巨灾保险的可行性研究 [J]. 武汉大学学报 (哲学社会科学版), 2012.05.

[104] 田玲, 姚鹏, 王含冰. 政府行为、风险感知与巨灾保险需求的关联性研究 [J]. 中国软科学, 2015.09.

[105] 田玲, 姚鹏. 灾后捐助、保费补助对巨灾保险需求影响的理论研究 [J]. 武汉理工大学学报 (社会科学版), 2014.05.

[106] 田玲, 张岳. 我国巨灾保险需求影响因素实证研究——基于五省部分保费收入的面板分析 [J]. 武汉理工大学学报 (社会科学版), 2013.02.

[107] 万军, 张旺. 我国实施洪水保险的条件及建议 [J]. 水利发展研究, 2007.06.

[108] 万群志, 程晓陶. 中国洪水保险的实践与探索 [J]. 水利经济, 2001.01.

[109] 万新宇, 王光谦. 近60年中国典型洪水灾害与防洪减灾对策 [J]. 人民黄河, 2011.08.

[110] 汪秀丽. 浅论中国的洪水保险 [J]. 水利电力科技, 2006.03.

[111] 王海．我国洪水保险政策需求浅析［J］．水利发展研究，2010.10.

[112] 王浩，葛立元．洪水保险的特征与作用分析［J］．中国减灾，2013.

[113] 王和，王平，安平．基于流域经济学视角的中国洪水保险制度研究［C］．国家减灾委办公室、国家减灾委专家委员会．2013 年国家综合防灾减灾与可持续发展论坛论文集．2013.

[114] 王和，王平著．中国洪水保险研究［M］．北京：中国金融出版社，2013.09.

[115] 王和．从流域经济学视角看洪水保险［J］．中国金融，2011.09.

[116] 王静爱，王珏，叶涛．中国城市水灾危险性与可持续发展［J］．北京师范大学学报（社会科学版），2004.03.

[117] 王九大．中美洪水保险的比较分析［J］．财贸研究，2009.

[118] 王润，姜彤．20 世纪重大自然灾害评析［J］．自然灾害学报，2000.4.

[119] 王硕．国外洪水风险管理研究进展及对我国的启示［J］．吉林水利，2013.

[120] 王晓珊．美国洪水保险计划：发展历程、现状及其特点［J］．世界农业，2018.01.

[121] 王新新．以保险为重要内容的我国巨灾风险管理体系探讨［J］．灾害学，2009.04.

[122] 王秀娟．国内外自然灾害管理体制比较研究［D］．兰州大学硕士论文，2008.

[123] 王晔．新常态下的我国保险证券化研究［D］．对外经济贸易大学，2016.

[124] 王义成编著．世界洪水管理理念与实践［M］．北京：水利水电出版社，2007.

[125] 王玉，王焕玉，范高潮，腾跃民．美、日两国巨灾损失分担机制对我国的启示——基于保险的观点 [J]. 保险研究，2008. 06.

[126] 王铮，彭涛，魏光辉等．近 40 年来中国自然灾害的时空统计特征 [J]. 自然灾害学报，1994. 3.

[127] 魏华林，洪文婷．巨灾风险管理的困境与出路——兼论中、美洪水灾害风险管理差异 [J]. 保险研究，2011. 08.

[128] 魏华林、林宝清著．保险学（第三版）[M]. 北京：高等教育出版社 . 2011. 06.

[129] 魏敏杰，纪昌明．洪水保险债券的运作机制与发展思路 [J]. 水科学进展，2004. 01.

[130] 魏一鸣，范英，傅继良，徐伟宣．基于神经网络的洪水灾害预测方法 [J]. 中国管理科学，2000. 03.

[131] 魏一鸣，范英，金菊良．洪水灾害风险分析的系统理论 [J]. 管理科学学报，2001. 02.

[132] 魏一鸣，金菊良，周成虎，万庆，李纪人．洪水灾害评估体系研究 [J]. 灾害学，1997. 03.

[133] 魏一鸣，杨存键，金菊良．洪水灾害分析与评估的综合集成方法 [J]. 水科学进展，1999.

[134] 魏一鸣等著．洪水灾害风险管理理论 [M]. 北京：科学出版社，2002.

[135] 闻珺．洪水灾害风险分析与评价研究 [D]. 南京：河海大学，2007.

[136] 吴大明，吕慧．美国联邦洪水灾害保险分析研究与借鉴 [J]. 中国安全生产，2019. 07.

[137] 吴洪，华金秋．洪水保险的政府运营模式：美国洪水保险计划的实践和启示 [J]. 深圳大学学报（人文社会科学版），2012. 02.

[138] 吴吉东，傅宇，张洁，等．1949—2013 年中国气象灾害灾情变

化趋势分析［J］. 自然资源学报，2014. 09.

［139］吴秀君，王先甲. 基于序期望效用的洪水保险需求研究［J］. 水利经济，2009. 03.

［140］吴秀君. 基于博弈论的洪水保险需求分析［J］. 武汉大学学报（工学版），2007. 04.

［141］向飞，洪文婷. 中国洪水灾害风险管理体制创新研究——兼论英美洪水灾害风险管理的发展、困境及启示［J］. 保险职业学院学报，2011. 05.

［142］向飞. 洪水风险综合防范研究［D］. 武汉大学，2010.

［143］向立云. 洪水管理的基本概念［J］. 中国水利，2008.

［144］向立云. 洪水灾害特性变化分析［J］. 水利发展研究，2002. 12.

［145］小阿瑟·威廉姆斯、理查德·M 汉斯著，陈伟等译. 风险与风险管理［M］. 北京：中国商业出版社，1990.

［146］谢世清. 公私伙伴合作应对巨灾挑战：国际经验与启示［J］. 财贸经济，2009. 07.

［147］谢世清. 巨灾债券的十年发展回顾与展望［J］. 证券市场导报，2010. 08.

［148］邢天才，康晗彬. 基于资产负债管理的我国巨灾再保险定价研究［J］. 保险研究，2013. 02.

［149］徐芹. 基于流域经济学视角的中国洪水保险制度研究［D］. 广西大学，2018.

［150］许闲. 中国巨灾保险研究：内容特征与理论视角［J］. 财经理论与实践，2018. 06.

［151］许怡，吴永祥，王高旭，施睿. 伦敦城市洪水风险管理的启示［J］. 水利水电科技进展，2019. 04.

［152］薛澜，刘冰. 应急管理体系新挑战及其顶层设计［J］. 国家行政

学院学报，2013. 01.

[153] 杨霞. 洪水保险制度比较、国际经验与中国“双低困境” [J]. 经济问题探索，2012. 02.

[154] 姚国章著. 日本灾害管理体系：研究与借鉴 [M]. 北京：北京大学出版社，2009.

[155] 姚庆海. 关于建立和完善我国洪水保险制度的建议 [J]. 中国保险报，2007. 12.

[156] 佚名. 什么是洪水灾害 [J]. 生命与灾害，2009. 08.

[157] 袁临江. 改革开放大潮下中国再保险的 40 年 [J]. 保险研究，2018. 12.

[158] 翟国方. 日本洪水风险管理研究新进展及对中国的启示 [J]. 地理科学进展，2010. 01.

[159] 张弓长，于海纯. 洪水灾害保险的法律制度构建 [J]. 保险研究，2016. 11.

[160] 张琳，孔小玲. 关于洪水风险的可保性分析 [J]. 统计与决策，2009.

[161] 张琳，邵月琴. 我国洪水保险设立模式探讨 [J]. 保险研究，2010. 08.

[162] 张琳，沈志刚. 洪水保险的最优再保险选择 [J]. 统计与决策，2013.

[163] 张琳，唐林娟. 基于居民支付意愿的洪水保险定价研究 [J]. 财经理论与实践，2012. 06.

[164] 张楠楠. 自然灾害风险管理研究 [M]. 北京：中国商业出版社，2010.

[165] 张鑫，王嘉鑫，王全蓉. 洪水灾害的风险特征及保险制度设计 [J]. 水利经济，2018. 05.

[166] 张旭升，刘冬姣. 美国国家洪水保险模式有效性实证研究 [J].

现代管理科学，2012. 01.

［167］张雅丽．美国、日本和英国水灾风险管理的经验借鉴［J］．世界农业，2017. 08.

［168］张卓，尹航．基于风险可保性理论的巨灾风险有条件可保性探究［J］．对外经贸，2018. 04.

［169］赵坤云、沈中华．美国洪泛区管理［M］．郑州：黄河水利出版社，2002.

［170］赵苑达．洪水灾害损失的风险分析与国家洪水保险制度的探讨［J］．管理世界，2005. 04.

［171］赵苑达．巨灾保险制度模式分析与我国巨灾保险制度的架构［J］．财贸经济，2009. 09.

［172］赵苑达．英美两国的洪水保险制度的对比分析与评价［J］．管理观察，2009.

［173］郑功成．灾害经济学［M］．长沙：湖南人民出版社，1998.

［174］中国水利百科全书编委会．中国水利百科全书［M］．北京：水利水电出版社，1991.

［175］中国水利经济研究会．关于美国、加拿大洪泛区建管体制及相关政策的考察［J］．水利经济，2000. 7.

［176］中华人民共和国水利部编．中国水利统计年鉴 2011［M］．北京：中国水利水电出版社，2011. 11.

［177］钟石鸣．发达国家洪水保险制度与中国洪水保险模式［J］．人民珠江，2010. 06.

［178］周爱兰．我国开展洪水保险面临的困境和对策［J］．生产力研究，2010. 03.

［179］周宝砚．发达国家灾难治理基本经验及其启示：以英国、美国、日本为例［J］．中国公共安全（学术版），2010. 12.

［180］周维伟，李春龙，陈飞，郇延诚．洪水保险的国际比较与借鉴

[J]. 中国水利，2019.04.

[181] 周武光，史培军. 洪水风险管理研究进展与中国洪水风险管理模式初步探讨 [J]. 自然灾害学报，1999.04.

[182] 周志刚，陈晗. 风险感知与保险需求波动——基于最优保险模型的理论证明 [J]. 保险研究，2013.05.

[183] 周志刚. 风险可保性理论与巨灾风险的国家管理 [D]. 上海：复旦大学，2005.

[184] 朱丽莎. 我国巨灾保险制度三地试点的评价分析 [J]. 保险职业学院学报，2018.02.

[185] 朱淑珍著.《金融风险管理》(第三版) [M]. 北京：北京大学出版社，2017.09.

[186] 卓强. 中国建国以来洪水损失分析和中美洪水保险比较研究 [J]. 金融经济，2007.

[187] 卓志，丁元昊. 巨灾风险：可保性与可负担性 [J]. 统计研究，2011.09.

[188] 卓志，段胜. 中国巨灾保险制度：政府抑或市场主导？——基于动态博弈的路径演化分析 [J]. 金融研究，2016.08.

[189] 卓志. 改革开放 40 年巨灾保险发展与制度创新 [J]. 保险研究，2018.12.

[190] Michael Huber. Reforming the UK Flood Insurance Regime. The Breakdown of a Gentlemen's Agreement [J]. lse Research Online Documents on Economics, 2004, 18.

[191] Bhm H R, Birgit Haupter, Heiland P, et al. Implementation of Flood Risk Management Measures into Spatial Plans and Policies [J]. River Research and Applications, 2004, 20 (3): 255 - 267.

[192] Bin O, Kruse J B, Landry C E. Flood Hazards, Insurance Rates, And Amenities: Evidence From The Coastal Housing Market [J]. The Journal of

Risk and Insurance, 2008, 75 (1): 63 – 82.

[193] Blanchard – Boehm R D, Berry K A, Showalter P S. Should Flood Insurance be Mandatory? Insights in the Wake of the 1997 New Year's Day Flood in Reno – Sparks, Nevada [J]. Applied Geography, 2001, 21 (3): 199 – 221.

[194] Burby, Raymond J. Flood Insurance and Floodplain Management: the US experience [J]. Environmental Hazards, 2001, 3 (3): 111 – 122.

[195] Carreño ML, Cardona OD, Barbat AH. 2005. System of Indicators for Risk Assessment [D]. CIMNE Monograph, Technical University of Catalonia, Barcelona, Spain.

[196] Carreño ML, Cardona OD, Barbat AH. 2007. Urban Seismic Risk Evaluation: a Holistic Approach [J]. Nat Hazards 40: 137 – 172.

[197] Crichton, David. 2002. UK and Global Insurance Responses to Flood Hazard [J]. Water International, 27: 1, 119 – 131.

[198] Dan R. Anderson. The National Flood Insurance Program. Problems and Potential [J]. The Journal of Risk and Insurance. 1974 (12), Vol. 41, No. 4, pp. 579 – 599.

[199] David, Crichton. Role of Insurance in Reducing Flood Risk [J]. Geneva Papers on Risk & Insurance Issues & Practice, 2007.

[200] Don N. MacDonald, et al. Flood Hazard Pricing and Insurance Premium Differentials: Evidence from the Housing Market [J]. The Journal of Risk and Insurance. 1990 (12), Vol. 57, No. 4, pp. 654 – 663.

[201] Dong Liu, Zhongrui Fan, Qiang Fu, Mo Li, Muhammad Abrar Faiz, Shoaib Ali, Tianxiao Li, Liangliang Zhang, Muhammad Imran Khan. Random Forest Regression Evaluation Model of Regional Flood Disaster Resilience Based on the Whale Optimization Algorithm [J]. Journal of Cleaner Production, 2019.

[202] Evans E, Hall J, Thorne C, et al. Future flood risk management in

the UK [J]. Proceedings of the ICE – Water Management, 2006, 159 (1): 53 –61.

[203] Francis Harvey, et al. A Primer of GIS: Fundamental Geographic and Cartographic Concepts [M]. The Guilford Press. 2008.

[204] Green C, Penning – Rowsell E. Flood Insurance and Government: "Parasitic" and "Symbiotic" Relations [J]. Geneva Papers on Risk & Insurance Issues & Practice, 2004, 29 (3): 518 –539.

[205] Hooijer A, Klijn F, Pedroli G B M, et al. Towards Sustainable Flood Risk Management in the Rhine and Meuse River Basins: Synopsis of the Findings of IRMA – SPONGE [J]. River Research & Applications, 2004, 20 (3): 343 –357.

[206] Jim W. Hall, Edmund C. Penning – Rowsell. Setting the Scene for Flood Risk Management [M]. Flood Risk Science and Management. 2010.

[207] John V. Krutilla. An Economic Approach to Coping With Flood Damage [J]. Water Resources Res, 1966, 2 (2) .

[208] Jonkman, SN Penning – Rowsell, E. Human Instability in Floods Flows [J]. J Am Water Resour Assoc, 2008.

[209] Klein, Richard, J. T, et al. Technological Options for Adaptation to Climate Change in Coastal Zones. [J]. Journal of Coastal Research, 2001.

[210] Kon Chin Tai. Analysis and synthesis of Flood Control Measures [J]. 1975.

[211] Krimm, R. W. 1992. The Federal Role in Natural Disasters. International Symposium on Torrential Rain and Flood [J]. Huangshan, China.

[212] Lind, Robert C. Flood Control Alternatives and the Economics of Flood Protection [J]. Water Resources Research, 1967, 3 (2): 345 –357.

[213] M. R. Karlinger, E. D. Attanasi. Flood Risks and the Willingness to Purchase Flood Insurance [J]. Water Resources Research, 1980, 16 (4): 617 –622.

[214] Michael Siegrist, Heinz Gutscher. Natural Hazards and Motivation for Mitigation Behavior: People Cannot Predict the Affect Evoked by a Severe Flood [J]. Risk Analysis An Official Publication of the Society for Risk Analysis, 2008, 28 (3): 771 -778.

[215] Peter L. K. Knuepfer, Burrell E. Montz. Flooding and Watershed Management [J]. Journal of Contemporary Water Research & Education, 2008, 138 (1): 45 -51.

[216] Pritchett S T, Rubin H W. A Case Study of Flood Losses: Implications for Flood Insurance Product Development [J]. Journal of Risk & Insurance, 1975, 42 (1): 105.

[217] R. D Blanchard - Boehm, K. ABerry, P. S Showalter. Should Flood Insurance be Mandatory? Insights in the Wake of the 1997 New Year' s Day Flood in Reno - Sparks, Nevada [J]. Applied Geography, 2001.

[218] Raschky P A, Schwarze R, Schwindt M, et al. Uncertainty of Governmental Relief and the Crowding out of Flood Insurance [J]. Environmental & Resource Economics, 2013, 54 (2): 179 -200.

[219] Schaake J C, Fiering M B. Simulation of a National Flood Insurance Fund [J]. Water Resources Research, 1967, 3 (4): 913 -929.

[220] Schwarze R, Wagner G G. The Political Economy of Natural Disaster Insurance: Lessons from the Failure of a Proposed Compulsory Insurance Scheme in Germany [J]. European Environment, 2007, 17 (6): 403 -415.

[221] Shanker Kumar, Sinnakaudan, Sahol&Hamid Abu Bakar. Tight coupling of SFlood and ArcView GIS 3. 2 for Flood Risk Analysis [M]. Geo - information for Disaster Management. Springer Berlin Heidelberg, 2005.

[222] Swenja Surminski, Delioma Oramas - Dorta. Flood Insurance Schemes and Climate Adaptation in Developing Countries [J]. International Journal of Disaster Risk Reduction, 2014.

[223] Webster T L, Forbes D L, Dickie S, et al. Using Topographic Lidar to Map Flood Risk from Storm - surge Events for Charlottetown, Prince Edward Island, Canada [J]. Canadian Journal of Remote Sensing, 2004, 30 (1): 64 - 76.

[224] White, Gilbert F. Human Adjustment to Floods [J]. University of Chicago, 1945.

[225] Zhai, Guofang and Ikeda, Saburo, Flood Risk Acceptability and Economic Value of Evacuation [J]. Risk Analysis, June 2006 (7): Vol. 26, No. 3, pp. 683 - 694.

后 记

《洪水保险理论与中国实践》是在水利部综合事业局和中央财经大学联合开展的关于洪水风险管理与洪水保险制度研究项目成果基础上形成的，是课题组成员经过多年努力，共同完成的一项研究成果。本书除了由水利部综合事业局周维伟、李春龙，中央财经大学陶存文负责框架及章节目录整体设计、资料整合、理论把关、文字雕琢等工作以外，课题组的其他同志，包括综合事业局王江、刘鹏、郁延诚、臧晓珏、赵宇宁等，以及中央财经大学王维、李晨光、吴越、董雪、郑雅馨、王荣、张婧玉等，也都做了大量卓有成效的辛勤劳动。本书稿的更新、调整与完善工作主要由中央财经大学王维担任。由于本书研究的问题十分复杂，经历的研究期间比较长，且正处于应急管理体系不断变革和治理能力不断完善的时期，其研究结论的深度、广度及创新性仍存在进一步完善的空间。

在项目立项和研究过程中，水利部财务司和综合事业局有关领导给予大力支持，对项目的预算安排、实施方案、调查研究、年度总结等全程指导；在前期研究过程中，水利部财务司、综合事业局、中国水利水电科学研究院、水利部发展研究中心、太湖流域管理局，以及中国保险学会、武汉大学、南开大学、北京工商大学、上海财经大学、中国人民财产保险股份有限公司灾害研究所、中央财经大学等单位和高校、科研院所的多位专家学者，对项目主题、结构设计、内容安排等进行了具体指导，对课题具体研究提出了许多宝贵意见：在项目的实践检验中，福建省水利厅、宁波市水利局、温州市水利局等，以及有关省市保险公司、保险经纪公司的同志们给予积极协助，为全国调研和经验交流工作的顺利开展提供了有利条件。在此，谨向他（她）们表示衷心感谢！

我国实施洪水保险的路还很长，任重而道远，但愿我们的研究成果能够对中国洪水风险管理与洪水保险体制建设提供有益的参考。

编著者

2019 年 12 月